Werner Schwanfelder

Überzeugend führen mit Machiavelli

Warnung

Machiavelli kann für Ihre Karriere tödlich sein.
Bitte lesen Sie dieses Buch nur, wenn Sie sicher sind,
dass Sie gemein sein wollen.
Für eventuell auftretende Folgeschäden
bei unsachgemäßer Nachahmung von Machiavellis
Theorien übernehmen weder Autor noch Verlag irgendeine
Art von Haftung.

Werner Schwanfelder

Überzeugend führen mit Machiavelli

Machen macht mächtig

REDLINE WIRTSCHAFT

Bibliografische Information der Deutschen Nationalbibliothek

Die Deutsche Nationalbibliothek verzeichnet diese Publikation in der Deutschen Nationalbibliografie.
Detaillierte bibliografische Daten sind im Internet über http://dnb.d-nb.de abrufbar.

ISBN 978-3-636-01512-9

Unsere Web-Adresse:
www.redline-wirtschaft.de

Umschlaggestaltung: ZERO Werbeagentur GmbH, München
Satz: M. Zech, Redline GmbH
Druck: Himmer, Augsburg
Printed in Germany

Inhalt

Vorwort

An wen sich das Buch wendet und was man aus dem Buch lernen kann

Ich beschäftige mich seit vielen Jahren mit Machiavelli. Er begleitet mich seit langem durch mein Managerleben. Ich beobachte mich und andere, ob und wie ich „machiavellisch" handle. Mittlerweile habe ich keinen Zweifel, dass jeder Manager machiavellisch handelt. Aber was heißt schon machiavellisch? Was verbirgt sich hinter diesem Begriff, der eine Eigenschaft darstellt?

Viele verschiedene Definitionen habe ich gefunden und mich daher entschlossen, daraus ein Buch zu machen. Der erste, lang gehegte Gedanke war, eine Satire zu schreiben. Dem Manager den Spiegel vorzuhalten, ihm seine machiavellischen Wurzeln gnadenlos zu offenbaren. Aber damit würde ich Gefahr laufen, Machiavelli genauso zu missbrauchen, wie es viele Autoren vor mir gemacht haben.

Je mehr ich mich mit dieser Materie beschäftigt habe, desto mehr musste ich erkennen, dass die Worte Machiavellis große Weisheit enthalten. Dabei ist eine Weisheit wie eine Wahrheit, beide sind relativ. Nicht jede Wahrheit ist für jeden wahr und nicht jede Weisheit ist für jeden weise.

Dennoch bin ich immer wieder erstaunt über die Aktualität vieler Aussagen Machiavellis und als Mensch und Manager bin ich überzeugt, dass sich hinter den meisten ein wahrer Kern verbirgt. Manchen der Ratschläge Machiavellis werde ich aus Überzeugung nicht folgen, manchen nicht, weil sie geprägt sind durch die spezifische historische Situation. Aber – wäre ich in dieser Situation, würde ich dann anders handeln? Manchen Vorschlägen Machiavellis wäre ich schon aus Angst nicht gefolgt, andere hätte ich nicht einmal gedacht. Aber es gibt auch eine ganze Reihe von Anregungen, denen ich bereits folgte, als Machiavelli noch nicht mein Bewusstsein prägte. Außerdem habe ich auch zur Kenntnis genommen, dass viele

Manager „ihren“ Machiavelli wortgetreu in die Praxis umsetzen, was ich persönlich nicht unbedingt gutheißen kann.

Dabei haben nicht alle Manager gleichermaßen die Möglichkeit, Machiavelli als Rezeptbuch für sich selbst zu verwenden. Die Vorstände von großen Unternehmen haben die Macht, die persönlichen Eigentümer von mittleren und kleineren Unternehmen haben ebenfalls die Macht, „ihren“ Machiavelli allumfassend umzusetzen. Managern in einer unteren Hierarchieebene gelingt dies dagegen weniger. Sie müssen sich mehr mit traditionellen Motivationstheorien beschäftigen.

Im Bereich Management existiert also eine Zweiklassengesellschaft: Es gibt die Gruppe der Eigentümer, der Vorstände, der Manager, die in großen Firmen dem „Obersten Führungskreis“ angehören, wie dieser elitäre Zirkel in manchen Unternehmen genannt wird. Sie haben naturgemäß viel Macht. Und es gibt die „arbeitenden“ Manager, die nur ein bisschen Macht, aber sehr viel Arbeit haben. Während sich die erste Klasse der Manager mit dem Machterhalt beschäftigt, also der richtige Adressat der Machiavelli-Worte sind, beschäftigt sich die zweite Klasse in der Tat mit Motivationstheorien, mit Führungsphilosophie, mit vielen Themen, die man aus der aufgeklärten Managementliteratur kennt. Diese Gruppe hat Machiavelli weniger im Fokus. Aber auch sie haben sich in Praxis und Theorie mit machiavellischen Tendenzen auseinanderzusetzen. Wenn diese Manager in das obere und oberste Managementsegment aufsteigen wollen, ist es für sie schon aus diesem Grund interessant, Machiavelli zu studieren. Außerdem ist es für sie sicherlich nützlich, zu wissen, wie ihr Top-Management „tickt“.

Machiavellis Aussagen wirken vielfach sehr plakativ. Sie sind fokussiert auf den Herrscher, auf den absolutistischen Führer. So eng gesteckt ist der potenzielle Adressatenkreis natürlich gering. Aber beginnt man zu differenzieren, werden viele Bemerkungen klarer, griffiger, verständlicher. Und denkt man nicht nur an den absolutistischen Herrscher von damals, sondern an die vielen kleinen Herrscher in unserer Welt, wird die Zahl derjenigen, die Machiavelli mit Gewinn lesen können, fast unübersehbar. Schließlich ist jeder Manager in irgendeiner Art und Weise ein Herrscher und sei es nur über drei Mitarbeiter!

Somit kann ich nur jedem Manager empfehlen, sich mit Machiavelli *open minded* zu beschäftigen. Man sollte sich mit seinen Ratschlägen und Methoden auseinandersetzen und dann für sich entscheiden, welche man übernehmen will und welche man ablehnt. Zudem muss man die historischen Zusammenhänge verstehen, aus denen heraus Machiavelli sein Buch geschrieben hat. Sie treffen heute nicht mehr zu. Daher treffen natürlich auch manche Schlussfolgerungen Machiavellis nicht mehr zu. Oder doch? Das soll der Leser selbst entscheiden.

Manager ist mittlerweile bereits ein Massenberuf geworden. Untersuchungen gehen davon aus, dass mindestens fünf Prozent aller deutschen Arbeitnehmer Führungskräfte sind. Und Führungskräfte managen. In modernen Industrien und Branchen kommt man auf einen Managementanteil von 20 oder sogar 30 Prozent. Damit gibt es viele Menschen, die sich angesprochen fühlen können. Selbst dort, wo man herablassend über Machiavelli die Nase rümpft, wird Machiavelli gepflegt. Und in den meisten Fällen, in denen Machiavelli zitiert wird, wird er verkehrt verstanden, verunglimpft oder einfach falsch interpretiert. Viele Arbeitnehmer und alle Eigentümer sollten sich deshalb mit der Weisheit Machiavellis auseinandersetzen. Es würde ihnen nutzen.

Aus meiner Erfahrung weiß ich, dass Machiavelli vielfach „gelebt" wird, vielleicht nicht immer so direkt, wie die Lektüre von Machiavelli es vermuten lassen würde, sondern eher subtil. Aber manche Manager haben sich so offenkundig machiavellisch verhalten, dass bereits in der Öffentlichkeit über sie berichtet wird. Gegenwärtig gibt es eine Diskussion über „überbezahlte Konzernführer", die verantwortlich dafür seien, dass die Akzeptanz unserer Wirtschaftsordnung schwinde. Dann wird vielfach auf Ron Sommer verwiesen, der dafür verantwortlich sei, dass zwar die Vorstandsgehälter um 89 Prozent erhöht werden, die Volksaktie jedoch absolute Tiefststände erreicht hat. Ein gutes Beispiel ist auch die Commerzbank, die die Firmenpension für ihre Mitarbeiter streicht, die Vorstände aber daraus eine vielfach erhöhte Pension und Erfolgsbeteiligung ableiten. Oder der Mannesmann/Vodafone-Fall, in dem Manager sich großzügig bedient haben: Machiavelli hätte sich gefreut. Ich sehe hier durchaus Parallelen zu den Gedanken Machiavellis. Der hätte jedoch empfohlen, ruhiger und stiller vorzugehen, wenn man nicht die Macht hat, Entscheidungen ohne Widerspruch zu treffen und umzusetzen.

Wenn ich selbst über mein Managerleben nachdenke, dann muss ich gestehen, dass ich nicht viel „Machiavellisches“ betrieben habe. Das war vielleicht ein Fehler. Während ich dieses Buch schrieb, überlegte ich mir, ob ich meine Arbeitspraxis ändern sollte. Vielleicht sollte ich die Ratschläge Machiavellis stärker befolgen. Es gilt dann allerdings, einige Barrieren bewusst zu überwinden. Ob dies sinnvoll ist, werden wir feststellen, wenn wir Machiavelli folgen.

Der Aufbau des Buches ergibt sich aus dem Werk „Il Principe“. Ich habe mich an den jeweiligen Kapiteln orientiert und diese dann „übersetzt“ oder vielmehr „übergeleitet“ in meine Managementerfahrung. Ich habe meine Schlussfolgerungen mit Zitaten begründet oder mit Managementerfahrungen aus Vergangenheit und Gegenwart. Einen Anspruch auf die absolute Wahrheit erhebt dieses Buch selbstverständlich nicht – die Wahrheit eines Managers ist zu facettenreich. So muss sich auch jeder Leser seine eigene Wahrheit mit diesem Buch erarbeiten.

Ich wünsche Ihnen eine anregende und unterhaltsame Lektüre!

Werner Schwanfelder

Wer war eigentlich Machiavelli?

Machiavellis Gedanken sind nur zu verstehen, wenn man sich mit seinem Leben und seiner Zeit beschäftigt. Deshalb werfen wir zuerst einmal einen Blick in das 15. Jahrhundert.

Niccolò Pietro Michele Machiavelli wurde am 3. Mai 1469 in Florenz geboren. Sein Vater war ein gut situierter Notar, der dem oberen Mittelstand angehörte. Um Machiavellis Philosophie zu verstehen, muss man sein gesellschaftliches Umfeld kennen, denn gerade dieses ist bestimmend für seine Entwicklung und seine Erfahrungen.

In Machiavellis Geburtsjahr, 1469, übernimmt Lorenzo de Medici die Macht über Florenz und seine knapp 90.000 Einwohner. Anfangs herrscht er zusammen mit seinem Bruder Giuliano, aber bald kommt es zu diversen Streitigkeiten zwischen den Brüdern, die natürlich auch Auswirkungen auf die Regierungsgeschäfte haben. Als Giuliano von einer Verschwörergruppe ermordet wird, schwingt sich Lorenzo zum Alleinherrscher auf. Man munkelt, dass Lorenzo in das Attentat verstrickt sei, aber nachweisen lässt sich ihm nichts. Der Alleinherrscher Lorenzo de Medici schafft aber Ruhe und Sicherheit in seinem Staat. Die Bürger verehren ihn.

Machiavellis Jugend verläuft also in Ruhe und Freude, und in der Stadt Florenz herrscht Frieden. Er verlebt eine wunderbare Kindheit, und es ist eine stabile Zeit für den ganzen Staat. Daher verbindet Machiavelli mit dem Begriff „Alleinherrscher" nur positive Assoziationen. Lorenzo de Medici sichert während seiner Herrschaft dauerhaften inneren Frieden und äußere Sicherheit für die Region. Die schönen Künste und die Naturwissenschaften werden gefördert und gepflegt.

Machiavellis Vater ist nicht sonderlich reich, aber er investiert bewusst in die Erziehung seines Sohnes. Niccolò erhält die notwendige Ausbildung, um in Florenz bestehen und ein politisches Amt übernehmen zu können.

Die aktive politische Karriere Machiavellis beginnt 1498. Schon seit ein paar Jahren neigt sich die stabile Periode in Florenz ihrem

Ende zu. Das politische Umfeld verändert und verschlechtert sich. Piero de Medici übernimmt 1492 die Macht. Er ist jedoch unfähig und kann dem Staat Frieden und Sicherheit nicht mehr garantieren. Nur zwei Jahre später, 1494, besetzt Karl VIII., König von Frankreich, die Stadt Florenz. Piero de Medici kann sich gegen die Franzosen nicht durchsetzen und verliert an Einfluss und politischem Gewicht. Er wird zu einer Marionette der Franzosen. Aber es kommt noch schlimmer. Piero de Medici wird von dem Prediger Savonarola vertrieben. Der errichtet in Florenz eine Theokratie und gibt der Stadt eine radikaldemokratische Verfassung.

Vier Jahre lang regiert Savonarola bis Papst Alexander VI. ihn exkommuniziert und als Ketzer auf der Piazza della Signorina hängen und hinterher auf dem Scheiterhaufen verbrennen lässt (23. Mai 1498).

Genau in diesem Jahr, das sicherlich nicht zu den ruhigsten in der Geschichte von Florenz zählt, wird Machiavelli am 19. Juni zum Sekretär der „Zweiten Kanzlei“ ernannt. Dies ist eine Art Kriegs- und Außenministerium und untersteht direkt dem „Rat der Zehn“. Damit befindet sich Machiavelli im Zentrum der Macht. In dieser Zeit lernt Machiavelli die Strukturen der Macht kennen – und er ist sehr lernbegierig!

Eine seiner ersten Aktivitäten dürfte die Abfassung einer uns überlieferten Denkschrift an den „Rat der Zehn“ sein, in der er behauptet, dass die Auseinandersetzung mit der abtrünnigen Stadt Pisa allein militärisch zu lösen sei. Kurz darauf kann Machiavelli Machtausübung in der Praxis erproben. Aufgrund seiner Empfehlungen wird der Krieg begonnen. Machiavelli agiert zwar nicht als Feldherr, aber er organisiert den mühevollen Krieg. Er beschafft den Sold und sichert den Nachschub, er rechtfertigt den Krieg vor der Bürgerschaft und vermittelt pausenlos zwischen den konkurrierenden Söldnerführern. Kriege in diesen Jahren wurden von bestehenden Söldnerheeren geführt, die man mehr oder weniger mieten konnte. Die Zusammenarbeit mit den Befehlshabern der Söldner war aber nicht immer einfach und schon gar nicht berechenbar. Aus dieser Zeit resultiert Machiavellis Ablehnung des weit verbreiteten Söldnerwesens, das er als ineffizient, teuer und letztlich auch als politisch unzuverlässig empfindet.

Seine wirkliche diplomatische Laufbahn beginnt 1499. Machiavelli reist in diplomatischem Auftrag durch Europa. Er agiert als Teil des Macht- und Beziehungsgeflechts im europäischen Hegemonialkrieg, der gerade blutig in Italien ausgetragen wird. Dabei versucht er, das mit Frankreich verbündete Florenz aus den Unruhen herauszuhalten.

Machiavelli erlernt mit dieser Aufgabe die Kunst der Diplomatie. Ob seine Vermittlungsbemühungen jedoch erfolgreich waren, kann man heute nicht mehr nachvollziehen. Wahrscheinlich war er nur ein kleines „politisches Licht" in diesem Spiel.

Im Jahr 1500 reist Machiavelli nach Nevers an den Hof von Ludwig XII. und bleibt als Gesandter ein halbes Jahr in Frankreich. In Briefen berichtet er von der diplomatischen Ohnmacht, die seine Mission kennzeichnet. Er erkennt die Grenzen von Macht und Einfluss, stellt fest, dass andere noch mächtiger sind. In dieser Zeit formuliert er bereits manche seiner späteren Lehrsätze. Er begreift, dass ein Gemeinwesen ohne Waffen im Machtspiel dem Untergang geweiht ist und dass nur ein national geeinter Staat wirklich im europäischen Hegemonialkampf bestehen kann.

Von 1506 bis 1507 baut er in Florenz eine Volksmiliz auf und verwirklicht damit seine militärische und politische Lieblingsidee. Er begreift dies als seine politische Aufgabe und sein Vermächtnis. Sein Ziel ist es, Florenz von den nicht berechenbaren Söldnerheeren unabhängig zu machen.

Bereits in der Vergangenheit hat sich Machiavelli für die Rückeroberung Pisas eingesetzt – allerdings erfolglos. Mit den Söldnerheeren, die ursprünglich eingesetzt worden waren, misslang der Feldzug. Erst 1509 unterwirft die Florentiner Bürgermiliz Pisa nach langer Belagerung. Dies kann man als den größten politischen Erfolg Machiavellis bezeichnen.

1510 wird eine „Heilige Liga" gegründet, mit der Absicht, Florenz zu erobern. Die Medici unterstützen diese heilige Liga und wollen mit ihrer Hilfe die Stadt für sich zurückerobern. Machiavelli versucht die Bürgermiliz zu verstärken, um in dieser Lage Florenz wehrhaft und verteidigungsfähig zu machen. Dabei hat er aber die Kraft der Bürgerwehr überschätzt. Erwartungsgemäß kann sie die Stadt nicht verteidigen: 1512 nehmen von den Medici finanzierte Söldnerheere Florenz ein.

Der Rat wechselt sofort die politischen Fronten und auch Machiavelli folgt diesem Vorbild. Er singt das Lob der Medici und hofft darauf, Amt und Einfluss zu behalten. Er ist fest davon überzeugt, dass gute Beamte überall gebraucht werden. Doch er täuscht sich, es kommt anders. Am 9. November entlässt der neue Medici-Rat den einstigen Spitzenbeamten Machiavelli aus allen Ämtern. Außerdem darf er die Stadt für die Dauer von zehn Jahren nicht verlassen.

Dies bedeutet für Machiavelli zunächst das Aus. Aber er kapituliert nicht. Bereits im Jahr 1513 versucht er mit allem Nachdruck wieder ein Amt zu bekommen. Doch seine Anstrengungen sind nicht von Erfolg gekrönt. Im Gegenteil, Machiavelli wird sogar verdächtigt, gemeinsam mit Freunden an einer Verschwörung gegen die neue Regierung teilgenommen zu haben. Er wird verhaftet und sogar mehrmals gefoltert. Erst nach einiger Zeit stellt sich seine Unschuld heraus und er wird auf freien Fuß gesetzt, bleibt jedoch weiterhin verdächtig. Die Situation hat sich für ihn aber insofern verbessert, dass er Florenz verlassen und er auf sein ärmliches Landgut La Strada bei San Casciano zu Sant' Andrea ziehen darf. Dort lebt er mit seiner Familie und dort entsteht auch seine Werk „Il Principe“ („Der Fürst“). So verdankt die Menschheit den schwärzesten Stunden im Leben Machiavellis die hellsichtigsten Analysen der Politik. Manche Historiker bezeichnen dies als die Geburtsstunde der Politikwissenschaft.

Machiavelli schreibt aber nicht nur dieses Buch, sondern auch Theaterstücke und Novellen. 1518 entsteht die erste Fassung der Komödie „La Mandragola“. Sie handelt von Macht und Ohnmacht der Tugend. Weiterhin schreibt er (1520) die Abhandlung *„Über die Kriegskunst“*. Im gleichen Jahr entsteht die Herrschernovelle: „Das Leben Castruccio Castracani aus Lucca“. Dies ist die Geschichte eines Herrschers, der aus eigener Kraft zu Macht kommt, der sie aber auch wieder verliert. In dieser Geschichte werden die philosophischen Lehrsätze Machiavellis praktisch umgesetzt.

Das Jahr 1520 bringt aber auch eine entscheidende Veränderung seiner Lebenssituation mit sich: Auf Veranlassung Kardinals Giulio de Medici wird er von der Universität Florenz beauftragt, die Geschichte von Florenz zu Papier zu bringen. Fünf Jahre später liefert er die Arbeit seinem Auftraggeber, der mittlerweile Papst geworden ist (Clemens VII., vormals Giulio de Medici) ab. Damit ist Machiavelli öffentlich rehabilitiert und erhält wieder kleinere Gesandtschaftsaufträge. 1526 überträgt man Machiavelli erneut ein wichtiges politisches Amt in seiner Heimatstadt, er wird zunächst Mitglied, schließlich Vorsteher der „Procuratori delle mura di Firenze", eines Gremiums, das zuständig ist für die Instandhaltung der Stadtbefestigung. Damit hat er wieder eine politisch-militärische Aufgabe. Er hat Florenz vor den kaiserlichen Truppen zu schützen.

Doch 1527 verliert die Heilige Liga das politische Spiel. Der Medici-Papst flieht in die Engelsburg. Florenz wird zwar verschont, die Medici aber werden verjagt und die alte republikanische Ordnung wieder hergestellt. (Aber auch dies sollte nur ein Intermezzo im Machtkampf sein, nach nur drei Jahren kehren die Medici wieder zurück!)

Da sich Machiavelli auf die Seite der Medici geschlagen hatte, wird er nun ironischerweise als deren Gefolgsmann politisch geächtet, er verliert wieder alle Ämter und zieht sich resigniert auf sein Landgut zurück. Am 22. Juni 1527 stirbt Niccolò Machiavelli und wird einen Tag darauf in der Franziskanerkirche Santa Croce beigesetzt.

Machiavellis Visionen und sein Meisterwerk „Il Principe"

Machiavelli erlebte sein Umfeld als eine ständige Bedrohung von unterschiedlichsten, nicht berechenbaren Machtströmungen. Das Italien am Anfang des 16. Jahrhunderts bestand aus einer Unzahl von Kleinstaaten, Fürstentümern und dem Vatikanstaat. Diese bekriegten sich gegenseitig und wurden auch noch von den mächtigen spanischen und französischen Nachbarn instrumentalisiert. Kriege waren an der Tagesordnung und viele Menschen sehnten sich nach Frieden, Stabilität und Ordnung.

In diesem historischen Kontext schrieb Machiavelli sein Hauptwerk „Il Principe". Die Arbeit war eine typische Zweckschrift, ursprünglich als Anleitung und Unterstützung für Giuliano de

Medici gedacht. Giuliano de Medici war unter den damaligen Politikern und Herrschern ein einflussreicher Mann, dem Machiavelli die Einigung Italiens zutraute. Auf diese Persönlichkeit konzentrierte Machiavelli seine Sehnsucht nach Frieden und Stabilität. Machavelli hatte erkannt, dass eine solide Ordnung ohne eine feste, mächtige Hand nicht umsetzbar ist. Deshalb plädierte er für die Macht und den Machterhalt des Herrschers.

Das Werk Machiavellis ist nur vor diesem sehr persönlichen Lebens- und Erfahrungshintergrund zu verstehen, der durch das politische und gesellschaftliche Zeitgeschehen geprägt ist. Seine politische Überzeugung resultierte aus der Erkenntnis, dass sich seine Heimatstadt und auch das restliche Italien in einer tiefen Krise befanden. Er sah in Stadt und Staat den Spielball der Interessen ausländischer Mächte. Daher suchte Machiavelli nach Mitteln und Wegen, die aus dieser Lage herausführen könnten. Er setzte sich dafür ein, die Umklammerung der Stadtstaaten durch fremde Mächte zu lösen. Er kam zu dem Schluss, dass *eine* Voraussetzung hierfür starke Regierungen, also starke Fürsten seien und er sprach den amtierenden Regierungen die ausreichende Stärke ab und konstatierte deren Unfähigkeit zur politischen Gestaltung. So wurde für Machiavelli die Errichtung einer neuen und starken Herrschaft die Lösung. Denn: *Nur ein starker Fürst kann den Frieden des Gemeinwesens sichern.* Dies ist sein absolutes und immer wieder variiertes Credo.

„Il Principe" ist aber auch eine Zweckschrift im eigenen Interesse. Machiavelli hatte den Verlust seiner politischen Ämter nie verwunden und fühlte sich ungerecht behandelt. Mit seiner Schrift versuchte er, sich wieder für ein Staatsamt zu qualifizieren. Seine politischen Schriften, die er auf seinem Landgut verfasste, sind also durchaus egoistisch motiviert. Sie dienten in erster Linie seiner Rehabilitation und sollten ihm im Stadtstaat Florenz wieder zu Amt und Würden verhelfen.

Sein politisches Vermächtnis hat Machiavelli im 26. Kapitel hinterlassen. Es ist überschrieben mit: „Aufruf zur Befreiung Italiens von den Barbaren".

Diese Aussage kann man für die damalige Zeit durchaus als visionär und revolutionär bezeichnen. Machiavelli wünschte sich nichts sehnlicher als einen italienischen Nationalstaat, groß und mächtig genug, um mit den anderen Großmächten wie Frankreich, England, Spanien und der Habsburger Monarchie konkurrieren zu können. Aber diese Vision Machiavellis war historisch verfrüht. Seine Gedanken waren weder reif für seine Zeit noch hatten sie auch nur die geringste Chance auf Umsetzung. Aber die Geschichte gab ihm Recht. Der italienische Nationalstaat wurde in den Jahren 1861 bis 1870 durch Giuseppe Garibaldi verwirklicht.

Die Zweckschrift „Il Principe" richtete sich an das damals in Florenz regierende Geschlecht der Medici. Die Medici nahmen es aber wahrscheinlich gar nicht zur Kenntnis. Jedenfalls hielten sie sich nicht an die Ideen und Ratschläge Machiavellis. Erneut wurden sie 1527 aus Florenz vertrieben, konnten sich allerdings ab 1551 als Herzöge der Toskana etablieren. Im 16. und 17. Jahrhundert spielten die Medici in Italien eine wesentliche Rolle. Aus ihrem machtvollen Geschlecht gingen immerhin drei Päpste und zwei Königinnen von Frankreich hervor. Machiavelli erhoffte sich von diesem starken Geschlecht die Verwirklichung eines italienischen Nationalstaats. Viele Passagen seiner Werke beziehen sich direkt auf die Medici:

„So verharrt Italien immer noch in Todesstarre und Erwartung, bis der kommt, der es von seinen Schlägen heile [...] Es gibt aber gegenwärtig niemanden, auf den es mehr Hoffnung setzen könnte als auf euer berühmtes Geschlecht [...] es könnte die Führung der Befreiung übernehmen."

Machiavellis Stil ist nüchtern und distanziert. Das lässt ihn manchmal kalt und zynisch erscheinen. Er gibt dem Fürsten manche Ratschläge, die aus unserer heutigen Lebenserfahrung eher realitätsfern erscheinen. „Der Fürst" war aber gedacht als eine Anleitung oder Gebrauchsanweisung zur Erhaltung und Festigung von Fürstenhäusern und Staatsgebilden. Machiavelli verfasste diese durchaus einseitige Schrift, da die Fürsten für ihn die Garanten für Ruhe und Stabilität waren, sozusagen die Basis des Wohlstands. Seine Vorschläge basieren also immer auf folgender Grundannahme: *„Ist der Fürst stark, geht es auch seinem Volk gut."*

Weiterhin darf man nicht außer Acht lassen, dass damals ein Fürst in der Regel nicht aufgrund seiner Qualifikation oder durch demokratische Wahlen Herrscher wurde, sondern durch Geburt oder durch gewaltsame Machtübernahme. Die Medici sind dafür ein gutes Beispiel: Aufgrund ihrer finanziellen und regionalen Macht etablierten sie drei Päpste, die sich nicht eben durch besondere Frömmigkeit für dieses heilige Amt auszeichneten. Aus dieser Tatsache konstruierte Machiavelli ein einfaches Gedankenspiel:

Ein Großteil aller Fürsten (weltlicher wie kirchlicher) verfügt weder über die notwendigen Führungsfähigkeiten noch über Charisma. Sie halten sich nur durch verbrecherische Machenschaften an der Macht. Daraus folgt natürlich, dass selbst (die wenigen) fähigen Fürsten in einer Krisensituation zu unlauteren Mitteln greifen müssen, um zu überleben.

Machiavelli und seine Fürsten lebten in einer Zeit, in der ein jeder Fürst eifersüchtig danach trachtete, sich selbst und seine Macht zu erhalten und nach Möglichkeit seine Macht, und damit sein Land und die Zahl seiner Untertanen zu vergrößern. Ihre Triebfeder war lediglich ihr Egoismus. Es herrschte ein Prinzip, das wir aus dem Tierreich kennen: „Fressen oder gefressen werden." Und nicht nur die Fürsten lebten nach diesem Prinzip. Auch die Bürger eiferten ihnen nach. Jeden Tag erlebten die Bürger, dass sie von ihren Fürsten, Beamten, von all den mehr oder weniger Mächtigen ausgenutzt wurden. Und sie erwarben im Laufe der Zeit eine gewisse Geschicklichkeit, ihrerseits die Herrscher auszunutzen. Und jeder Bürger, der in eine noch so kleine Machtposition kam, nutzte sie aus.

Machiavelli wirft daher einen recht desillusionierten Blick auf seine Zeitgenossen. Weder die Herrscher noch das Volk sind für ihn „zukunftsfähig". Die Fürsten bieten jedoch immerhin Stabilität, auch wenn sie habgierig sind. Das Volk dagegen verkörpert für ihn das Chaos. Denn das Volk ist ebenso habgierig und lebt dies aus, sobald man ihm die Freiheit dazu gibt. Deshalb charakterisiert Machiavelli die Menschen in einer für uns heute vielleicht hart anmutenden Weise

„Denn von den Menschen kann man im Allgemeinen das sagen: Sie sind undankbar, wankelmütig, heuchlerisch, scheuen die Gefahr und sind gewinnsüchtig."

Ambivalent ist Machiavellis Einstellung zu Cesare Borgia (1475 bis 1507), dem ausschweifenden, mordenden und intriganten Renaissancefürsten und späteren Papst Alexander VI. Einerseits äußert er sich ziemlich zynisch über ihn, andererseits aber auch ehrfürchtig. Denn auch wenn Cesare Borgia nach unserem Verständnis kein Vorbild war (und wohl auch nicht nach dem Verständnis von Machiavelli), erfüllte dieser Fürst aber gerade die Ansprüche seiner Zeit und war, so betrachtet, sehr erfolgreich. Machiavelli stellt zu Cesare Borgia mehr als sachlich fest:

„Cesare Borgia galt als grausam; trotzdem hatte diese Grausamkeit die Romagna wiederhergestellt, geeint und wieder zu Frieden und treuer Ergebenheit gebracht."

Die Grausamkeit brachte Cesare Borgias Herrschaftsbezirk auch eine gewisse Stabilität. So stellte sich für Machiavelli die Frage, was besser sei: ein schwacher Fürst mit Chaos in seinem Land oder ein grausamer Fürst mit Stabilität in seinem Reich.

Machiavellis Empfehlungen sind für seine Zeit durchaus fortschrittlich. Er toleriert Grausamkeiten bei der Erschaffung und Sicherung eines neuen Staatsgebildes (wobei er immer die Schaffung eines italienischen Nationalstaats vor Augen hat), lehnt sie jedoch bei erfolgter Stabilisierung ab. Machiavelli warnt seine Fürsten daher davor, „verhasst" zu werden. Vorsichtig und zurückhaltend formuliert er seine Thesen und Ratschläge, fast wirken sie im Ton unterwürfig. Dieser Duktus mag in dem Rangunterschied begründet sein. Der Schreiber Machiavelli ist von niedererem Stand, die Fürsten dagegen sind die Herrscher der Welt. Einem Herrscher kann man in dieser Zeit Zusammenhänge nur dann versuchen zu verdeutlichen, wenn man ihm gleichzeitig auch schmeichelt – zumindest in einem Zweckbuch. Machiavellis Botschaft enthält dabei immer die Mahnung, dass die Fürsten nach der Konsolidierung gerecht, ehrenhaft, rücksichtsvoll und maßvoll regieren sollten.

Seit dem Erscheinen im Jahr 1532 bis zum heutigen Tage wurde das Werk „Il Principe" vielfach kritisiert, indiziert und falsch interpretiert. Der Verfasser wurde als Menschenfeind diffamiert, ihm machtbesessener Despotismus unterstellt. Häufig wurden Zitate aus dem Zusammenhang gerissen und missbraucht. Gut dreißig Jahre nach Machiavellis Tod wurden seine Schriften auf den Index gesetzt und verbrannt. Die Brutalität in den Religionskriegen wurde Machiavelli angelastet. Die wissenschaftlichen Kommentare Fichtes und Hegels begünstigten später, dass Faschisten das Werk rezipierten, die Gedanken Machiavellis instrumentalisierten und sein Gedankengut einseitig umzusetzen versuchten. Erst in den letzten Jahrzehnten wurde es möglich, das Werk Machiavellis ohne Vorbehalte zu lesen, zu besprechen und zu nutzen. Denn Machiavelli beschreibt unbestreitbare politische Tatsachen, an denen keine Monarchie, Oligarchie oder demokratische Regierungsform vorbeikommt. Dabei liegt sein Hauptaugenmerk nicht auf dem Wohle Einzelner (z. B. der Fürsten), sondern auf dem Wohle aller und dabei besonders auf dem des Bürgertums. Machiavelli betont immer wieder die wechselseitigen Abhängigkeiten: Auch das Wohl und Wehe des Fürsten hängt vom Volke ab.

Wer Machiavelli komplett liest, wird dieser Interpretation zustimmen. Um das Wohl des Volkes zu erreichen, muss ein Fürst ab und an auch unpopuläre Entscheidungen fällen. Aber er muss sehr darauf achten, dass es dem Volk gut geht, denn das Volk ist der Bestandsgarant des Fürsten.

Wir werden versuchen, Machiavellis Herrschaftsanleitung mit der Managerbrille zu lesen, und uns fragen, was man davon heute noch als Manager übernehmen kann und was endgültig der Vergangenheit angehört.

Wer wäre Machiavelli heute: Herr Meyer-Machiavelli

Da sowohl die persönliche Situation Machiavellis als auch die politische Grundstimmung im 16. Jahrhundert nicht jedem geläufig sind, versuchen wir die Aussagen Machiavellis in die heutige Managementwelt zu übertragen. Blicken wir also einen Moment auf den modernen Niccolò Machiavelli, einen Meyer-Machiavelli, um Niccolò Machiavellis Leben und Handeln besser nachvollziehen zu können.

Die Lebensgeschichte von Meyer-Machiavelli ist nicht aufregend. Der Knabe wurde geboren, ist der Stolz seiner Eltern. Bravourös meistert er die Volksschule und das Gymnasium, studiert dann an einer angesehenen Universität Betriebswirtschaft. Man erzählt ihm in den Vorlesungen einiges über Unternehmensführung, Führungsverhalten, Motivation und Ähnliches. Er hört aufmerksam zu, das Fach begeistert ihn. Er lernt mit Effizienz, denn er hat geradlinige Lehrer. Sie sind in dieser Zeit seine Vorbilder.

Nach Überreichung seines Diploms tritt er in eine altehrwürdige Firma, die Fahrradfabrik AG ein. Es ist ein großer, traditionsbewusster Konzern mit gutem Image.

Meyer-Machiavelli wird Vertriebssachbearbeiter und nach einiger Zeit Gruppenführer. Der Vorstand dieses Unternehmens ist altgedient, recht autoritär und hat sein Unternehmen fest im Griff. Jeder Manager hat seine Gewohnheiten. So auch dieser. Er hasst zum Beispiel Unpünktlichkeit. Alle Sitzungen beginnen fünf Minuten vor der Zeit und jeder, der nur pünktlich kommt, wird angeschnauzt. Alle Mitarbeiter des Unternehmens haben gelernt, sich mit dem Führungsstil zu arrangieren. So hat sich eine gewisse Ruhe, eine ausgeglichene Emsigkeit ausgebreitet.

Irgendwann geht dieser Vorstand in den Ruhestand und ein anderer wird bestellt. Dieser ist jünger, hat neue Ideen, pflegt einen neuen Stil. Er versucht junge Mitarbeiter um sich zu scharen. Meyer-Machiavelli profitiert davon, er wird zum Abteilungsleiter befördert und untersteht nun direkt dem neuen Vorstand. Für ihn beginnt nun eine höchst schaffensreiche und produktive Zeit. Er baut seine Abteilung auf, schärft sein Produktportfolio und steigert den Umsatz immens. Auch der erwirtschaftete Gewinn kann sich sehen lassen.

Da wird nach gar nicht langer Zeit der neue Vorstand abberufen. Die Mitarbeiter erfahren die Gründe nicht. Sie stellen nur fest, dass sich in kurzer Zeit vieles ändert – insbesondere der Führungsstil. Es weht ein kälterer Wind durch die Flure des Konzerns. Meyer-Machiavelli bleibt zunächst Abteilungsleiter, aber ganz plötzlich bekommt er die Kündigung. Er ist fassungslos, kann sich den Grund nicht erklären. Der neue Vorstand lässt durchblicken, dass er die alten Zöpfe abschneiden will. Dazu gehören auch die Mitarbeiter, die sein Vorgänger eingestellt hat. Um ihm den Abgang etwas zu versüßen, erhält Meyer-Machiavelli noch eine angemessene Abfindung.

Meyer-Machiavelli zieht sich mit dieser Abfindung in sein Haus am Stadtrand zurück und beginnt nach einiger Zeit ein Buch zu schreiben. Es hat den Titel: „Wie man etwas gemein und sehr erfolgreich wird – Tipps für Manager". In diesem Buch versucht er Managern Ratschläge zu geben, wie sie an die Macht kommen und wie sie sich an der Macht halten können. Es finden sich eine ganze Reihe Tipps, die aus den praktischen Lebenserfahrungen von Meyer-Machiavelli resultieren. Schließlich konnte er bereits einige Vorgesetzte begleiten, hat mit ihnen einige Erfahrung gesammelt. Weiterhin hat er auch Manager in anderen Unternehmen befragt und deren Antworten systematisch ausgewertet. So könnte sein Buch zu einem Grundlagenwerk für jeden Manager werden.

Das Buch ist aber nicht für jeden Manager gedacht – es ist für seinen Vorstand gedacht. Als das Buch fertig ist, lässt er sich einen Termin beim Vorstand geben und überreicht diesem sein Werk. Der Vorstand ist zweifelsohne erstaunt, damit hat er nicht gerechnet. Er liest das Buch und ist begeistert. Ja, genauso will er sein, wird er sein. Er kann dem Buch viele Ratschläge entnehmen. Besonders das letzte Kapitel: „Appell an alle: Wir wollen, dass ein großer Manager die Macht übernimmt und unser aller Geschick positiv beeinflusst", rührt ihn. Er weiß, er ist der gesuchte „große Manager".

Voller Dankbarkeit stellt er Meyer-Machiavelli wieder ein, zwar nicht als Abteilungsleiter, sondern als Gruppenführer, aber das ist immerhin auch schon eine beachtliche Position. In dieser Position arbeitet Meyer-Machiavelli einige Zeit eifrig und stetig.

Da erschüttert das Unternehmen mehr als eine Revolution. Der Vorstand wird öffentlichkeitswirksam entmachtet und sein Vorgänger kommt zurück. Die Mitarbeiter freuen sich und auch Meyer-Machiavelli hofft auf noch viel bessere Zeiten. Doch er wird nun verdächtigt mit dem alten Vorstand kooperiert zu haben. Es wird ihm Verletzung von Firmeninteressen vorgeworfen. Schließlich erhält er erneut seine Entlassung. Voller Gram zieht er sich in sein Haus am Stadtrand zurück und stirbt nach kurzer Zeit.

Zum Verständnis: Die Grundzüge der Philosophie Machiavellis

Die Schrift „Il Principe“ kann als erste theoretische Schrift des politischen Realismus bezeichnet werden. Machiavelli entwirft ein Sittengemälde seiner Zeit und gibt Überlebens-Ratschläge. Seine politische Theorie leitet er aus seinen politischen, gesellschaftlichen und ganz persönlichen Erfahrungen ab. Er hat sich aber auch intensiv mit der Geschichte seines Landes auseinander gesetzt und kommt zu folgenden Erkenntnissen:

1. Geschichte ist von Menschen gemacht und geprägt.
2. Geschichte wiederholt sich. Menschen wiederholen in Zyklen immer wieder das Gleiche. Die Menschen lernen nicht voneinander.

Machiavelli geht nicht darauf ein, warum das so ist. Er versucht aber, die Menschen (die Fürsten), die durch ihr politisches Handeln Geschichte machen, für seine Erkenntnisse zu sensibilisieren. Mit seinen Ratschlägen will er zumindest in den permanenten Kreislauf, die ständigen Wiederholungen eingreifen. Er hegt zwar nicht die Hoffnung, sie vollständig unterbinden zu können, aber er hat durchaus die Vision, dass sich – würden seine Ratschläge auch nur teilweise befolgt – auch der Verlauf der Geschichte änderte.

Der erste Kernsatz der Philosophie Machiavellis:
Die Weltgeschichte verläuft immer in gleichen Bahnen und Kreisläufen.

Machiavelli schreibt: „Wenn ich den Lauf der Welt bedenke, so finde ich, dass die Welt stets die gleiche war. Es gab immer so viel Böses wie Gutes, aber beides wechselte von Land zu Land. So wissen wir aus der Geschichte, dass die alten Reiche durch den Wechsel der Sitten bald stiegen, bald sanken; die Welt aber blieb die gleiche.“

Der zweite Kernsatz der Philosophie Machiavellis fußt auf seinem Menschenbild:

Menschen können den Verlauf der Geschichte verändern. Aber der Mensch wird angetrieben von egoistischem Ehrgeiz. Der Mensch ist asozial, unpolitisch und triebhaft.

Machiavelli ist der Meinung, dass die Masse der Menschen die Welt in ein Chaos stürzen wird. Daher bedürfe es einer Ordnung, um die Welt zu stabilisieren. Machiavelli begründet dies folgendermaßen:

„Alle [...] stimmen darin überein, und die Geschichte belegt es durch eine Menge Beispiele, dass, wer einer Republik Verfassung und Gesetze gibt, alle Menschen als böse voraussetzen muss, dass sie oft ihre üblen Neigungen zeigen werden, wie ihnen Gelegenheit gegeben wird."

Mit dieser Auffassung unterscheidet sich Machiavelli von den meisten seiner Zeitgenossen, die den Menschen zumindest Vernunft zubilligen. Das sieht Machiavelli nicht so. „Vernünftig" handeln die Menschen nur, wenn sie dazu gezwungen werden.

Der dritte Kernsatz der Philosophie Machiavellis folgt daraus:
Der Erhalt des Staates ist von vordringlicher Bedeutung. Hierfür bedarf es Spielregeln (Gesetzen).

Machiavelli befürchtet aber, dass sich die meisten Menschen nicht freiwillig an diese Spielregeln halten werden. Sie sind viel zu egoistisch und nutzen daher das Gemeinwesen aus. Wenn dies aber jeder tut, wird das Gemeinwesen zerfallen.

Seine Schlussfolgerung ist daher, dass es besser sei, wenn nur wenige bestimmen. Diese wenigen werden den Staat zwar auch ausnützen, aber da sie nur wenige sind, können sie den Staat als Gesamtheit nicht zugrunde richten. Diese wenigen benötigen jedoch die notwendige Macht, um sich durchzusetzen, um die Spielregeln (für die anderen) durchsetzen zu können.

Machiavelli billigt den Herrschenden zu, den Staat auszubeuten. Quasi als Gegenleistung hat der Regierende aber auch die Verantwortung für das Gemeinwesen zu übernehmen. Es ist also notwendig, dass der Regierende fähig ist. Ist er unfähig, wird er nicht die richtigen Entscheidungen treffen, nicht die richtigen Institutionen für die Entwicklung des Gemeinwesens einsetzen, nicht die richtigen Gesetze verabschieden. Damit gerät das Gemeinwesen über kurz oder lang in eine Krise und löst sich schließlich auf. Das Chaos hält erneut Einzug.

Die Ordnung in einem Land ist abhängig von den Charaktereigenschaften der Führer. Machiavelli machte seine sehr persönlichen Erfahrungen mit seinen „Chefs“, die seiner Ansicht nach den Niedergang seiner Heimatstadt Florenz und den Krisenzustand Italiens zu verantworten hatten. Die Inkompetenz der politischen Führer ist seiner Ansicht nach schuld am Verfall. Diese Führer verstehen es nicht, die Menschen zu „ordnen“. Auf den Straßen ihres Gemeinwesens herrschen anarchische Zustände, die jede Ordnung zu Fall bringen müssen.

Der vierte Kernsatz der Philosophie Machiavellis lautet:
Der Herrscher hat stark zu sein. Ist er stark, führt er mit fester Hand, dann wird das Gemeinwesen stark und die Menschen werden sich mit dem Gemeinwesen auch identifizieren.

So verstanden könnte man annehmen, Machiavelli glaube doch an historischen Fortschritt. Er will den Herrscher stärken, damit dieser wiederum das Gemeinwesen stärkt. Davon erhofft er sich Stabilität und Frieden für alle Menschen. Aber er gibt sich keinen Illusionen hin; die dauerhafte Pflege des Gemeinwesens ist eine fast unmenschliche, unlösbare Aufgabe.

Aus seinen Überlegungen leitet sich das Acht-Phasen-Modell der Gemeinschaft nach Machiavelli ab.

1. Phase: Das Gemeinwesen liegt in der Krise danieder. Ein erster Führer kristallisiert sich heraus. Er wird in den meisten Fällen jemand sein, der eine bestimmte Stärke aufweist.

2. Phase: Der Führer festigt seine Herrschaft und erlässt die ersten Gesetze, um das Gemeinwesen zu ordnen.

3. Phase: Die Ordnung stabilisiert sich. Nun kommt es darauf an, ob der Herrscher eine Vorbildfunktion übernimmt. Dadurch und durch neu zu gründende Institutionen wie Gerichte und Schulen werden die Menschen politisch erzogen und entwickeln ein erstes Gemeinschaftsgefühl.

4. Phase: Der Herrscher entwickelt eine Republik, einen Staat, der selbsterhaltungsfähig ist. In dieser Phase tritt der Herrscher ab. Er gibt damit auch seine Macht ab.

5. Phase: Die Republik stabilisiert sich. Jeder Bürger versteht sich als ein Teil der Gesellschaft, identifiziert sich auch mit deren Schicksal und trägt zum Erhalt der Gesellschaft bei. Das Gemeinwesen hat den Gipfel der Vollkommenheit erreicht.

6. Phase: Es setzt ein Verfall der sittlichen und politischen Moral ein, das Gemeinwesen zerfällt.

7. Phase: Die Institutionen verlieren ihre Macht und können daher die Ordnung nicht aufrechterhalten.

8. Phase: Es kommt zu Chaos und Bürgerkrieg, der Tiefpunkt der Entwicklung ist erreicht. Aus dem Chaos mündet der Weg erneut in die 1. Phase.

Nach Machiavelli wiederholen sich immer wieder die gleichen Handlungsstränge im Laufe der Menschheitsgeschichte. Sein Anliegen ist daher, dass die Herrscher aus den Erfahrungen der Vergangenheit lernen, um die Zukunft anders gestalten und die Phasen des Aufschwungs verlängern zu können.

Machiavelli: *„Wer sich mit der gegenwärtigen und antiken Geschichte beschäftigt, erkennt leicht, dass alle Staaten und alle Völker von jeher die gleichen Wünsche und die gleichen Launen hatten. Untersucht man nun sorgfältig die Vergangenheit, so ist es ein Leichtes, in jedem Staat die Zukunft vorherzusehen und die gleichen Mittel anzuwenden, die auch von den Alten angewandt wurden, oder bei ähnlichen Ereignissen neue auszudenken, wenn bereits erprobte Mittel nicht zur Hand sind."*

Je mehr ich mich mit der Philosophie Machiavellis beschäftigt habe, desto „wahrer" wurde sie für mich. Es gibt heute keine Herrscher mehr, die jenen ähnlich sind, für und über die Machiavelli geschrieben hat. Aber noch immer gibt es viele Herrscher, die die Macht über ihren Einflussbereich haben – so wie über kleine Fürstentümer. Das sind neben den Politikern in vermehrtem Maße auch Manager, die Herrscher über unsere Wirtschaft. Ein großer Teil der Macht in unserem Staat liegt bei diesen Lenkern der Wirtschaft. Während im politischen Staat viel Macht vom Volk ausgeht, zumindest bei den Wahlen, hat der Manager eine unangefochtene Position. Er wird, wenn überhaupt, nur von anderen Managern kontrolliert, von der gleichen Gattung sozusagen. Damit bleibt die Kontrolle systemimmanent.

Das Acht-Phasen-Modell Machiavellis lässt sich auch auf den Zustand unserer Unternehmen anwenden. In welchem Stadium befinden sich unsere großen Unternehmen? Welche Entwicklung haben wir in den nächsten Jahren zu erwarten?

Macht, Gewalt und Verantwortung

Ehe wir uns nun mit Machiavellis Theorie im Einzelnen beschäftigen und uns überlegen, wie wir von ihm profitieren können, möchte ich noch einen gewissen Rahmen ziehen.

Machiavelli spricht von Macht. Er empfiehlt diese Macht auch zu nutzen, letztendlich für „gute" Ziele. Hat jemand Macht inne (Machiavelli hatte sie nicht, aber die Herrscher, die er beraten wollte), so hat die Vergangenheit und unser aller Erfahrung gezeigt, dass viele Machthaber vor Machtmissbrauch nicht gefeit sind. Der Machtmissbrauch kann durchaus unterschiedliche Dimensionen beinhalten, er kann von einer kleinen Übervorteilung bis zu einem autoritären Regiment reichen.

Der Machtmissbrauch im Großen fällt heute natürlich stärker auf und wird auch öffentlich gebrandmarkt. Die Medien – die natürlich auch selbst Machtmissbrauch betreiben können –, wachen darüber. Alltäglich scheint dagegen der Machtmissbrauch im Kleinen zu sein. Bei aller emanzipatorischen Mitarbeiterführung sind viele Vorgesetzte vor Machtmissbrauch nicht gefeit, insbesondere wenn sie selbst unter Druck stehen.

Was Machtmissbrauch in Unternehmen ist, wird selbstverständlich auch subjektiv und unterschiedlich beurteilt. Der gleiche Tatbestand stellt für den einen einen gravierenden Eingriff in seine Freiheiten dar, ein anderer empfindet ihn dagegen als vollkommen natürlich. Schon aus diesen wenigen Sätzen wird ersichtlich, wie problematisch hier eine Einschätzung und Wertung ist.

Macht und Gewalt werden erst durch die verantwortungsbewusste Anwendung gesellschaftsfähig. Eigentlich dürfte es nicht verantwortete Macht gar nicht geben. Dem ist natürlich nicht so. Die Mächtigen zu allen Zeiten haben sich geweigert zuzugeben, dass sie im Grunde schwache und angstgesteuerte Menschen sind. Solche Menschen neigen dazu, Macht verantwortungslos einzusetzen. Häufig ist ihnen dies gar nicht bewusst.

Beispiel: *Ein Manager in der Fahrradfabrik AG wurde mit den schlechten Zahlen konfrontiert. Nach einer Phase des Staunens sagte er: „Meine Herren, dies muss anders werden." Er erhob seine Stimme. „Wir werden andere, sehr ernste Maßnahmen ergreifen." Die Zuhörer lauschten den Worten. Dann setzte der Manager noch nach: „Wenn diese Maßnahmen nicht wirken, werden wir noch zu ganz anderen Maßnahmen greifen müssen. Sie werden sich wundern." Was sollten die Zuhörer nun mit diesen Aussagen anfangen, welche neue Botschaft enthielten sie? Keine! Der Manager hat nur seine Verunsicherung und seine Angst weitergegeben. Es wäre besser gewesen, er hätte nichts gesagt, nachgedacht und dann zielgerichtete Maßnahmen ergriffen. Angst und Unsicherheit sind immer schlechte Berater.*

Auch die Parteien der Politik verbrauchen in Zeiten der politischen Krise, bei hoher Arbeitslosigkeit und Unsicherheit der Bevölkerung ihre Kräfte gerne in Konfrontation und Schuldzuweisungen und verhalten sich nicht lösungsorientiert. Auch hinter solchem Verhalten vieler Politiker steckt Unsicherheit und sicher auch Versagensangst.

Es bleibt auch heute noch eine Tatsache, dass Herrscher (Politiker und auch Manager) immer wieder überfordert sind. Das ist kein Vorwurf. Herrscher sind auch nur Menschen. Aber Überforderung erzeugt Unsicherheit und ein entsprechendes Führungsverhalten. So können wir immer wieder sehen, dass in vielen Staaten und auch in vielen Führungsetagen Angst als Führungsinstrument eingesetzt wird. Es sind die Angstbesetzten, die Ängstlichen, die Schwachen, die ihrerseits Angst verbreiten. Es ist auch offensichtlich, dass in schlechten Zeiten eher die Angst regiert als in guten Zeiten. Angst ist aber immer ein schlechter Ratgeber. Angst erzeugt Gewalt, in vielen Fällen unverantwortete Gewalt.

Was versteht man unter Verantwortung? Verantwortung kann aus unterschiedlichen Perspektiven betrachtet werden. Immer jedoch wird nach Verantwortung folgendermaßen gefragt:

- Wer verantwortet?
- Was, welche Aktion wird verantwortet?
- Wann wird etwas verantwortet?
- Wem gegenüber und weswegen wird etwas verantwortet?
- Wofür wird die Verantwortung übernommen?

Man kann Verantwortung und „Nichtverantwortung" an einem einfachen Beispiel erklären: Ein Glücksspieler setzt im Kasino sein Vermögen aufs Spiel. Setzt er sein Geld aufs Spiel und hat er keine Verpflichtungen jemandem gegenüber, handelt er leichtsinnig. Setzt er das Geld eines anderen aufs Spiel, handelt er verbrecherisch. Hat er eine Familie und setzt er mit seinem Einsatz deren Existenz aufs Spiel, handelt er verantwortungslos.

So ist klar, dass nur der, der Verantwortung hat, auch verantwortungslos handeln kann. Jeder Fürst und jeder Manager hat Verantwortung. Er muss sich damit auseinandersetzen. Verantwortungslos handelt, wer bei seiner Entscheidung wichtige mögliche Folgen unberücksichtigt lässt. Man kann also durchaus handeln und eventuell sogar einen Schaden verursachen (um einen größeren Schaden zu vermeiden) und trotzdem verantwortungsvoll sein.

Wie geht Machiavelli mit Macht und Verantwortung um? Im Rahmen seiner Philosophie finden wir auch hierzu zwei (weitere) Kernsätze:

> Der sechste Kernsatz der Philosophie Machiavellis:
> **Der Herrscher benötigt Macht, um eine (chaotische) Situation positiv zu verändern.**

Für Machiavelli ist Ordnung immer besser als Chaos. Deshalb akzeptiert er auch viele Mittel, um diese Ordnung zu erreichen. Sein Verantwortungsbewusstsein ist zielorientiert. Für ihn handelt derjenige Herrscher, der nicht handelt, verantwortungslos. Handelt ein Herrscher täuschend und betrügend, um die bewusste Ordnung zu erreichen, ist dies für Machiavelli durchaus verantwortungsvoll. Als Beispiel führt er häufig Cesare Borgia an. Dessen Handlungen beschreibt er teilweise bewundernd, weil sie effektiv waren, teilweise aber auch distanziert, weil sie die Grenzen der Verantwortungslosigkeit erreichen. Man kann die Frage, die Machiavelli umtreibt, so formulieren: *Darf ein Herrscher potenzielle Konkurrenten töten oder nicht?* Ist eine solche Handlung von Verantwortung geprägt oder ist diese Handlung verantwortungslos? Nun muss man die Frage der Verantwortung nicht unbedingt an so krassen Beispielen diskutieren, aber es ergeben sich sehr wohl an vielen weniger wichtigen Handlungen dieselben Fragen. Jeder Herrscher hat sich die Frage zu stellen: *Mit welchen Handlungen werde ich meiner Verantwortung gerecht und welche Handlungen liegen jenseits dieser Verantwortung.*

Der siebte Kernsatz der Philosophie Machiavellis betrifft das Volk:
Die Bürger sind unreif. Sie nutzen Situationen zu ihrem Vorteil aus. Deshalb ist eine Einschränkung der Bürger durchaus verantwortungsbewusst.

Diese Einschätzung stimmt natürlich nicht mehr mit unserem heutigen Menschenbild überein und schon gar nicht mit einem emanzipierten Mitarbeiterbild. Dennoch ließen sich auch heute Parallelen in dieser Richtung ziehen. So haben meiner Meinung nach viele Bürger die Möglichkeiten, die die Sozialgesetzgebung bietet, ausgenutzt, haben dabei Bestimmungen großzügig ausgelegt oder sie auch umgangen. Steuerhinterziehung gehört bei vielen Bürgern dazu. In solchen Fällen nehmen die Bürger ihre Verantwortung gegenüber dem Staat nicht wahr. Machiavelli würde sagen: *Deshalb ist die Einschränkung der Bürger (Verschärfung von Bestimmungen) durchaus verantwortungsbewusst.* Diese Aussage trifft auf alle Organisationen zu, also auch auf Unternehmen, Vereine und Institutionen.

Im Folgenden werden wir nun die Philosophie Machiavellis in der Reihenfolge der einzelnen Kapitel von „Il Principe" intensiv untersuchen und der Frage nachgehen: *Welche Bedeutung hat Machiavelli für unsere heutigen Unternehmen und möglicherweise auch für unseren Staat?*

1.

Ein Manager mit wahrer Berufung ist gleichzeitig Eigentümer. Wie wird man Eigentümer? Man erbt, man kauft, man stiehlt.

Was unterscheidet einen „Eigentümer-Manager" von einem „Angestellten-Manager"? Wie kommen sie an die Schalthebel der Macht und wie halten sie sich an der Macht?

Es gibt zwei Arten von Managern, die „Eigentümer-Manager" und die „Angestellten-Manager". Sie haben selbstverständlich aufgrund ihres „Einsetzungsverfahrens" ein unterschiedliches Profil. Der Eigentümer hat keinen Kritiker, keine Herren über sich. Lediglich der Markt bestimmt über ihren Erfolg oder Misserfolg. Der angestellte Manager ist von vielen Faktoren abhängig. Für ihn ist das richtige Verhalten sehr wichtig, um in Machtpositionen zu kommen und um sich seine Macht zu erhalten.

Machiavelli: *„Herrschaftsformen sind Republiken oder Fürstentümer. Fürstenherrschaften sind entweder erblich oder neu erworben. Die Letzteren sind entweder völlig neu oder beruhen auf Eroberung. Man erobert sie entweder durch eigene oder fremde Waffen, entweder durch Glück oder Tüchtigkeit."*

Wie wird man Eigentümer?

Vermutlich kann man mit keiner banaleren Frage ein Kapitel beginnen. Wie wird man Eigentümer? Viele werden Eigentümer, weil ihre Eltern ein Unternehmen aufgebaut haben und sie nun die glücklichen Erben sind. Manche dieser Erben wünschen sich jedoch kein Unternehmen, sie ziehen es vor, Vermögen zu haben. Also verkaufen sie. Das sollten sie nicht, denn ein Unternehmen als Eigentümer zu führen ist schön, macht Spaß.

Es gibt auch Individualisten mit Unternehmergeist, die sich eine Firma kaufen. Dabei handelt es sich natürlich meist um kleinere oder mittlere Unternehmen – hier gibt es einen großen Spielraum für Unternehmer, für Eigentümer-Manager. Im Internet gibt es mittlerweile Marktplätze, auf denen Unternehmen gehandelt werden. So werden Unternehmen zur Ware. Man kann also nicht nur Ehepartner per Internet finden, auch Unternehmen kann man online suchen und finden.

Und schließlich gibt es Menschen, die den Kerner-Gang vorziehen: Sie gründen selbst ein Unternehmen. Das war in den Boomzeiten leicht, eine simple Idee genügte und man erhielt Startkapital. Heute benötigt man ein ausgefeiltes Konzept und muss viele geplagte Bankmitarbeiter von seiner Unternehmensidee überzeugen. Dennoch: Unternehmer sein wird wieder modern. Die sogenannte „Ich-AG“ ist ein Kleinunternehmen, wie es im Lehrbuch steht. Plötzlich wird der Berater, der Architekt, der Übersetzer zum Unternehmer. Uns interessieren hier nicht die Vor- und Nachteile des Unternehmerdaseins, auch nicht die soziale Problematik. Der Eigentümer-Manager, also der Unternehmer, ist jemand, der das Heft in der Hand hat, der keinen „Über-Manager“ zu akzeptieren hat.

Die Frage, wie man Eigentümer wird, soll hier nicht beantwortet werden. Wir wollen nur darauf hinweisen, dass Eigentümer ein schönes Leben haben. So können wir dies dem ersten Kapitel aus Machiavellis „Il Principe“ entnehmen. Es trägt die Überschrift *„Wie viele Herrschaftsformen es gibt und wie man eine Herrschaft erwirbt“*. Natürlich ist bei Machiavelli nicht von Eigentümern oder Managern die Rede. Machiavelli redet von Herrschern. Damit meint er Fürsten und Könige. Da wir von Machiavelli lernen wollen, übersetzen wir einfach „Herrscher“ mit „Manager“. Wir werden feststellen, dass dies bestens funktioniert.

Tatsächlich sind die Manager ja auch die Herrscher über unsere Wirtschaft. Manager bringt man gerne mit dem Begriff Macht zusammen. Manager haben Macht und nutzen sie natürlich auch. In den letzten Jahren gab es dazu viele Schlagzeilen in Presse, Fernsehen und Radio. Es wird über die Außenwirkung von Bilanzfälschungen (Enron und Worldcom) berichtet oder erörtert, welche Effekte Bilanzinterpretationen haben. Manager haben die Macht und damit auch die Verantwortung, die Außenwirkung ihres Unternehmens zu beeinflussen – und sie haben natürlich noch viel mehr Macht die Innenwirkung zu gestalten, also die Mitarbeiter zu lenken und zu leiten.

Manager haben anscheinend weitreichende Macht. Sie haben zum Beispiel die Macht, sich Millionengehälter zu bewilligen, unabhängig davon, ob es ihrem Unternehmen gut geht oder nicht, ob die Aktienkurse in den Keller rauschen oder ob die Kleinanleger ihr Geld verlieren. Die Manager haben die Macht, ihr Unternehmen auszuplündern – Eigentümer-Manager und Angestellten-Manager offensichtlich gleichermaßen. Viele Manager haben aber gleichsam die Verantwortung, genau das *nicht* zu tun. Verantwortung und Macht sind zwei Begriffe, die nahe beieinander liegen. Wir gehen davon aus, dass die Manager, die wir ansprechen, Macht und Verantwortung gleichermaßen haben. Machiavelli wurde vielfach dahingehend interpretiert, dass er nur den Machterhalt sichere, ohne an die Verantwortung zu denken. Ich meine, damit tun wir ihm Unrecht.

Was versteht man unter Management? Was ist ein Manager?

Wir beginnen wie Machiavelli mit der Frage, welche Formen von Management es gibt und wie man jeweils die Management-Herrschaft erreicht.

Vor der Beantwortung einer solchen Frage sollten wir uns damit beschäftigen, was es eigentlich mit diesem Management auf sich hat. Was um alles in der Welt versteht man unter Management? Es gibt eine Flut von Management-Literatur, aber in all den Büchern findet sich kaum eine Definition, eine Beschreibungen von Management. Vielfach beschäftigt man sich in der Literatur mit der Frage, welche Anforderungen Manager erfüllen müssen. Das sind dann meistens Kataloge von Eigenschaften, die alle positiv klingen. Der Manager hat unternehmerisch zu denken, er ist kommunikativ und ein Visionär. Er ist selbstständig und international ausgerichtet sowie sozial orientiert. Er ist integer und charismatisch, multikulturell und ökologisch orientiert. Er ist tatkräftig und motiviert. Vermutlich könnte man diese Liste noch weiterführen. Damit sind die Anforderungen anscheinend klar definiert: Der Herrscher und der Manager sind gleichsam Universalgenies.

Für Machiavelli sind Herrscher und somit auch Manager ganz normale Menschen. Sie unterscheiden sich zunächst dadurch, ob sie Eigentümer sind oder angestellte Manager. Er differenziert damit lediglich, wie der jeweilige Manager zu seiner Position gekommen ist. Es geht mit Sicherheit nicht darum, welche Wunschvorstellung Autoren, Mitarbeiter, Aktionäre von einem Manager haben. Darum muss sich der Manager zunächst nicht kümmern. Der Manager *ist*. So wie in Machiavellis Zeiten die Herrscher eben auch mit natürlicher Selbstverständlichkeit existierten. Die Meinung der Mitarbeiter kann den Managern zunächst gleichgültig sein. Die Mitarbeiter müssen sich daran gewöhnen, und sie tun dies im Allgemeinen auch. Sie haben kein Stimmrecht und können auf die Ernennung ihres „Herrschers“, ihres Managers, keinen Einfluss nehmen. Der Manager ist da. Jeder Mitarbeiter hat sich damit auseinanderzusetzen. Machiavelli sieht das genauso. Für ihn sind Manager einfach gegeben. Damit definiert sich der Manager durch sich selbst.

Es gibt Manager, die vollbringen „Drei-Jahres-Wunder“. Sie sind drei Jahre lang erfolgreich, sie sanieren, sie bauen auf, sie machen Fehler. Aber sie erleben die Auswirkungen ihrer Fehler nicht mehr. Nach drei Jahren werden sie neue Wunder an einer neuen Stelle vollbringen. Man kann die Qualität eines Managers aber erst beurteilen, wenn er zehn Jahre seine Funktion ausgeführt hat, weil er dann auch seine Fehler korrigieren musste. Die Drei-Jahres-Wunder-Manager sind fast immer erfolgreich, weil sie ihre Position verlassen, ehe ihre Fehler zu wirken beginnen. In manchen Unternehmen gibt es sogar Regularien, die festlegen, wie lange ein Manager an seinem

Platz verweilen darf. Besonders beeindruckend sind multiple Drei-Jahres-Wunder-Manager. Sie müssen nur eine Fähigkeit haben: Sie müssen wissen, wann sie verschwinden müssen. Am geschicktesten ist es, ein halbes Jahr vor dem Zeitpunkt zu gehen, an dem die Performance, die man hinterlassen hat, ins Wanken gerät. Nach außen hin – und das ist wichtig – haben diese Manager großartige Karrieren vorgelegt, während sie innerbetrieblich oft eine Blutspur hinterlassen.

Dies ist nicht nach dem Verständnis von Machiavelli. Er kämpfte für eine langfristige Erhaltung der Macht und vertrat die Auffassung, dass der Herrscher seine Macht (und damit natürlich auch sein Vermögen) festigen muss. Auch der Manager muss danach streben, seine Macht und das Vermögen seines Unternehmens zu sichern und zu erweitern. Damit ist die langfristige Perspektive von großer Bedeutung.

Was unterscheidet Eigentümer-Manager von Angestellten-Managern?

Eigentümer-Manager sind wie Herrscher erblicher Fürstentümer. Um sie kümmert sich kein Aufsichtsrat, kein Vorstand, kein Vorgesetzter. Sie sind der Eigentümer und damit das absolute, höchste Entscheidungsorgan des Unternehmens, sozusagen das Gesetz. Alle Mitarbeiter müssen sich auf den Eigentümer-Manager einstellen. Wenn ein Mitarbeiter mit dem Führungsstil nicht einverstanden ist, braucht er sich gar nicht aufzuregen und sollte darauf verzichten, um Anerkennung zu buhlen. Er sollte die Firma schnell und ohne großes Aufsehen verlassen. Es gibt keine Beschwerdeinstanz. *Take it or leave it.* Allerdings kann der Eigentümer-Manager nach drei Jahren nicht einfach gehen. Er ist im Prinzip lebenslang mit dem Unternehmen, mit seinem Eigentum verbunden. Um erfolgreich zu sein, muss er irgendwann wirkliche Management-Qualitäten zeigen.

Im Gegensatz dazu haben es die Angestellten-Manager zunächst wesentlich schwerer. Sie werden eingestellt, haben einen Arbeitsvertrag und einen Vorgesetzten. Sie sind abhängig. Bei dieser Gelegenheit kann man auch gleich mit der weit verbreiteten Meinung aufräumen, dass alle Top-Manager Unternehmer seien. Das trifft vielleicht auf einige wenige zu. Alle anderen sind von Vorgesetzten abhängig und tragen nur ein sehr begrenztes Risiko, kaum unternehmerische Bürden.

Das alles wissen natürlich auch die Mitarbeiter. Rein theoretisch kann sich jeder Mitarbeiter über einen solchen Manager beschweren, denn es gibt immer eine Beschwerdeinstanz. In großen Konzernen wie Siemens, IBM, GE zum Beispiel kann sich der Mitarbeiter über seinen Manager bei dem entsprechenden Vorstand beschweren, der Manager über seinen Vorstand bei dem entsprechenden Zentralvorstand. Dieser schließlich beim Vorsitzenden des Vorstandes oder beim Aufsichtsrat. Ob das in der Praxis zu empfehlen ist, ist eine Frage, die sich jeder selbst beantworten muss.

Allerdings gibt es auch Vorteile für den Angestellten-Manager. Er kann nach einiger Zeit auf einen anderen Managerplatz wechseln. Er kann zu einem smarten und erfolgreichen Drei-Jahres-Wunder-Manager avancieren und hoch gelobt und mit Optionen beschenkt von dannen ziehen. Diese Möglichkeit kalkuliert Machiavelli in seinen Gedanken wohlgemerkt nicht ein. Er denkt stets langfristig.

Die ärmsten „Managerschweine" sind diejenigen in der ersten Führungsebene eines großen Konzerns. Sie werden von oben getreten und von unten beschimpft. Sie sind die wahren Helden unserer Wirtschaft, aber eben auch die ärmsten Schweine. Sie bemühen sich nach unten zu motivieren. Sie lesen viele Bücher über Motivationstheorien und setzen diese auch um. Die Mitarbeiter empfinden manchmal sogar Freude, für diese Manager zu arbeiten. Sie bringen daher Ergebnisse. Nach oben müssen diese Manager buckeln, denn oben wird Politik gemacht. Dieser Politik sind sie unterworfen. Unsinnige Entscheidungen müssen sie sinnvoll verkaufen und in die Praxis umsetzen. Sie sind das Rückgrat eines Unternehmens, ihnen gebührt jede Unterstützung. Gerade sie sollten versuchen, aus den Ratschlägen von Machiavelli das Richtige für sich selbst herauszufinden.

Angestellten-Manager unterliegen einer Beurteilung. Sie haben einen Vorgesetzten, der über sie urteilt und der ihr Gehalt festlegt. In manchen Konzernen gibt es als besondere Gemeinheit zudem noch die Beurteilung durch die Mitarbeiter. Einmal im Jahr haben die

Mitarbeiter, zum Teil anonym, zum Teil auch offen, meistens institutionalisiert und von der Personalabteilung begleitet, die Möglichkeit ihre Meinung zu sagen. Das hat zwar keine Konsequenzen und nicht mehr Wirkung, als Dampf aus dem viel zitierten Dampfkessel abzulassen, aber das Ganze hört sich gut an: *Unsere Manager stellen sich der Kritik der Mitarbeiter.* Der Angestellten-Manager kann zu einem solchen Vorgehen gezwungen werden. Der Eigentümer-Manager kann darauf mit gutem Gewissen pfeifen.

Was ist der größte Fehler der Eigentümer-Manager? Sie meinen zu wissen, dass sie unverzichtbar sind. Keiner kann besser managen als sie. Deshalb können sie auch bis ins hohe Alter in Amt und Würden bleiben. Mit 80 Jahren gehört man noch lange nicht zum alten Eisen. Man ist schließlich so alt, wie man sich fühlt, und als Eigentümer fühlt man sich niemals alt. Wenn man aber schließlich doch abtritt, gibt man meistens den Stab an die Kinder oder Enkel weiter. Das Vertrauen in die eigenen Manager-Gene ist vielfach stärker als das Vertrauen, das man in die Fähigkeiten Außenstehender hat. Diese junge Nachfolgergeneration hat dann leider nicht so viel Erfahrung, Weisheit wie man selbst. Deshalb muss man ihnen noch helfen. Das erfreut sie sicherlich, meint der Gründer. Der Enkel wird dankbar sein, wenn er, der 80-jährige Patriarch, ihn weiter unterstützt. So fällt der Schatten der Gründerväter auf die nachfolgenden Eigentümer-Manager, sodass diese doch nicht ganz so problemlos führen können! Was sollte man daraus lernen? Der Eigentümer-Manager ist gut beraten, professionelle Hilfe einzustellen. Dabei ist nicht der Buchhalter oder der Vertriebsmitarbeiter gemeint, sondern ein Manager, der ihm auch die Entscheidungsverantwortung abnimmt.

Was ist die größte Stärke des Eigentümer-Managers? Er achtet vielleicht sorgfältiger auf das Geschäft, verhandelt gezielter und strenger, weil das Ergebnis sein eigenes Vermögen direkt betrifft. Vielleicht ist das aber auch gleichzeitig seine größte Schwäche. Viele Eigentümer-Manager kümmern sich um zu viele Themen, gehen viel zu sehr ins Detail und werden damit nicht frei für wirklich unternehmerische Weichenstellungen.

Wie wird man Manager?

Nun haben wir aber immer noch nicht die Frage beantwortet, was managen ist, was so ein Manager also macht. Dabei sollten wir uns gar nicht so sehr mit seinem Tun beschäftigen. Vielmehr müssen wir nach der Wirksamkeit des Managers fragen. Was soll ein Manager bewirken? Warum stellt man einen Manager ein? Welche Anforderungen hat man an einen wirksamen Manager? Hier wird der Unterschied zu anderen Berufskategorien besonders deutlich. Man wird sich einen Automechaniker immer nach seiner praktischen Fähigkeit aussuchen, sich also vergewissern, ob er gut Autos reparieren kann. Man wird sich einen Arzt wählen, der besonders gut operieren kann. Man wird nach einem Steuerberater suchen, weil er die Steuergesetze gut kennt.

Warum sucht man einen Manager? Man sucht einen Manager, weil er eine bestimmte Aufgabe in einem Unternehmen lösen soll. Dies ist gleichzeitig das Auswahlkriterium. Wenn ich also einen Manager für den Einkauf suche, dann erwarte ich, dass der Bewerber Einkaufserfahrung hat. Ich erwarte, dass der Manager das Geschehen des Einkaufs analysiert, den Prozess erkennt und beschreibt, Mitarbeiter in diesem Prozess richtig einsetzt, und natürlich auch, dass er zielgerichtet einkauft. Man könnte also sagen, die Managementleistung ist, dafür zu sorgen, dass Ware zum besten Preis zum richtigen Zeitpunkt in der richtigen Qualität beschafft wird. Damit sind wir bei der Wirksamkeit. Das Auswahlkriterium für den Manager wäre damit die geforderte Wirksamkeit des Managens. Der Manager vollzieht seine Aufgabe nicht mit seinen eigenen Händen, sondern er managt, er bringt andere Menschen dazu, die Aufgabe zu lösen. Er sorgt also dafür, dass seine Mitarbeiter seine gesamte Arbeitsaufgabe erledigen. Er gibt lediglich die Ziele vor und kontrolliert die Zielerreichung.

In diesem Sinne ist Management eine Herrscher-Tätigkeit. In diesem Sinne hat der Manager Macht. Dieses Buch soll den Managern eine Hilfestellung geben, wie sie diese Macht erlangen und festigen können.

Wie wird man aber ein solcher Manager? In den meisten Fällen wird man es nicht aufgrund der eigenen Leistung. Die Eigentümer-

Manager erhielten ihre Funktion durch ihre Geburt, weil der Vater starb, weil der Vater schenkte. Ganz wenige erreichen diese Funktion, weil sie selbst das Unternehmen aufbauten. Die meisten, die das versuchten, scheiterten ohnehin. Ihre Unternehmen machten meist Pleite, ehe sie sich als Eigentümer-Manager etablieren konnten. Trotzdem verdienen sie Millionen und liegen nun in der Sonne und denken über die nächste Unternehmensgründung nach.

Auch die Angestellten-Manager werden in der Praxis selten aufgrund ihrer Leistung (nach Wirksamkeit) ernannt. Der, der ernennt, der, der einstellt, weiß in den meisten Fällen gar nicht, welche Tätigkeit der Manager ausfüllen soll. Häufig hat er nicht einmal eine Vorstellung über die zu erbringende Wirksamkeit.

Beispiel: *In der Fahrradfabrik AG verabschiedet sich der Einkaufsleiter in den wohlverdienten Ruhestand. Der Vorstand ernennt an seiner Stelle den bisherigen Vertreter. Er hat keine Ahnung, welche Aufgaben mit dieser Funktion verbunden ist, aber in einem Gespräch entdeckt der Vorstand eine gewisse Sympathie für den jungen Mann. Er soll sein neuer Einkaufschef werden. Vier Jahre später wechselt der Vorstand, ein neuer Vorstand wird berufen. Er behauptet, der Einkauf sei für ihn von großer Bedeutung. Daher benötigt er einen anderen Einkaufsleiter. Auch er hat keine Ahnung, was der Einkaufsleiter eigentlich macht, welche Aufgaben, ja welche Verantwortung er hat. Wichtig ist für ihn an dieser Stelle nur, eine Person seines Vertrauens zu haben. Die fachliche Qualifikation ist nicht so ausschlaggebend.*

Manager berufen Manager, Nicht-Wissende berufen Nicht-Wissende. Die Ernennung von Managern geschieht am häufigsten durch Umorganisation. In einem solchen Fall kann man relativ leicht den alten Manager aufs Altenteil schicken und einen neuen Manager berufen. Ebenso häufig kommt ein Manager aufgrund von Verbindungen zu seiner Position. Das Manager-Netzwerk funktioniert in der Regel bestens. Derjenige mit dem besten Netzwerk wird Sieger. Häufig werden auch Manager aufgrund ihres Rufes eingesetzt. Gerne werden „Sanierer" berufen. Was sind Sanierer? Sanierer sind Manager, die schon einmal einen Bereich, ein Unternehmen oder Teile eines Unternehmens aufgelöst haben. Was in den Lehrbüchern immer nur als absolute Notmaßnahme beschrieben wird, gilt in der heutigen wirtschaftlichen Situation als Leistung. Den Ruf als Sanierer erwirbt man, indem man ein bisschen wirbelt und dann auf einen wirtschaftlichen Aufschwung wartet. Hat man Glück, kommt er rechtzeitig und der Ruf ist gefestigt. Hat man Pech, stellt sich der Ruf nicht ein und man muss sich eben auf sein Netzwerk verlassen. Es gibt auch einige Manager, die selbst ihre Einstellung veranlasst haben. Das ist eine hohe, bewundernswerte Kunst. Der Kandidat hat dabei die Persönlichkeit des Entscheidungsträgers genau studiert und hat sich ihm dann auf die richtige Art und Weise genähert, auf sich aufmerksam gemacht: ein bisschen devot, ein bisschen emanzipiert. Diese Kombination kommt immer gut an. Man darf nur nicht übertreiben. Es ist nicht opportun, wenn Manager eine ausgeprägte eigene Meinung haben, sie dürfen nur eine verhalten ausgeprägte Meinung haben ...

Beispiel: *Ein vorbildlicher Eigentümer-Manager war Alexander Rad. Machiavelli hätte seine Freude an ihm gehabt. Er wird als extrem ehrgeizig geschildert, als diszipliniert und gleichermaßen innovativ. Er erbte von seinem Vater die weltbekannte Fahrradfabrik AG. Der Eigentümer-Manager Rad hatte seine eigene Meinung zu dem Unternehmen und zu seinem ererbten Management. Dazu hatte er das Recht, denn er war der Maßstab. Er fand das Unternehmen rückständig, fortschrittshemmend und das Management verschlafen. Er hätte das Unternehmen ohne Probleme weiterführen können, denn er war der Maßstab, wie sein Vater vor ihm. Er wäre unangreifbar gewesen. Aber er hatte keinerlei Interesse an dem antiquierten Unternehmen und daher verkaufte er „den Laden“.*

Nur die „Softwareabteilung für Tachometer, Kommunikationstechnik und Sport“ behielt er und machte sie zur Keimzelle einer internetbasierten Technologie-Holding. Schließlich erwarb er Anteile an einem Börsenmantel eines abgewirtschafteten Elektronikdiscounters mit Namen „Fahrrad-Electronics“. Er brachte nun seine Leute in dem neuen Unternehmen unter und brachte es mit dem Konzept „Fahrrad 2006“ schnell wieder auf Kurs. Es wurde eine Erfolgsstory. Die Aktie der Fahrrad-Electronics AG war im Jahr 2002 mit einem Plus von 800 Prozent der mit Abstand erfolgreichste Titel der europäischen Börsen.

Der Börsenwert ist wichtig und steht im Fokus von Analysten und Anlegern. Aber die eigentliche Managementleistung besteht stets darin, die Mitarbeiter für seine Visionen zu gewinnen. Alexander Rad, der Chef der Fahrrad-Electronics AG, schmiss die tollsten Partys und veranstaltete Führungskräfteschulungen mit Überlebenstrainings. Er inspirierte. Er schweißte seine Führungsmannschaft zusammen. Er hat seinen Machiavelli bestens gelernt:

„Denn es ist wohl zu merken: dass man den Menschen entweder zu liebkosen, oder sie aufzureiben hat: weil sie sich wegen leichter Kränkung rächen, wegen der schweren aber nicht rächen können: drum muss die Kränkung, die man dem Menschen erweist, von der Art seyn, dass sie die Rache nicht fürchten darf." (Machiavelli)

Alexander Rad scharte willige Hilfs-Manager um sich, die er „liebkoste" und die für ihn durch dick und dünn gingen. Mitarbeiter mit eigener Meinung, mit Sachverstand waren jedoch nicht gefragt. Die Richtung und der fachliche Inhalt des Unternehmens wurden nicht deutlich. Es gab keine langfristigen Strategien. Es zählte nur die Idee an sich, die Innovation. Was unter dem Strich übrig blieb, spielte keine Rolle.

Ein anderer Manager aus der Geschichte machte mehr aus seinem Erbe. Man kann wohl behaupten, dass Alexander der Große seine militärischen Erfolge vor allem deshalb erringen konnte, weil sein Vater ihm die beste Armee der damaligen Welt hinterlassen hatte und das Herrschaftsgebiet Makedonien, so groß, wie es vorher noch nie gewesen war.

Alexander der Große verkaufte sein Eigentum nicht, sondern vergrößerte es. Er entwickelte sich auch nicht zum Drei-Jahre-Wunder-Manager. Er blieb seinem Eigentum ein Leben lang verbunden. Alexander ist für mich ein bewundernswerter Manager. Er organisierte sein Unternehmen bestens, motivierte die Mitarbeiter geschickt, festigte seine Macht und Herrschaft – und hatte auch noch enormen Erfolg. Solche Wirtschaftsführer bräuchte das Land auch heute! Mit vorrückendem Alter ließ Alexanders Leistung zwar nach. Zu diesem Zeitpunkt besaß er aber bereits so viel Macht, dass er unangreifbar geworden war.

Ähnliches berichtet man auch von Temudschin, dem späteren Dschingis Khan. Er trat voller Selbstbewusstsein das Erbe seines Vaters an. Auf diesen Grundlagen baute er seine Macht konsequent aus. Zuerst brauchte er Mitarbeiter. Er nahm alle unzufriedenen und hungrigen jungen Krieger auf und baute mit ihnen ein schlagkräftiges Heer auf. Er versprach Raubzüge und bewies dabei, dass er nicht nur ein guter Militär, sondern auch ein geschickter Diplomat war. Er wusste, wie er seine gierigen und wilden Untertanen anzupacken hatte. Unter ihm erhielten sie alle Freiheiten, wenn sie ihm dafür ihre absolute Loyalität gaben. Damit schuf er die Grundlage, das Herrscher-Erbe seines Vaters antreten zu können. Er baute auf und bewahrte. Auch er managte sein Eigentum sein ganzes langes Leben. Er wurde für seine Gefolgsleute zum Maßstab. Ein anderer Geschichtszeuge konnte kein Erbe antreten. Er musste sich erst selbst Eigentum verschaffen. Caesar setzte jedes Mittel ein, um die eigene Karriere zu fördern. Daher ist er auch ein gutes Lehrbeispiel. Er heiratete nur aus diesem Grund Pompeia, eine Enkelin Sullas, womit er sich finanzielle Macht und die Unterstützung der Optimaten, des damals herrschenden Senatorenstandes, sicherte. Sein Kalkül ging auf. Auch wenn niemand aus der Herrscherkaste Caesar vertraute, behinderte auch niemand seinen Aufstieg. Somit war der erste Teil der Karriere gesichert. Um eine Liebesheirat hat es sich zu keiner Zeit gehandelt, davon zeugen Caesars vielfältige Affären und Liebschaften. Um seine Karriere vorwärts zu bringen, umgab sich Caesar mit allerlei zwielichtigen Gesellen. Er feierte berüchtigte Orgien und empfing Abschaum, Speichellecker und politische Trittbrettfahrer, mit denen er gemeinsame Sache machte. Er baute sozusagen sein Netzwerk auf.

Waren Alexander und Dschingis Khan Eigentümer-Manager kann man Caesar wohl eher als einen Angestellten-Manager bezeichnen. Er musste seine Herrschaft erst errichten.

Fazit

Eigentümer-Manager haben es besser. Sie müssen nur ihr Eigentum sichern und können dann managen. Ihr Können müssen sie dann

> ***Zum Nachdenken***
>
> *Der Charakter eines Menschen wird am besten erkannt in der Vertraulichkeit, denn da herrscht kein Zwang;*
> *oder in der Leidenschaft, denn diese überrennt eines Mannes Grundsätze,*
> *oder endlich in einer neuen, unerprobten Lage, denn da lässt ihn die Gewohnheit im Stich.*
> *Glücklich sind diejenigen Menschen, deren Berufe mit ihrem Charakter harmonieren.*
>
> FRANCIS BACON

allerdings schon unter Beweis stellen, denn Eigentümer-Manager bleiben sie meistens lebenslang – oder sie machen Pleite. Angestellten-Manager müssen andere Karrierewege beschreiten. Für sie ist das Netzwerk von großer Bedeutung. Sie können allerdings, wenn sie geschickt sind, schnell die Positionen wechseln. Sie haben nur dafür zu sorgen, dass sie ein positiver Ruf verfolgt.

2.

Der Eigentümer ist der Maßstab aller Dinge. Er kann nach Belieben managen.

Die Antwort vorweg: Die „Eigentümer-Manager“ haben es gut. Ihre Macht legitimiert sich durch Eigentum. Können sie deshalb leichter managen? Was müssen sie berücksichtigen?

Wir verweilen noch etwas bei den Eigentümern. Wie äußert sich ihr Managementstil? Sind sie Universalgenies aufgrund ihrer Bestimmung oder schlicht „wirkende Manager“. In der Kontinuität verliert der Änderungswille an Bedeutung. Das Beharrungsvermögen siegt. Dazu Machiavelli:

„Erbliche Staaten, die schon lange an das Herrschergeschlecht gewöhnt sind, sind leichter zu regieren als neugegründete. Ein Erbfürst kann seinen Staat nach Verlust beim ersten Fehler des Eroberers zurückerobern. Denn der Erbfürst hat weniger Notwendigkeit, Grausamkeiten zu begehen. Macht er sich nicht durch ungewöhnliche Missetaten verhasst, so wird er naturgemäß gern akzeptiert. Das Alter und die Tradition seiner Herrschaft ersticken das Verlangen nach Erneuerung.“

Eigentümer-Manager sind der Maßstab aller Dinge

Das ist natürlich eine komfortable Position. Ihre Herrschaft, ihre Macht ist bereits Teil ihrer Persönlichkeit. Die Herrschaft erhielten sie meistens schon über die Muttermilch. Sie mussten niemals darum kämpfen. Sie sind die Macht.

Machiavelli hat den entscheidenden Unterschied gut erkannt. Der Eigentümer-Manager *ist.* Er geht und schreitet, spricht und diskutiert und dabei ist er der Maßstab. Die Mitarbeiter sind daran gewöhnt. Sie haben den Maßstab verinnerlicht. Im Prinzip müssen Eigentümer-Manager das Gleiche leisten wie auch die Angestellten-Manager, aber sie unterliegen keiner Kritik, weder offen noch hinter vorgehaltener Hand. Sie sind ja der Maßstab. Sie sind das Gesetz. Sie bezahlen die Mitarbeiter in ihrer Funktion als Eigentümer. Das ist der wahre Unterschied. Sie bezahlen ihre Mitarbeiter aus ihrem eigenen Vermögen. Somit können sie auch bestimmen, welche Mitarbeiter welche Tätigkeit zu übernehmen haben. Darüber gibt es keine Diskussion. Wie gut haben es die Eigentümer!

Gehen wir folgender Hypothese nach: Eigentümer-Manager können durchaus laienhaft sein. Das muss nicht gleich bemerkbar und offensichtlich sein. Ein laienhafter Eigentümer-Manager ist gut beraten, einen klugen Angestellten-Manager einzustellen und ihm die Arbeit zu überlassen. Ein kluger Eigentümer-Manager kann natürlich auch selbst managen. Noch klüger ist er aber, wenn er andere gute, vielleicht sogar bessere Manager anstellt und diese seine Visionen umsetzen lässt. Da nicht jeder Eigentümer als Manager geboren wurde, kann man davon ausgehen, dass er Hilfe und Beratung braucht. Klug ist, wer die richtigen Ratgeber beauftragt.

Was immer der Eigentümer-Manager aber tut, wie immer er sich entscheidet, er bleibt der Maßstab. Machiavelli hat es bereits erkannt, dass der Eigentümer *„weniger Notwendigkeiten hat, Grausamkeiten zu begehen. Macht er sich nicht durch ungewöhnliche Missetaten verhasst, so wird er naturgemäß gern akzeptiert.“*

Der Eigentümer sitzt im Allgemeinen fest im Sattel, seine Mitarbeiter wissen dies und halten zu ihm. Er hat keinen Grund, sich durch „Grausamkeiten“ mehr Macht und Ansehen zu erarbeiten. Nur eines kann seine sichere Macht ins Wanken bringen. Das ist der Markt. Natürlich muss auch der Eigentümer am Markt bestehen. Natürlich muss er sein Unternehmen leiten oder leiten lassen. Er muss Geld verdienen. So lange dies gewährleistet ist, sind seine Funktion und sein Eigentum unantastbar.

Eigentümer, die auf die eigenartige Idee kommen, ihr Unternehmen an der Börse einzuführen, werden schnell feststellen, dass sie dann nicht mehr unabhängig sind. Nun sitzen ihnen Aktionäre, Analysten und Behörden im Nacken. Sofort verlieren sie ihre Freiheit, sofort verlieren sie ihre Eigentümer-Privilegien. Sie sind dann nicht mehr Eigentümer. Sie sind lediglich Aktionäre. Der Eigentümer bleibt vielleicht der größte Aktionär, der bestimmende. Aber sein Status verändert sich, er wird zum Eigentümer-Angestellten, sofern er nicht mehr die Verfügungsgewalt über die Mehrheit des Kapitals hat.

Beispiel: *Ein wunderbares Beispiel für einen Eigentümer-Manager gibt Gerhard Schmid, der Gründer von Mobilcom, ab. 1991 gründete er mit einem Kredit und einer Sekretärin die Firma Mobilcom. Wenig später vermarktete er auf Provisionsbasis bereits erfolgreich Handy-Anschlüsse für die Netzbetreiber D1 und D2. Nur zwölf Monate später, 1995, erreichte er die Gewinnzone. Er agierte erfolgreich, dehnte sein Geschäft aus. Er war ein Eigentümer-Manager, der mit Verstand und Erfolg managte. Seine Mitarbeiter akzeptierten ihn. Er war, so wie er war.*

1997 ging Schmid an die Börse. Das Going Public von Mobilcom geriet zum Freudenfest am Neuen Markt. Die Papiere stiegen binnen Jahresfrist von einem Kurs von 62,50 auf 1.580 DM – Schmid war Milliardär.

Der Eintritt in den hart umkämpften Festnetzmarkt gelang bestens. Während seine Konkurrenten viel Aufwand trieben, um undurchschaubare Tarif-Modelle zu entwickeln, kreierte Schmid den Einheitspreis: bundesweite Gespräche rund um die Uhr für 19 Pfennige die Minute. Er verkaufte sich und sein Unternehmen gut. Als Goliath bedrängte er die Deutsche Telekom. Immer noch war er Eigentümer-Manager. Trotz Börsengang hatte er das Sagen, er war der Maßstab.

Doch dann griff Schmid zu hoch: Er ließ sich im Jahr 2000 von den steigenden Börsenkursen verführen und ging das UMTS-Abenteuer ein. Um die Finanzierung sicherzustellen, verbündete sich Schmid mit der France Télécom und kaufte eine UMTS-Lizenz für 8,3 Milliarden Euro.

Der französische Konzern wollte auf dem deutschen Markt mitmischen, Schmid benötigte das Geld des Staatsunternehmens.

Das Ende ist bekannt. Schmid wurde ausbezahlt, gefeuert oder wie immer man es nennen mag. Er verlor die Macht, weil er zum Angestellten-Manager wurde, sich den Spielregeln der Angestellten-Manager aber nicht unterwarf. Er hatte freiwillig auf den Status als Eigentümer-Unternehmer verzichtet, aber er war sich der Konsequenzen nicht bewusst. Nun ist das Spiel aus.

Es mag selbstverständlich auch Angestellten-Manager geben, die so agieren wie Eigentümer. Der Porsche-Chef Wendelin Wiedeking sagt von sich: „Ich bin völlig unabhängig – persönlich, finanziell und im Kopf." Schön gesagt. Aber es gibt nicht viele Manager, die dies von sich behaupten können.

Ein Eigentümer, der an die Börse geht, wird abhängig. Damit steht er in einer Reihe mit den Vorstandsvorsitzenden großer Unternehmen. Ihre „Vorgesetzten" sind die Aktionäre, vertreten durch die Analysten. Diese wiederum haben nur einen Gedanken: Positiv ist, wenn der Börsenwert steigt. Dies führt zu einem doch recht merkwürdigen Spiel: Erst füttern die Manager die Analysten mit eher zurückhaltenden Prognosen für das nächste Quartalsergebnis, dann präsentieren sie Zahlen, die stets ein bisschen besser sind. Dies hat der amerikanische Konzern General Electric mit absoluter Perfektion vorgeführt. Über Jahre begeisterte er die Anleger mit zweistelligem Gewinnwachstum und nur einmal in den zehn Erfolgs-Jahren verfehlte er das vorhergesagte Quartalsergebnis, nämlich um einen Cent je Aktie. Später argwöhnte man, dass General Electric diese Punktlandungen nur mit Bilanztricks zustande gebracht hat. Beweisen konnte man das nie.

In diesem Spiel haben sich die Manager-Vorstände selbst unter Druck gesetzt. Mit aller Macht versuchen die Manager, die prognostizierten Ergebnisse zu erreichen und zu übertreffen. Dies führt zu „aggressiven Bilanzmethoden". Die Manager lassen sich im eigenen Interesse verführen, denn ihre Optionen sind von der Entwicklung des Aktienkurses abhängig. Das führt dazu, dass die gesamte Organisation nur an einem Kriterium gemessen wird, an der Steigerung des Börsenwertes. Das können Buchhalter manchmal besser als Vertriebsmanager. So veränderte Siemens im Jahr 2000 vollkommen legal die Abschreibungsdauer von Firmenwerten von fünf auf 20 Jahre. Die jährlichen Abschreibungsraten verringerten sich so um bis zu 45 Millionen Euro, der Gewinn stieg entsprechend. Gardena veränderte die Bewertung der Pensionsrückstellungen und erwirtschaftete damit einen Mehrgewinn von sechs Millionen Euro. Ein Waschmittelhersteller veränderte die Berechnung der Pensionsrückstellungen, allerdings in die andere Richtung, um keinen zu hohen Gewinn ausweisen zu müssen. Wie auch immer die Maßnahmen im Einzelfall aussehen mögen, der Druck auf die Manager von börsennotierten Unternehmen nimmt zu. Diesen Druck geben sie an ihre Mitarbeiter weiter. Ganze Unternehmen denken nur noch in Kursverläufen.

Was sind die Aufgaben eines Managers?

Mich bewegt die Frage, was ist ein Manager, was tut ein Manager? Leider hat darauf auch Machiavelli keine Antwort gegeben. Genauso berechtigt wäre die Frage: Was ist ein Herrscher? Auch diese Frage hat Machiavelli nicht beantwortet. Anscheinend war die Antwort für ihn klar.

Zum Nachdenken

Um Erfolg zu erringen, benimmt man sich möglichst so, als ob man ihn schon hätte.

LA ROCHEFOUCAULD

Ich behaupte, ein Manager muss ergebnisorientiert arbeiten. Dabei ist nicht so sehr die Frage, wie und was er arbeitet, sondern welches Ergebnis aus seiner Arbeit resultiert. Ich denke dabei nicht an den Börsenwert, weil dieser von vielen verschiedenen Einflussfaktoren abhängig ist und eine Einflussnahme auch nicht immer linear ableitbar ist. Es geht mir um qualitative und quantitative Ergebnisse, die messbar oder zumindest beschreibbar sind. Wichtig ist dabei, dass dieses Ergebnis nicht nur kurzfristiger Natur sein soll, sondern dass das Ergebnis nachhaltig zu sein hat. Jeder Manager macht Fehler. Die Zeit macht den Blick frei, mit welchem Ergebnis ein Manager seine Fehler berichtigt. Auch hier scheint es mir von großer Bedeutung zu sein, dass man dieses Ergebnis erkennt, sieht, versteht.

Zum Nachdenken

Der Erfolg will gepflegt sein: Man muss geschmeidig und unterhaltend sein,
intrigieren, den Frauen gefallen, den richtigen Männern schmeicheln,
sich in Geschäfte und Vergnügungen stürzen,
sich nicht in die Karten sehen lassen, sich bis in die späte Nacht hinein lächelnd langweilen,
drei Partien spielen, ohne aufzustehen.
Und selbst dann kann man seiner Sache nicht sicher sein.
Wie viel Langeweile und Verdruss könnte man sich ersparen, wollte man es versuchen, sein Glück allein auf Verdienste zu gründen!

VAUVENARGUES

Aber wir wollen auch noch auf das *Wie* eingehen. Die Arbeit des Managers, also das Managen, muss ein Beitrag zum Ganzen sein. Es ist dabei wichtig, ganzheitlich zu denken und zu agieren, das Unternehmen als Ganzes zu stärken und nicht nur in Teilbereichen. Das Ergebnis des Managers muss sich also auf die Gesamtheit beziehen und darf nicht im Suboptimum verkümmern. Wichtig sind außerdem die Konzentration auf Weniges und die Ausnutzung von Stärken. Das mag wie ein Widerspruch wirken, aber es ist wichtig, sich nicht zu verzetteln, sondern seine Ziele zu fokussieren. Viele Manager kommen mit ihrer Zeit nicht zurecht. Der Grund ist, dass sie weitgehend fremdbestimmt sind und sie selbst nicht den Mut finden, sich auf wichtige Inhalte zu konzentrieren. Die Konzentration kann man durch Intensivierung seiner Stärken unterstützen.

Indem man sich auf seine Stärken besinnt, lässt man mehr oder weniger automatisch die Stärken für sich arbeiten. Die Schwächen fallen dann gar nicht mehr auf. Jeder Manager ist gut beraten, sich mit seinem Stärkenprofil zu beschäftigen. Es präsentiert die Stärken, lässt die Schwächen vergessen machen.

Schließlich ist die Einstellung elementar: Positive thinking ist gefragt. Nur wenn der Manager von sich überzeugt und von seiner Tätigkeit eingenommen ist, wird er ein gutes Ergebnis erwirtschaften. Er muss eine gefestigte, offene Persönlichkeit sein. Damit wird er auch zum Vorbild für seine Mitarbeiter. Man muss hinzufügen, dass der Manager auch in seinem Umfeld aufgehen muss, wie der Fisch im Wasser ... Ein Manager, der zum Beispiel in China eingesetzt wird, muss sich auch mit diesem Land identifizieren. Er muss eine positive Grundstimmung zu diesem Umfeld haben, sonst wird er nicht bestehen können.

Management besteht also aus positiver Lebenshaltung, fokussierter und auf Stärke orientierter Handlungsweise und führt zu Ergebnissen – natürlich auch zu einer Verbesserung des Börsenwertes. So gesehen ist Management eigentlich nicht so schwer. Machiavelli würde das Verständnis von Management einfach als gegeben hinnehmen und voraussetzen.

Zum Nachdenken

Ein Beruf macht gedankenlos, darin liegt sein größter Segen. Denn er ist eine Schutzwehr, hinter welcher man sich, wenn Bedenken und Sorgen allgemeiner Art anfallen, erlaubtermaßen zurückziehen kann.

FRIEDRICH NIETZSCHE

Fazit

Der Eigentümer hat es einfacher, so lautet zunächst die Botschaft. Die Managementtätigkeit hat aber für alle Manager die gleichen Strukturen. Die Tätigkeit selbst muss von Erfolg gekrönt sein. Es ist sicherlich möglich, dass der Eigentümer kreativer schalten und walten kann. Aber auch sein Ergebnis wird sich auf dem Markt bewähren müssen. Dort findet seine Bewährungsprobe statt. Unter besonderen Umständen agieren alle Manager, die sich an der Börse bewähren müssen und als Ergebnisvorgabe die Verbesserung des Kurswertes haben.

3.

Die Aufgabe des Managers ist es, Macht auszuüben. Deshalb darf er seine Lust auf Macht nicht unterdrücken.

Ein Top-Manager hat Macht. Wie hat er sich diese Macht aufgebaut? Wie erhält er seine Macht? Wie geht er mit dieser Macht um?

Machiavelli empfiehlt: strategisch denken, weit in die Zukunft blicken und „Provinzen“ aufbauen. Es geht darum, den Machtbereich auszuweiten, um den eigenen Wirkungsgrad zu verbessern. Neue Provinzen (ich übersetze heute mit „Schlüsselpositionen“) sind nach Machiavelli eine Machterweiterung. Da man nicht alles allein machen kann, setzt der Manager Statthalter ein. Der Manager muss in der Lage sein, zukünftige Situationen zu erahnen, um sich rechtzeitig darauf einstellen zu können.

Machiavelli empfiehlt die Schwachen als Statthalter. Wären die Starken nicht besser?

- Machiavelli: Ureinwohner, die für Provinzen enteignet wurden, müssen arm und hilflos bleiben. Nicht enteignete Bürger werden fügsamer aus Angst vor Enteignung. *„Menschen sind entweder liebenswürdig zu behandeln, oder unschädlich zu machen.“*
- Für den Erhalt einer neuen Provinz muss man Oberhaupt und Verteidiger der umliegenden Provinzen sein. Gegner im Inneren des eroberten Gebietes rufen nämlich grundsätzlich Gegner von außerhalb ins Land. Die vormals Mächtigen müssen klein gehal-

ten werden. Die Römer beispielsweise gründeten Kolonien, verpflichteten die weniger Starken, ohne deren Macht zu mehren, hielten die Mächtigen klein und ließen fremde Herren keinen Einfluss gewinnen.

- Grundsatz: Was man lange voraussieht, lässt sich leichter vermeiden. *„[Die Krankheit] ist im Anfangsstadium leicht zu heilen und schwer zu erkennen, [...] dann ist es [später] leicht sie zu sehen und schwer sie zu heilen.“*

Wir beschäftigen uns zunächst mit den Gedanken Machiavellis, weil es hier um die Grundsätze seiner Lehre geht. Wie kommt der Herrscher an die Macht? Wie kann er seine Macht erhalten? Welche Ratschläge hat Machiavelli für den Fürsten?

Entweder gut sein oder böse, keinen Mittelweg beschreiten!

Machiavelli stellt fest:

„Entweder gut oder böse handeln – kein Mittelweg. Die Menschen verstehen in den seltensten Fällen, ganz schlecht oder ganz gut zu sein.“

Er berichtet wie Papst Julius II. nach Perugia zog, um den dortigen Tyrannen Giovanni Pagolo abzusetzen. Er zog dabei ohne den Schutz seines Heeres, nur von seiner Leibwache begleitet, in die feindliche Stadt ein und nahm Pagolo gefangen. Dieser leistete keinen nennenswerten Widerstand, obwohl es ihm leicht möglich gewesen wäre, den Papst zu vernichten. Das wagte er aber nicht. Obwohl er ein skrupelloser Mörder war, handelte er nicht konsequent genug, hatte er eben vielleicht doch noch Skrupel. Er war ein Verbrecher und schuf sich Feinde, aber letztendlich war er nicht „böse“ genug, er vernichtete den Papst nicht.

Wer hat in seinem Leben nicht schon einmal eine Situation erlebt, in der er „böse“ agierte, erfolgreich zunächst, was aber dann in einem Desaster endete, weil man nicht mehr „böse“ war. Einfachstes Beispiel: Man begeht einen Regelbruch, der von niemandem bemerkt wird, niemand kennt den Täter. Aber man gibt die Tat ohne Not zu und wird bestraft. Machiavelli behauptet, dass der Mittelweg immer ins Verhängnis führt. Machiavelli behauptet nicht, dass man „böse" sein muss. Auch einen „guten" Führungsstil lässt er gelten, sofern er konsequent eingehalten wird.

Bescheidenheit ist keine erfolgreiche Strategie

„Bescheidenheit ist keine erfolgreiche Strategie: Die Menschen täuschen sich häufig, wenn sie glauben, durch Bescheidenheit den Hochmut bezwingen zu können."

Und weiter: *„Man sieht oft, dass Bescheidenheit gar nichts nützt, ja dass sie nur schadet, besonders wenn man es mit unverschämten Menschen zu tun hat, die einen aus Neid oder einem anderen Grunde mit ihrem Hass verfolgen. Ein Herrscher darf daher nie seiner Würde etwas vergeben und nie freiwillig, wenn es in Ehren geschehen soll, auf etwas verzichten, es sei denn, dass er in der Lage ist, seinen Besitz tatsächlich zu halten, oder dass man es wenigstens von ihm glaubt. Ist es soweit gekommen, dass er nicht ehrenvoll auf seinen Besitz verzichten kann, so ist es fast immer besser, sich ihn mit Gewalt entreißen zu lassen, als ihn aus Furcht vor Gewalt abzutreten. [...] Andererseits wirst du deine Verteidiger kühler gegen dich gesinnt finden, da du ihnen schwach und feige erscheinst. Rüstest du aber sofort, wenn die Absichten deines Gegners offenbar werden, deine Streitkräfte, obwohl sie den seinigen unterlegen sind, so wirst du in seiner Achtung steigen. Auch die anderen Herrscher ringsum achten dich höher, und mancher bekommt, wenn du unter Waffen stehst, Lust, dir zu helfen, während er dir nie beistehen würde, wenn du dich selbst aufgibst."*

Hat Machiavelli Recht? Manche Erfahrungen bestätigen seine Ansicht. Es gibt viele Beispiele auch aus der heutigen Politik. Hat eine Regierung bewusst und konsequent Position ergriffen, war sie meistens erfolgreich. Ein gutes Beispiel dafür ist der zweite Irakkrieg. Die Alliierten waren zunächst aufgrund ihres konsequenten Auftretens im primären Kriegsgeschehen erfolgreich. Sie zeigten die notwendige Entschlossenheit. Sie haben aber damit, wie die Geschichte beweist, nicht den Frieden gewonnen. Wahrscheinlich gingen die Alliierten mit viel weniger Entschlossenheit an die

Aufräumarbeiten. Konzeptlosigkeit und mangelnder politischer Einsatz, auch unzureichende Ressourcen, kosteten die Friedenstruppen der westlichen Welt mehr Tote als der Krieg. So bemängeln zum Beispiel britische Abgeordnete mittlerweile, dass nicht unverzüglich nach Ende des Krieges ein einheimischer Sicherheitsapparat aufgebaut wurde. Die US-geführte Übergangsverwaltung habe zudem nicht die (angeblich) im ganzen Land versteckten Waffenlager ausgehoben. Von dort hätten sich die Aufständischen ihre Waffen beschafft. Die Planung für die Zeit nach Kriegsende, so die Abgeordneten, sei voller Fehler und Fehleinschätzungen gewesen und nicht mit der notwendigen Tatkraft umgesetzt worden.

Auch im Zweiten Weltkrieg lassen sich ähnliche Beispiele finden. Lange Zeit konnte sich insbesondere der britische Premierminister nicht entschließen, Hitler mit Gewalt entgegenzutreten. Er versuchte durch eine Beschwichtigungspolitik *(appeasement policy)*, den Krieg durch Einlenken zu vermeiden. Er wollte durch sein Nachgeben mäßigend auf die Kriegsdrohungen Nazideutschlands einwirken. Nach Machiavelli konnte diese Strategie nicht aufgehen und sie ging auch nicht auf. So wurde der Zweite Weltkrieg durch dieses Zögern nicht vermieden. Andererseits hätte er möglicherweise durch frühzeitige Entschlossenheit vermieden werden können! Wären die Alliierten Hitler bereits bei seinen ersten Völkerrechtsbrüchen entgegengetreten, hätten sie ihn ohne größere Gefahr stürzen können, ein Weltkrieg hätte vielleicht nicht stattgefunden. Durch ihr Zögern verschlimmerte sich die Situation, schließlich mussten die Alliierten doch Krieg führen. Nun waren sie entschlossen, daher gewannen sie ihn. Aber dieser Krieg kostete einen höheren Blutzoll, als es ein begrenzter Konflikt zu einem früheren Zeitpunkt getan hätte.

Zuletzt noch ein einfaches Beispiel aus dem Alltagsleben: Keine Frau möchte eine graue Maus als Ehemann. Auch in diesem Fall stößt Bescheidenheit eher ab. Kann der Mann sich aber richtig in Szene setzen, hat er nicht nur in der Gesellschaft Vorteile, er wird auch von seiner Frau anerkannt.

Und wie sieht es aus im Wirtschaftsleben? Wer nur gut arbeitet und diese Arbeit gleichzeitig nicht auch gut verkauft, wird nicht weiterkommen. Wie heißt es? „Klappern gehört zum Handwerk."

In unserer heutigen Gesellschaft hat selbstverständlich auch Bescheidenheit ihren Wert. Aber nicht jeder Wert hat auch für jeden den gleichen Wert. Kann ein Manager mit Bescheidenheit auftreten? Nein, nach Machiavelli wird er damit nicht erfolgreich sein!

Mit Ungestüm und Kühnheit erfolgreich sein

Machiavelli behauptet, dass man „mit Ungestüm und Kühnheit" oft erfolgreich ist. Was meint er damit? Er führt als Beispiel die gegen die Römer kämpfenden Samniten an, die mit den Etruskern verbündet waren. Die Etrusker hatten jedoch einen Waffenstillstand mit den Römern geschlossen, was die Samniten entscheidend schwächte. Also marschierten diese, nach einer schnellen Entscheidung, mit ihrem gesamten Heer auf etruskisches Gebiet. Dort verlangten sie von den Etruskern, wieder die Waffen zu ergreifen, und legten ihre Gründe für den Krieg dar. Die Etrusker nahmen, durch die kühne Handlung gedrängt, den Kampf gegen Rom wieder auf. Daraus schließt Machiavelli: *„Mit Ungestüm und Kühnheit erreicht man oft, was man mit gewöhnlichen Mitteln nie erreichen würde."* Das stimmt zwar, doch kühne Schritte machen nur einen Sinn, wenn zusätzlich flankierend langfristig vorgedacht wurde. Ist die Erfolgsstory auf Dauer angelegt? Kühne Handlungen müssen meistens schnell zu Ende geführt werden. Es macht keinen Sinn, wenn die „schnelle Handlung" isoliert im Vordergrund steht. Ein gutes Beispiel dafür ist wiederum der Irakkrieg. Der eigentliche Krieg ging schnell zu Ende. Aber anscheinend hatte niemand über das Ende hinaus gedacht. Wie wird der Anfang nach dem Ende gestaltet?

Sicherlich richtig ist der Ratschlag Machiavellis:

„Wenn ein Machthaber bei einem anderen etwas erreichen will, so darf er ihm, wenn es irgendwie möglich ist, keine Zeit zur Überlegung lassen und muss alles tun, damit der Gebetene die Notwendigkeit eines schnellen Entschlusses einsieht und erkennt, dass Weigerung oder auch nur Aufschub den gefährlichen Unwillen des Bittenden hervorrufen würde."

Was Machiavelli den Herrschern empfiehlt

Machiavelli lehrte uns in diesem Kapitel seine drei Grundsätze des Handelns:

1. Entweder gut oder böse sein, keinen Mittelweg beschreiten.
2 Bescheidenheit macht sich nicht bezahlt.
3. Ungestüm und kühn sind oftmals erfolgreich.

Gehen wir noch einmal auf den Hintergrund dieser Ideen ein: Nach Machiavellis Denkweise herrscht in einem Gemeinwesen ohne Führung, ohne ordnende Hand das totale Chaos. Das kann nur ein machtvoller Herrscher beseitigen. Diesem Macher empfiehlt er, die Herrschaft an sich zu reißen und sie unter allen Umständen zu verteidigen, wenn es sein muss auch gewaltsam und ohne Rücksicht auf Verluste. Dabei soll er die Macht nicht teilen, sondern sie allein auf sich konzentrieren.

Die Machtergreifung ist nach Machiavelli nur dann erfolgreich, wenn sich der Herrscher auf eigene Truppen verlassen kann. Er wendet sich vehement gegen den Einsatz von Söldnertruppen, gegen Sold verdingte fremde Soldaten. Aus seiner eigenen Erfahrung leitet er ab, dass man sich auf ihre Loyalität nicht verlassen kann. Die Übernahme der Macht muss durch eigene Truppen abgesichert werden. Nur so kann man die Macht auf Dauer stabilisieren, nur so wird der Rückfall ins Chaos verhindert: *„Daher haben alle bewaffneten Propheten gesiegt, während die unbewaffneten zugrunde gingen.“*

Oberstes Ziel Machiavellis ist es, das Chaos zu beseitigen. Diesem Ziel ordnet er alles unter. Es ist nötig, eine strenge Ordnungsmacht zu etablieren, die Bürger strengstens zu führen, unter Umständen auch einzuschüchtern, im Zweifelsfall sogar zu bestrafen.

„Man kann als richtig voraussetzen: Ein Fürst [...] kann nicht so handeln, wie die Menschen gewöhnlich handeln sollten, um rechtschaffen genannt zu werden; das Staatserfordernis nötigt ihn oft, Treue und Glauben zu brechen und der Menschenliebe, der Menschlichkeit und Religion entgegen zu handeln.“

Machiavelli hätte die Bürger auch entmündigt. In dieser Zeitperiode gab es keine einklagbaren Bürgerrechte. Der Herrscher darf, ja muss seiner Ansicht nach jeden Widerstand brechen.

Moralische Tugenden sind nach Machiavelli bei der Machtübernahme nur hinderlich, weil dadurch die Handlungsalternativen des Herrschers eingeschränkt werden. Hierfür benötigt der Herrscher ein größtmögliches Handlungsrepertoire. Er muss also schnell und situationsangepasst handeln können.

Machiavelli zeichnet ein fast verzweifeltes Bild des Herrschers. Dieser Herrscher ist seine ganze Hoffnung, nur er wird das Chaos überwinden können. Aus dem Grund kann er sich von allen moralischen Verpflichtungen lossagen. Machiavelli billigt ihm sogar zu, dass er Verbrechen begehen darf. Aber er erwartet natürlich auch, dass der Herrscher erfolgreich ist, dass er das Chaos besiegt, denn das Chaos ist der schlimmste Zustand für einen Staat und für sein Volk. Machiavelli führt eine klare Sprache:

„Es ist daher unvermeidlich, dass ein Mann, der überall rein moralisch handeln will, unter so vielen anderen, die nicht so handeln, früher oder später zugrunde gehen muss."

Tugendhafte Herrscher sind im Augenblick der Machtübernahme nicht gefragt. Die skrupellosen Macher sind gewünscht. Und der Herrscher der tugendhafte Schwächen hat, muss diese abstellen.

„Es ist also notwendig, dass ein Fürst, der sich behaupten will, auch lernen muss, nicht gut zu handeln, um erforderlichenfalls hiervon Gebrauch zu machen."

Nach Machiavelli ist für den Herrscher alles erlaubt. Aber es sei daran erinnert, dass Machiavelli solche rigorosen Handlungsempfehlungen nur gibt, weil er das Chaos mehr fürchtet als den skrupellosen Herrscher, weil er Angst hat, dass das Chaos jede Ordnung aushebelt. Manchmal mischen sich selbst bei ihm Zweifel in seine Empfehlungen:

„Er muss also nach dem Winde segeln, aber nicht ganz vom Wege des Guten ablenken, solange dies nur möglich ist; erst dann muss er ohne Bedenken Verbrechen begehen, wenn es die äußerste Not erfordert."

Wichtig ist, dass Machiavelli diesen rigorosen Kurs nur für die Zeit der Machtübernahme rechtfertigt. Befindet sich der Herrscher im Amt, soll seine Regierungsarbeit in ruhigere Bahnen übergehen.

Dann ist auch eine Machtteilung wieder möglich. Machiavelli gibt in bestimmten Situationen alle Macht und Gewalt dem Herrscher, aber er möchte auch, dass der Herrscher geliebt wird. Er behauptet, die Menschen hätten weniger Angst davor, einen Herrscher anzugreifen, der geliebt wird. Die Liebe sei an die Dankbarkeit gebunden, die in der Not aber leicht verschwinde. Ist die Herrschaft stabilisiert, sei es günstig, wenn der Herrscher auch geliebt werde.

Machiavellis Anweisungen stellen den Herrscher vor schwierige Aufgaben und seine Ratschläge machen es ihm auch nicht unbedingt einfacher. Er darf also im Rahmen der Machtübernahme Grausamkeiten begehen und muss doch darauf achten, dass ihn das Volk nicht hasst. Machiavelli ist der Ansicht, dass Hass entsteht, wenn der Herrscher sich zum Beispiel am Eigentum oder an den Frauen der Bürger vergreift. Grausamkeiten dürfen laut Machiavelli nur im Schutze des Gesetzes stattfinden. Allerdings dürfen im Notfall die Gesetze auch einmal außer Kraft gesetzt werden. Machiavellis Rat liest sich so:

„Wird er auch hier und da in die Notwendigkeit versetzt, jemandem das Leben zu nehmen, so darf dieses doch nicht eher geschehen, als bis ein hinreichender Grund und offenkundiger Rechtsfall vorliegt, und nie darf er das Vermögen dieser Opfer angreifen; denn leichter vergisst der Mensch die Ermordung seines Vaters, als er den Raub und Verlust seines Erbteils verzeiht."

Wie schon erwähnt, hatte Machiavelli ein sehr ambivalentes Verhältnis zu Cesare Borgia. Er verachtete Tyrannen, die moralisch verkommen waren und die Gewalt zum Selbstzweck werden ließen (wie eben dieser Cesare Borgia), und bewunderte sie doch im gleichen Atemzuge.

Der Herrscher sollte also die Machtergreifung schnell, umfassend und konsequent umsetzen. Anschließend gilt es dann, die Herrschaft zu stabilisieren, Gerechtigkeit walten zu lassen, damit die Bürger ihm verzeihen und ihn sogar lieben. Dabei muss sich der Herrscher aber immer bewusst sein, dass er gegenüber seinen Mitmenschen misstrauisch und vorsichtig agiert. Alle diese Mitmenschen besitzen potenziell einen schlechten Charakter, sind möglicherweise egoistisch und dadurch auch gefährlich. Es besteht jederzeit die Gefahr eines Umsturzes. Machiavelli empfiehlt dem

Herrscher, argwöhnisch zu sein und im Zweifelsfall konsequent seine Interessen durchzusetzen – durchaus ein Widerspruch zu dem Anliegen geliebt zu werden.

„Ein kluger Fürst darf daher sein Versprechen nie halten, wenn es ihm schädlich ist oder die Umstände, unter denen er es gegeben hat, sich geändert haben. Diese Grundregel würde nicht gut sein, wenn alle Menschen gut wären. Weil aber alle böse und schlecht sind und in dem gegebenen Falle dem Fürsten ihr Versprechen auch nicht halten würden, so berechtigt ihn dieses, auch wortbrüchig zu werden."

Machiavelli löst mit seinen Ratschlägen die Widersprüche nicht auf. Er schlägt sich konsequent auf die Seite des Herrschers. Er ist bereit, alle dessen Handlungen positiv einzuschätzen. Wenn die Bürger das Gute der Handlung zunächst nicht sehen, würden sie dies im Laufe der Geschichte wohl erkennen. Er geht nicht auf die Frage ein, ob „böse" Bürger nicht eine Folgeerscheinung von ungerechten Herrschern sind.

Machiavelli lässt uns damit etwas unbefriedigt zurück. Was hat er nun dem Herrscher eigentlich empfohlen? Und was könnte er davon abgeleitet den Managern von heute empfehlen?

Was Machiavelli den Managern empfiehlt

Um die Gedanken Machiavellis in das Wirtschaftsleben zu transferieren, gehen wir von zwei fiktiven Situationen aus. In der ersten Situation geht es dem Unternehmen sehr schlecht, es steht kurz vor dem Bankrott. Ein neuer Manager wird eingestellt, er soll das Unternehmen retten. Was kann er tun? Wie wird er agieren? In einer anderen Situation geht es dem Unternehmen im Augenblick recht gut. Aber der Manager, der in diesem Unternehmen die Verantwortung trägt, soll es fit machen für die Zukunft und vor allen Dingen die Innovationskraft des Unternehmens stärken. Was wird er tun? Wie wird er agieren?

Die Aufgaben der Manager sind in den beiden Szenarien zunächst unterschiedlich. Im ersten Szenario kann man den Gedanken Machiavellis relativ leicht folgen. Es geht ums Überleben. Wenn der Manager sich nicht durchsetzt, wird das Chaos regieren. Oberstes Ziel für die Manager in beiden Situationen ist der eigene Machterhalt, Machtausbau, um damit die nötige Kraft für die jeweilige Umstrukturierung zu erhalten. Die Manager werden sich nun nicht zuerst die Frage stellen, wie sie ihre Macht stärken können. Sie werden sich zunächst mit ganz konkreten Maßnahmen beschäftigen. Sie werden aber sehr schnell auf die Grundfrage der Macht zurückkommen, wenn sie merken, dass die Umsetzung der Maßnahmen auf Barrieren stößt. So könnte der Manager in der ersten Situation zu dem Schluss kommen, dass er zwanzig Prozent aller Mitarbeiter entlassen muss, um die Arbeitsplätze der anderen 80 Prozent zu retten. Er wird aber bald bemerken, dass Belegschaft und Betriebsrat und vielleicht auch Politiker dieser Entscheidung entgegen wirken, die Umsetzung also schwierig wird. Folgt er nun den Ratschlägen Machiavellis, wird er bald feststellen, dass er nicht außerhalb der Gesetze, Betriebsvereinbarungen und Richtlinien agieren kann.

Der Manager ist aber auch nicht darauf angewiesen, sich Freunde zu machen. Er kann seine Politik, seine Vorhaben konsequent durchsetzen, zumindest im Rahmen der Gesetze. Er kann mit den Arbeitnehmern über Lohnkürzungen sprechen, mit Lieferanten über Kostensenkungen verhandeln. Und er weiß, er wird das Unternehmen nur retten können, wenn seine Verhandlungen auch erfolgreich sind. Solche Dinge finden in der Wirtschaftspraxis täglich statt. So haben die Lufthansa-Mitarbeiter auf Gehaltsanteile verzichtet, nachdem das Unternehmen in die Krise geraten war. So haben in den Siemenswerken Mitarbeiter ohne Gehaltsausgleich länger gearbeitet, um die Arbeitsplätze zu sichern. In solchen Situationen kann man und muss man sehr wohl über alle Handlungsalternativen sprechen.

Auch der andere Manager im zweiten Szenario wird erkennen, dass er die qualitative Zusammensetzung der Mitarbeiter verändern muss. Er wird versuchen, die kaufmännisch ausgebildeten Mitarbeiter zu reduzieren und dafür mehr Ingenieure einstellen. Auch in diesem zweiten Szenario wird der Manager erleben, dass die Umsetzung schnell an gewisse Barrieren stößt. Er wird aber gut beraten sein, wenn er „nicht zu weit vom Weg des Guten“ abweicht. Für ihn ist es wichtig, seine Mitarbeiter „mitzunehmen“. Hat er nur „böse“

und „schlechte“ Mitarbeiter in seinem Unternehmen, hat er ohnehin keine Chancen zu überleben.

Hier bemerken wir, dass die Grundannahme Machiavellis (alle Menschen sind schlecht und egoistisch) nur sehr bedingt auf unser heutiges Wirtschaftsleben zutrifft. Eher könnte man heute zu der Erkenntnis gelangen, dass die Mitarbeiter guten Willens sind und sehr wohl bereit, sich für ihr Unternehmen einzusetzen. Dann sind natürlich auch andere Ratschläge für die Manager notwendig. Dann müssen die Manager genau überprüfen, was sie von ihrem Machiavelli noch nutzen können.

Machiavellis Ratschläge kann man in drei Kategorien zusammenfassen.

Die erste Kategorie der Ratschläge Machiavellis bezieht sich auf die Entschiedenheit:
Sei entweder gut oder böse, aber niemals etwas dazwischen.

Nach diesem Ansatz ergibt sich für den Manager die folgende Situation: Der Manager kann seine Mitarbeiter gut führen, sie also motivieren, loben, anfeuern. Er kann richtig nach dem Lehrbuch der Motivation arbeiten. Macht er dieses gut, wird er auch Erfolg haben. Aber er kann auch böse führen, also nach dem Prinzip von *„hire and fire“* arbeiten, die Mitarbeiter anschreien, sie in Unsicherheit lassen, sie unter Druck setzen. Tut er das gut und konsequent, wird er ebenfalls Erfolg haben. Vermischt er die beiden Ansätze, dann wird er allerdings Schiffbruch erleiden.

In unserer Interpretation stolpern wir immer über die Begriffe „gut“ und „böse“. Zum einen sind solche Kriterien nur schwer zu beschreiben, zum anderen sind auch die möglichen Beispiele (wie oben) in sich nicht konsistent. Für Machiavelli geht es darum, wie der Herrscher bzw. der Manager seine Macht erreichen kann. Vielleicht würde man dies heute einfach anders ausdrücken und dem Manager sagen: **Sei konsequent und konsistent.**

Ein Manager darf nicht ständig daran denken, wie er seine Macht erhalten kann. Er muss darüber nachdenken, wie er seine Macht gestalten kann, um seine Meinung, seine Initiativen durchzusetzen. Macht ist zunächst wertneutral. Das bedeutet nach Machiavelli, dass es wichtig ist, dass „gute“ und fähige Manager an die Macht kommen und diese auch behalten. Dafür kann man den Mitarbeitern einiges zumuten. Sie werden es vielleicht nicht verstehen, erst die Geschichte wird die Notwendigkeit ihres Handelns erweisen.

Will der „gute“ Manager also sein „positives Denken“ umsetzen, dann muss er den Gesetzen Machiavellis durchaus bis zu einer gewissen Grenze folgen. Er muss sich positionieren, er muss handeln, angreifen und absichern. Wenn er nicht angreift, wird er angegriffen. Das Dasein eines Managers verläuft nicht im Sandkasten. Er befindet sich im richtigen Leben. Da gibt es Konkurrenten und Neider und Feinde. Natürlich gibt es auch Freunde. Man muss nur die einen von den anderen unterscheiden, was zugegebenermaßen nicht gerade einfach ist. Machiavelli sagt: „Eroberungslust ist durchaus der Menschennatur entsprechend.“ Dies gilt insbesondere für den Manager. Leider auch für seine Konkurrenten.

Beispiel: *Der Vorstand der Fahrradfabrik AG beauftragte ein Team, die Prozesse neu zu gestalten. Mit viel Einsatz ging das Team an die Arbeit, erarbeitete die Prozesse mit den betreffenden Abteilungen und kam auch zügig weiter. Die Arbeit war noch nicht abgeschlossen, da gab der Vorstand einem anderen Team die Aufgabe, Profit-Center-spezifisch Kostensenkungsmaßnahmen zu generieren. Dies führte dazu, dass zwei Arbeitsansätze miteinander konkurrierten. Die Prozessoptimierung war eher ganzheitlich angelegt, die singuläre Maßnahmenoptimierung führte zu Einzellösungen (die für die Gesamtheit durchaus ein Suboptimum sein konnten). Die beiden Teams bekämpften sich schließlich, sodass beide Vorhaben scheiterten. Sie blockierten sich gegenseitig. Schuld trug eindeutig der Vorstand, weil er nicht konsequente und klare Vorgaben erteilte. Dies hatte für ihn auch Machteinbußen zur Folge. Misserfolge belasten die Macht.*

Die wohl wichtigste Regel für Manager ist es, sich das Heft niemals aus der Hand nehmen zu lassen. Lesen wir bei Machiavelli nach:

„Wer die Ursache dazu ist, dass ein anderer mächtig wird, der gräbt sich selbst das Grab.“

Zum Nachdenken

Unser Dasein hat wesentlich die beständige Bewegung zur Form,
ohne Möglichkeit der von uns stets angestrebten Ruhe.
Es gleicht dem Laufe eines bergab Rennenden,
der, wenn er still steh'n wollte, fallen müsste
und nur durch Weiterrennen sich auf den Beinen hält.

ARTHUR SCHOPENHAUER

Wie kann sich ein Manager durchsetzen? Er muss seiner eigenen Persönlichkeit freien Lauf lassen, sie entwickeln. Die Gretchenfrage ist also: Ist man als Manager geeignet? Kann man in dem verlangten Sinne konsequent agieren. Dieses „konsequent" schließt „gut" und „böse" ein. In beiden vorgestellten Szenarien wird man nur erfolgreich sein, wenn man konsequent agiert. Eigentlich kann man den Managerberuf nicht erlernen; man muss dieses „Etwas" in seiner Persönlichkeit haben. Es sind Dynamik, Siegeswille, Macht- und Herrschaftsanspruch. Es ist Sensibilität, die zwischen aktivem Erobern und passivem Bewahren unterscheiden hilft.

Neben Persönlichkeit muss man auch ein Netzwerk haben oder schaffen: Kollegen, Vorgesetzte, Mitarbeiter. Folgen Sie Machiavelli: „Menschen sind entweder liebenswürdig zu behandeln oder unschädlich zu machen." Das klingt recht brutal. Aber es ist die Wahrheit. Das Netzwerk muss der Unterstützung dienen, Konkurrenten sind zu entfernen.

Das betrifft Kollegen und Mitarbeiter gleichermaßen. Spielen Sie auf dem Klavier der Motivationskünste: Loben Sie Kollegen, die Ihnen helfen können und grenzen Sie die aus, die Ihnen schaden werden. Versuchen Sie ein klares Menschenbild zu entwickeln. Wer nicht für Sie ist, ist gegen Sie. Und handeln Sie entsprechend. Mitarbeiter kann man leicht motivieren. Sie sind hoch dankbar. Loben Sie Ihre guten Mitarbeiter, spendieren Sie für gute Leistung Incentive-Reisen, arrangieren Sie Trainings-Veranstaltungen für Führungskräfte in attraktivem Ambiente. Die, die Sie auch nach ernsthaften Versuchen nicht begeistern können, müssen Sie geschickt entfernen. Damit erhält der kluge Manager Ruhe in seinem Herrschaftsbereich.

Noch eine Anmerkung: Die wahre Kunst des Managers ist die langfristige Wirkung. Es ist kein Problem für kurze Zeit eine gewisse Show zu veranstalten, ein Feuerwerk von Maßnahmen zu generieren, hektische Betriebsamkeit an den Tag zu legen. Man muss sich aber jedes Mal die Frage stellen, ob der positive Effekt auch langfristig zu sichern ist.

Beispiel: *Einer der Gründe, warum Dschingis Khan ein Weltreich aufbauen konnte, liegt in seiner einzigartigen Führungsleistung: Obwohl die einzelnen Stämme innerhalb von zwanzig Jahren gezwungen wurden, sich ihm zu unterwerfen, wuchsen sie in dieser Zeit dennoch zu einer Einheit zusammen. Er hatte als Erster eine mongolische Nation begründet, die sich mächtig gegen äußere Gegner wendete, anstatt wie seit Jahrhunderten üblich, untereinander blutige Fehden auszutragen. Dschingis Khan hatte eine verschworene Kriegergilde geschaffen. So müssen auch Sie ein verschworenes Mitarbeiterteam schaffen.*

Netzwerke kann man sich auch in schwierigsten Situationen schaffen. Ein besonders gutes Beispiel ist Richard Löwenherz. Auf der Rückreise nach seinem erfolgreichen Kreuzzug wird er in der Nähe von Wien von Häschern gefangen genommen. Eine mächtige Allianz hat sich gegen ihn verbündet: der deutsche Kaiser Heinrich VI., der französische König und als ausführendes Organ Herzog Leopold. Dieser ist zunächst im Besitz der wertvollen Geisel, verschachert sie für 50.000 Mark an den deutschen Kaiser, der seinerseits 150.000 Mark für Richard Löwenherz verlangt. Die Fakten sind: Richard ist in der Gewalt des Kaisers, ein enormes Lösegeld muss gezahlt werden, der englische König ist gezwungen, politisches Entgegenkommen zu zeigen und schließlich für England den Lehnseid an den deutschen Kaiser zu leisten. Richard sitzt in einer Festung am Rhein fest und regiert von dort aus sein Königreich. Er entfaltet eine rege Geheimdiplomatie und schafft es, selbst als Gefangener eine Allianz deutscher Reichsfürsten um sich zu scharen. Aus diesem Kreis wird wenige Jahre später der Kölner Erzbischof Bruno zum deutschen Gegenkönig gewählt – auf den Wunsch von Richard Löwenherz und mit der finanziellen Unterstützung von Richards Neffen. Daraus entwickelt sich ein zehnjähriger Bürgerkrieg, die Rache Richard Löwenherz' an den

Staufern. Dieses Beispiel zeigt, dass man Netzwerke selbst in schwierigsten Situationen knüpfen und entwickeln kann.

Die zweite Kategorie der Ratschläge Machiavellis: **Verzichte auf Bescheidenheit!**

Der Manager muss selbstbewusst auftreten, sich seines Wertes, seiner Fähigkeiten, seines Könnens, seiner Macht bewusst sein und diese auch einsetzen. Höflichkeit, Zuvorkommenheit oder gar Demut können wichtige Werte sein, aber nicht unbedingt für den Manager. Stärke und Macht erfordern ein entsprechendes Auftreten. Man muss diese Macht auch sehen können. Mächtige Staatspräsidenten werden von der Bevölkerung als tatkräftiger, besser, stärker empfunden, wenn sie auch entsprechend auftreten. Ein amerikanischer Präsident hat Entschiedenheit auszustrahlen. Sie bringt ihm mehr Anerkennung als falsch verstandene Bescheidenheit.

Wenn der Manager seine Position gefestigt hat, muss er sich um sein Umfeld kümmern. Er hat dann seine Mitarbeiter „gut" zu behandeln. „Gut handeln" bedeutet, für die Mitarbeiter Vorteile zu entwickeln. Dies sind in erster Linie Anerkennung, Motivation in Form von herausfordernden Aufgabenstellungen, Image und Prestige (des Einzelnen, der Abteilung, des Unternehmens). Diese Vorteile für die Mitarbeiter können sich natürlich auch in Beförderung, Gehaltserhöhung oder Prämien ausdrücken. Dabei darf der Manager nicht bescheiden auftreten. Angestrebte Anerkennung, Image, Prestige, Prämien stehen konträr zur Bescheidenheit. Haftet seinen Maßnahmen der Geruch der Bescheidenheit an, werden sie ihre Wirkung nicht ausreichend entfalten.

Ein Manager muss sich in seinem Unternehmensumfeld so positionieren, dass seine Mitarbeiter an dieser Position profitieren können. Der Zusammenhang ist linear: Je anerkannter der Manager ist, desto mehr Anerkennung fällt auch für die Mitarbeiter ab. Und damit kann jeder Manager großzügig umgehen. Bescheidenheit wäre nicht angebracht.

Beispiel: *Als Caesar in Spanien Praetor war, zeigte er einen Charakterzug, der ihm zu Größe verhelfen sollte: Er ließ „die Sau heraus". Er wütete* *hemmungslos, um seine eigene Karriere zu fördern. Vollkommen grundlos stürzte sich Caesar in Kriege mit den Kelten. Seine Soldaten waren trainiert, in kurzen Attacken diese Stämme zu unterwerfen und zu vernichten. Mit der Beute sanierte er seine maroden Finanzen, mit dem Kriegsruhm mehrte er seine Bewunderung im Volke Roms. Nach seinen erfolgreichen Kriegszügen wurde ihm sogar ein Triumphzug zugestanden, da er dafür die erforderlichen 5000 Toten aufweisen konnte. Das ärgerte natürlich seine Gegner in Rom.*

Ein weiteres Beispiel ist auch Chinas erster Kaiser. Mit Diplomatie und Geld gelang es ihm, den führenden Militärstrategen seiner Zeit, einen Mann namens Wie Liao, dem Nachbarstaat „Wie" abzuwerben. Die beiden haben sich von Anfang an gut verstanden und sie kamen zu dem Schluss, dass sie gemeinsam noch viel erreichen würden. Sie beschlossen Zwietracht unter den anderen sechs Staaten zu säen. Das machten sie zum Beispiel, indem sie Verbrecher, die sich aus den Nachbarstaaten zu ihnen geflüchtet hatten, zu hoch gestellten Beamten beförderten und sie wieder in ihre Staaten zurückschickten, um dort Unruhe zu schaffen. Ihr Spesenkonto war unlimitiert. Das muss sehr gut funktioniert haben, denn in den „Historischen Aufzeichnungen" steht geschrieben, dass der Kaiser dadurch „die sechs Staaten hinwegfegte wie der Herbstwind die welken Blätter […]"

Die dritte Kategorie der Ratschläge Machiavellis:
Mit Ungestüm und Kühnheit ist man oft erfolgreich.

Nun kann man als Manager nicht einfach Kriege anfangen, um seine Herrschaft abzusichern. Aber – warum eigentlich nicht? Das Geschäftsleben ist komplizierter als richtiger Krieg. Man kann Mitarbeiter und Kollegen nicht tatsächlich umbringen, man kann sie nicht blamieren, diskreditieren, kaltstellen, beleidigen … Man muss sich darüber im Klaren sein, dass man – nach gewonnener Schlacht – mit den Unterlegenen noch zusammenarbeiten muss, ja vielleicht sogar auf sie angewiesen ist.

Es ist also Krieg, aber keiner gibt es zu. Daher muss man subtiler mit der Situation umgehen. In manchen Abteilungen herrscht Krieg, häufig ein Krieg zwischen Chef und Mitarbeitern, aber auch unter den Mitarbeitern. Diesen Krieg muss der Manager gewinnen. Was kann er nach Machiavelli tun?

Beispiel: *In der Fahrradfabrik AG übernahm ein junger Mitarbeiter die Einkaufsabteilung. Er stellte schnell fest, dass er in seiner Abteilung einen Mitarbeiter hatte, der aufgrund seines Arbeitsstils einen schlechten Einfluss auf die anderen Mitarbeiter und auch auf Schnittstellenpartner ausübte. Der junge Vorgesetzte gab sich einige Wochen jede Mühe, die Situation zu verstehen und zu verändern. Als dies nicht gelang, besprach er sich mit seinem Chef, der ihm den Rücken stärkte. Er entließ den Mitarbeiter. Sofort kehrte in die Mannschaft Ruhe ein, die Einkaufsabteilung erarbeitete sich schnell ein besseres Image.*

Manchmal ist es wichtig, solche Entscheidungen zu treffen und dann auch schnell umzusetzen. Man muss manchmal einen Mitarbeiter entlassen, ehe er mit seinem Chaos, seinem schlechten Arbeitsstil die ganze Abteilung in Misskredit bringen kann. Man muss Kollegen durchaus die Meinung sagen, ihnen „das Handwerk legen", ehe sie noch mehr anstellen können. Dies ist selbstverständlich nicht einfach. Wie löse ich das Problem? Schnell, konsequent und rücksichtslos!

Beispiel: *In der Fahrradfabrik AG übernahm ein neuer Mitarbeiter das Büro in Brasilien. Er konnte sich nicht durchsetzen, zum einen fand er zu Land und Leuten kein Verhältnis, war nicht bereit hinzuhören, sondern entschied sehr schnell, organisierte um, versetzte Mitarbeiter. Das verursachte so großen Wirbel, dass auch mehrere Aufträge verloren gingen. Als man dies in der Zentrale bemerkte, entschied man sehr schnell und beorderte ihn zurück. Als er sich weigerte, wurde er sofort entlassen. Der nächste Vorgesetzte hatte viel zu tun, Ruhe in das Büro zu bringen und die Mitarbeiter erneut anzuspornen.*

Manchmal sind nach Machiavelli auch „gesetzlose" Methoden erlaubt, um das Unternehmen zu retten. Hier kann man sicherlich fragen, ob Machiavellis Ansatz nicht zu kurz greift. Was geschieht, wenn sich herumspricht, dass ein Manager außerhalb der Gesetze agiert?

An dieser Stelle muss man berücksichtigen, dass Machiavelli in einer anderen Zeit lebte. Die Zeiten haben sich geändert. „Gesetzlose" Maßnahmen muss heute kein Manager ergreifen, um sich durchzusetzen. Er hat darauf zu achten, welche Auswirkungen „gesetzlose Maßnahmen“ auf das eigene Image haben. Damit stellt sich die Frage heute so: Was ist im Geschäftsleben ein guter Ruf wert? Ist nicht die Glaubwürdigkeit eines Managers sein höchstes persönliches Gut? Natürlich muss ein Manager auch einmal unkonventionelle, harte und konsequente Maßnahmen ergreifen, um sich durchzusetzen. Aber er sollte nicht zu unfairen Mitteln greifen. Er sollte auch nicht die selbst aufgestellten Regeln verletzen: Ein Manager kann beispielsweise ein Reiseverbot aussprechen, wenn er es als wichtig erachtet. Dann sollte er allerdings auch selbst nicht übermäßig viele Reisen unternehmen. Ein Manager kann Überstunden anordnen, aber er sollte sie auch honorieren – monetär oder durch Lob.

Beispiel: *In der Fahrradfabrik AG herrschten schlechte Zeiten. Das Geschäft war zusammengebrochen. Der Vorstand beschloss zusammen mit der Gewerkschaft, die Gehälter um zehn Prozent zu senken und dafür keine Kündigung auszusprechen. Der Vorstand ging als gutes Beispiel voran und verzichtete selbst auf zehn Prozent seines Gehaltes. Das wurde von der Belegschaft akzeptiert. Alle, ohne Ausnahme, gaben ihre Zustimmung.*

Hat man in der Fahrradfabrik AG unfair gehandelt? Was sind unfaire Maßnahmen, die Machiavelli unter gewissen Voraussetzungen befürworten würde. Jawohl, dazu gehören sehr wohl Maßnahmen wie Gehaltskürzung, Arbeitszeitverlängerung, unbezahlte Überstunden, Versetzungen und so weiter. Viele Mitarbeiter akzeptieren sogar solche „Gräueltaten“, wenn man sie nur aufrichtig begründet. An dieser Stelle kommt die Glaubwürdigkeit eines Managers ins Spiel. Mit Glaubwürdigkeit kann er viele problematische Maßnahmen umsetzen. Die Herrscher zu Machiavellis Zeiten waren meistens unglaubwürdig.

Für den Manager ist es wichtig, „das Gras wachsen zu hören“. Viele Probleme kann man im Keim relativ leicht beheben. Haben sich die Probleme erst einmal etabliert, ist es schwierig, sie zu lösen. Manager und ihre Unternehmen leben von guten Mitarbeitern. Die Leistung der Mitarbeiter ist der Erfolg des Unternehmens. Daher ist es sehr wichtig, die besten, die richtigen Mitarbeiter an Bord zu haben. Mitarbeiter muss man manchmal prüfen. Hierfür vereinbart man eine Probezeit. Ein Manager ist gut beraten, gerade in dieser Probezeit den Mitarbeiter genau zu beobachten und vor Ende der Probezeit auch konsequent zu entscheiden: *hire or fire* – übernehmen oder kündigen.

Machiavelli führte die Römer als Beispiel an: Sie nahmen die Ereignisse vorweg, sie vermieden es, Probleme entstehen zu lassen. Sie führten lieber ohne allen Zeitverzug Krieg. *„Der Fürst sollte nicht nach der Maxime leben: Kommt Zeit, kommt Rat."* Oder: *„Die Zeit jagt alles vor sich her und kann Gutes und Schlechtes mit sich führen."* Es ist besser, Sie beginnen sofort mit der Problemlösung, als dass Sie abwarten, bis ein anderer Ihr Problem auf Ihre Kosten löst. Denn der Manager muss wissen: *„Einem Krieg entgeht man nicht, sondern schiebt ihn nur zum Vorteil des Gegners auf."*

Beispiel: *In der Fahrradfabrik AG gab es in einer Abteilung drei Gruppen, für die jeweils ein Gruppenführer verantwortlich war. Die Gruppenführer und der Abteilungsleiter trafen sich regelmäßig zu einem jour fixe, um die Geschäftsstrategie zu synchronisieren und um alle anstehenden Probleme zu besprechen. Die Kollegen pflegten dabei einen sehr offenen Gedankenaustausch. Jeder konnte Vorschläge und Meinungen frei äußern. Nun verließ einer der Gruppenführer die Abteilung, ein anderer kam neu in die Runde. Dieser nahm sehr aktiv an den jour fixe-Veranstaltungen teil und brachte viele Vorschläge ein. Sie waren alle gut durchdacht, hatten Hand und Fuß – sie hatten nur einen Schönheitsfehler: Sie betrafen stets die Arbeitsgebiete der anderen Gruppen. Die anderen Gruppenführer mussten sich auf Geheiß ihres Chefs um die Vorschläge des neuen Kollegen kümmern, diese abarbeiten. Der Abteilungsleiter ließ sich von den Vorschlägen und den damit verbundenen Ergebnisversprechungen überzeugen, er förderte den neuen Kollegen und strukturierte seine Abteilung um. Dies führte zu einer Stärkung der Arbeitsgruppe des neuen Kollegen. Das Gleichgewicht zwischen den Gruppen verschob sich. Der neue Kollege erhielt nun mehr Macht. Nach einiger Zeit erwies sich jedoch, dass er auch keinen höheren Ergebnisbeitrag erwirtschaftete als die anderen. Aber danach fragte niemand.*

Ist dieses Vorgehen, wie es in der Fahrradfabrik AG geschah, machiavellisch? Es ist ein häufig zu beobachtendes Rollenmuster. Wenn der Kollege auf diesem Weg einen Mehrwert erbringt, mag es angehen. Bleibt der Mehrwert aus, war es nur eine kurze, leere Show.

Es ist eine allgemeine Erkenntnis, dass es im Leben und insbesondere im Geschäftsleben keine wirkliche Gerechtigkeit gibt. Es geht nicht um Ergebnis, es geht nicht um Leistung. Es zählen letztendlich nur Macht und Herrschaft. Natürlich muss der Manager auch „richtig", muss gekonnt herrschen. Ein forsches, ungeschicktes Vorgehen kann auch Feinde einbringen, kann langfristig Macht beschneiden. Machiavelli hat dies ganz deutlich beschrieben:

„So findest du nun als deine Feinde alle die vor, die du gekränkt hast durch Occupirung jenes Staates, und kannst dir auch die nicht zu Freunden erhalten, die dich hineinbefördert haben, weil du sie nicht befriedigen kannst in der Art, wie sie sich vorgestellt [...]"

Das hat der forsche Kollege auch zu spüren bekommen. Die beiden Gruppenführer schnitten ihn, die Mitarbeiter, die ihm zugeteilt waren, weigerten sich anfangs, mit ihm zusammenzuarbeiten, und der Abteilungsleiter war ungehalten über die Unruhe, die er in seiner Abteilung entfacht hatte. Er hatte sich alle zum Feind gemacht.

Wie soll man sich nun verhalten? Für den hoffnungsvollen Nachwuchsmanager kein Problem. Wie Mitarbeiter zu behandeln sind, wusste er schon: motivieren oder versetzen. Es klappte vorzüglich. Die anderen Kollegen nervte er nach wie vor mit Vorschlägen (niemals die Initiative abgeben!), er berichtete zu den Vorgesetzten, er versuchte sich bestens zu präsentieren, aufzufallen. Er wurde bei der Unternehmensleitung bekannt und bei der nächsten kleineren Umorganisation übernahm er die gesamte Abteilung. Sein bisheriger Vorgesetzter erhielt eine Sonderaufgabe. Dieser Vorgesetzte hatte sich offensichtlich nicht an Machiavelli gehalten, denn sonst hätte er wissen müssen:

„Woraus sich ein oberster Grundsatz ergibt, der niemals, oder selten trügt: dass, wer einen andern mächtig macht, umkommt; indem er ihm zu jener Macht entweder durch Schlauheit oder Gewalt hilft; und eines wie das andre dem, der mächtig geworden, verdächtig ist."

Als der Manager nun die Verantwortung über diese Abteilung hatte, versetzte er seinerseits die beiden Gruppenführer, holte neue, ihm ergebene Mitarbeiter in die Abteilung, kümmerte sich um seine Mitarbeiter („liebkoste" sie – um Machiavelli zu zitieren). Und er war am vorläufigen Ziel seiner Wünsche.

Was muss der Manager berücksichtigen, wenn er sich durchsetzen will?

- Er muss zunächst ein Ziel haben. Welche Macht strebt er an? Will er mehr Mitarbeiter? Will er in der Hierarchie steigen? Will er Vorstand werden? Will er eine andere Abteilung übernehmen? Will er einen Kollegen demontieren? Er darf nicht ziellos operieren, sonst vergeudet er seine Energie. Er muss Konzentration beweisen und Stärke demonstrieren. Er muss sich in Szene setzen. Er muss seine Kompetenz herausstellen. Dabei hat er es relativ einfach, denn Managementkompetenz beruht zu einem gewissen Anteil auf dem Auftreten. Der Manager muss sich und seine Arbeit präsentieren können. Manche Manager können auch ohne Inhalt präsentieren! Somit muss die Kompetenz nur vermutet werden und nicht unbedingt zu Ergebnissen führen. Außerdem ist die Nachprüfbarkeit von Konzepten in vielen Fällen gar nicht möglich. Es kommt mehr darauf an, gut und überzeugend zu präsentieren.
- Weiterhin muss der Manager auf seinem Weg zu mehr Macht die Mitarbeiter für sich einnehmen. Er muss sie entweder motivieren oder sie entfernen. Er muss erkennen, welche Mitarbeiter er motivieren kann und von welchen er sich schnellstens trennen sollte. Unter Motivation sind dabei nicht Gehaltserhöhungen und Streicheleinheiten zu verstehen, sondern Motivation in Form von anspruchsvoller Aufgabenstellung. Der Manager muss dabei immer berücksichtigen, dass er seine Aufmerksamkeit den wirklich Mächtigen unter seinen Mitarbeitern zuwenden sollte. Das sind die Meinungsmacher. Sie muss man für sich gewinnen oder sie entfernen oder weiterloben. Jeder Manager kennt diese Aufgabe. Je konsequenter, je geradliniger er sie umsetzt, desto eindrucksvoller sein Erfolg.

Es ist wahrscheinlich einfacher, ein Exempel zu statuieren, als sich auf zu viele Mitarbeiter gleichzeitig zu konzentrieren. Der Manager darf nicht vergessen: Es gibt keinen Grund, dass eine Führungskraft geliebt werden sollte. Machiavelli sagt nur, dass es gut ist, wenn er nicht gehasst wird! Die Anerkennung des Managers liegt in Macht und Herrschaft, nicht in irgendwelchen liebevollen Zuwendungen der Mitarbeiter.

- Der Manager muss präsent sein. Wenn man eine solche Machterweiterung plant, ist es natürlich gut, wenn man nicht viel auf Reisen oder gar im Urlaub ist. Es ist wichtig, in den wichtigen Sitzungen präsent zu sein, mit den entsprechenden Vorgesetzten im Kontakt zu bleiben.
- Hat man den gewünschten Machtzuwachs erreicht, so gilt, dass man gnädig mit den Unterlegenen sein sollte. Machiavelli schlägt vor, dass eroberte Bürger nicht enteignet werden sollen. Sie werden fügsamer aus Angst vor der Enteignung. Hat man sie einmal enteignet, haben sie nichts mehr zu befürchten.
  Wie kann man diesen Rat umsetzen? Es gibt auch in einem Unternehmen viele Befugnisse (angefangen von Unterschriftsvollmachten bis hin zu Reisegenehmigungen), die eine Aussage über die Position des Betreffenden zulassen. Wer hat also welche Unterschriftsvollmacht, darf bis zu welcher Höhe unterschreiben? Befugnisse sollten natürlich gemäß der Arbeitsaufgabe vergeben werden, aber darüber hinaus, kann eine Befugnis natürlich auch ein Vertrauensbeweis sein.
- Schließlich muss der Manager auch wissen, wann er sich an einem Kampf, an einer Auseinandersetzung nicht beteiligen sollte. Manchmal ist es effektiver und effizienter gleichermaßen, den Fehdehandschuh nicht aufzuheben. Die Entscheidung bleibt der Weisheit des Managers vorbehalten.

Beispiel aus der Geschichte: *Ein gutes Beispiel ist der Endkampf zwischen Hannibal und Scipio bei Zama (202 v. Chr.). Angeblich traf sich Hannibal mit Scipio kurz vor der Schlacht, um ihm Frieden anzubieten. Er erinnerte Scipio daran, dass er auf dem Höhepunkt seines Ruhmes stand und dass er mit diesem Frieden unsterblich werden könnte. Mit einer Schlacht aber würde ihn der eigene Ruhm auffressen. Scipio* *lehnte das Friedensangebot ab und wählte den Kampf, den er auch gewann. Aber von diesem Zeitpunkt an verließ ihn das Glück. Er fiel in Ungnade und musste später feststellen, dass Hannibal Recht behalten sollte.*

Fazit

Der Manager kann den Instruktionen Machiavellis folgen. Er weiß nunmehr, dass er konsequent sein muss: gut oder böse, aber nicht beide Ansprüche gleichzeitig erfüllen kann. Er sollte auf Bescheidenheit verzichten. Das ist nur Ballast und bringt nichts. Besser ist es da schon, sich in das rechte Licht zu rücken. Schließlich plädiert Machiavelli für Ungestüm und Kühnheit.

Machiavelli hat Recht und hat auch nicht Recht. Natürlich kann Kühnheit einen Durchbruch ermöglichen. Aber manchmal ist auch Geduld angebracht. Der Manager muss die Sensibilität entwickeln, zu erkennen, wann er Machiavelli folgt und wann nicht, ob er ungestüm losschlagen oder lieber still abwarten sollte. Die Größe des Managers macht gerade diese Erkenntnis aus.

Zum Nachdenken

Wenn du morgens verdrießlich aufwachst, dann denke daran:
Ich stehe auf zum Werk des Menschen.
Und da darf ich nicht schlechter Laune sein, denn ich
bin dazu da, eine Aufgabe zu erfüllen, ein Werk zu vollenden.
Ich bin nicht dazu da, im Bett liegen zu bleiben
Und es mir dort behaglich zu machen.
Denn bin ich etwa zum Behagen geboren?
Bin ich zum Genießen oder zum Handeln da?
Siehst Du nicht die Blumen, die Vögel, die Ameisen,
die Spinnen, die Bienen, wie sie ihre Arbeit tun und –
so viel an ihnen liegt – so den Kosmos mit aufbauen?
Und da zögerst du noch, die Aufgaben des Menschen zu
erfüllen?

Marc Aurel

4.

Todsichere Mitarbeiterführung durch „Exekution und Korruption".

Wie erzieht man seine Mitarbeiter zu ergebenen Untergebenen? Machiavelli hat eine Menge gemeiner Tipps, die manchmal sogar sinnvoll sind.

Machiavelli beschäftigte sich mit der Frage, warum das von Alexander eroberte persische Reich nach seinem Tode von seinen Nachfolgern nicht abgefallen ist. In der Tat eine gute Frage!

Nach der Aufbauphase, in welcher der Herrscher alle Widerstände beseitigt hat, muss er seine Macht festigen. Hierfür sind staatliche Institutionen und eine kluge – oder besser gerechte – Gesetzgebung wichtig. Um solche Vorhaben umzusetzen, benötigt der Herrscher Kompetenz und verfassungspolitische Fantasie. An diesem Punkt unterscheidet sich nach Machiavelli der „gute" vom „schlechten" Herrscher. Wie gut kann der Herrscher gestalten? Kann er dies nicht gut und ist eigentlich ein schlechter Herrscher, hat er stets noch die Möglichkeit, Berater anzustellen, die ihm helfen, sich in einen „guten" Herrscher zu verwandeln.

Die Menschen handeln laut Machiavelli nur aus zwei Antriebsmotiven, aus Liebe oder aus Furcht. Seiner Meinung nach agieren Menschen nur positiv, wenn sie dazu gezwungen werden. Es bedarf also Gesetzen, die die Menschen zu „ordentlichem" Handeln zwingen. Der Herrscher muss diese Ordnung entweder schaffen oder gestalten. Wenn sie vorhanden ist, muss er darauf achten, dass die Regelungen und Gesetze eingehalten werden. Es ist verständlich, dass es nichts Schädlicheres für die Ordnung gibt als Regeln, die nicht eingehalten werden, und einen Herrscher, der einen solchen

Zustand toleriert. In solch einem Fall wären die Regeln überflüssig. Damit existiert wieder ein Zustand der Nicht-Ordnung.

Machiavelli stellt die Frage, wie eine Situation zu beurteilen ist, wenn zwar der Herrscher darauf achtet, dass die Regeln vom Volk eingehalten werden, er sich selbst aber nicht an seine Gesetze hält. Machiavelli akzeptiert das. Er empfindet es als Chaos, wenn *die anderen* die Gesetze nicht halten. Die Regeln und Gesetze sind nämlich notwendig für das Überleben des Gemeinwesens. Je weniger Möglichkeiten der einzelne Bürger zu willkürlichem Handeln hat, desto besser wirkt sich das auf das Gemeinwesen aus. Schließlich profitiert auch der Bürger selbst durch das stabile Gemeinwesen.

Die Gesetzgebung ist für Machiavelli damit die wichtigste Grundlage des Staates. Weiterhin spielt auch Religion für ihn eine große Rolle:

„Eine wichtige Rolle für die Stabilisierung der Ordnung spielt die Religion. Sie trägt dazu bei, dass die Bürger eines Gemeinwesens sozial aneinander gebunden werden und das Heer durch sie in Gehorsam gehalten wird. Der Herrscher in seiner Funktion als Gesetzgeber sollte sich stets auf Gott berufen, damit die erlassenen Gesetze vom Volk angenommen werden.“

Das klingt so gar nicht nach dem Pragmatiker Machiavelli und im nächsten Satz offenbart er auch seine wirklichen Beweggründe:

„Es genügt aber, wenn der Herrscher in der Lage ist, den religiösen und moralischen Schein zu wahren.“

Für Machiavelli hat die Religion einen Ordnungsaspekt. Es kommt ihm nicht auf religiöse Inhalte an, sondern nur auf die Ordnungsfunktion der Institution Kirche. Wenn zu Machiavellis Zeiten die Päpste doch diese Ordnungsfunktion ausgefüllt hätten! Machiavelli hätte keine Probleme mit unchristlichem Verhalten der Päpste gehabt. Aber die Päpste seiner Zeit übertrieben doch stark, sodass die moralische Funktion der Kirche und des Papsttums beeinträchtigt wurden. Der Papst wird für Machiavelli damit auch zum unfähigen Herrscher.

An dieser Stelle ist zu erwähnen, dass die Kirche zur Zeit Machiavellis die oberste Instanz in fast allen europäischen Ländern war und Feinde des „rechten Glaubens“ radikal verfolgte. Machiavellis geäußerte Meinung über Religion und die Rolle der Kirche führte dazu, dass seine Schriften von der Kirche auf den Index gesetzt wurden.

Machiavelli fordert, dass der Herrscher in einem stabilen, ausgeglichenen Staat großzügiger, rücksichtsvoller, angemessener agieren soll. Er verlangt sogar, dass die Herrscher Vorbilder werden sollen. Damit überforderte er wohl die Vorstellungskraft seiner herrschaftlichen Leser. Die wenigsten Herrscher in der damaligen Zeit haben es geschafft, Vorbilder zu werden.

In der Phase der Stabilität muss der Herrscher nun sein Volk beruhigen, ihm die Stabilität des Staates schmackhaft machen. Denn immer und überall droht der Rückfall in das Chaos. Das kann schneller gehen als der Herrscher zu denken vermag.

Laut Machiavelli werden die Bürger die politische Ordnung anerkennen, wenn die Gesetze sowie die Ausübung der Herrschaft von guter Beschaffenheit sind. Dies ist nur ein kleiner Schritt bis hin zu einer sozialen Ordnung. Machiavelli träumt von einem gerechten und sozialen Staat, von Bürgern, die gerne in diesem Staat leben und die sich für ihren Staat auch einsetzen.

Welche Lehren kann man als Manager aus solchen Aussagen ableiten?

Zunächst einmal muss wieder darauf hingewiesen werden, dass Machiavelli grundsätzlich zwei Phasen unterscheidet: die Aufbauphase und die Stabilisierungsphase. In der Aufbauphase sind alle Methoden recht, Hauptsache der Manager ist erfolgreich. In der Stabilisierungsphase muss man, will man erfolgreich bleiben, anders verfahren, sich sozusagen läutern.

In der Aufbauphase kann man durchaus das Volk beziehungsweise die Mitarbeiter, die opponieren oder die opponieren könnten, absetzen, versetzen oder entlassen – wenn der Betriebsrat mitspielt. Man kann natürlich nicht alle Mitarbeiter entfernen. Das macht wohl keinen Sinn, aber vielleicht ist es nötig, die Meinungsmacher zu entfernen. Nach Machiavelli sollte der Manager versuchen, nach einer „Eroberung“ die negativen Meinungsmacher im „eroberten Gebiet“ loszuwerden.

Will man einen radikalen Umbau der Organisation im Denken und Handeln erreichen, so muss man die Führungen, die Multiplikatoren schnell und gründlich in dieser neuen Denkweise schulen und darauf einschwören oder man muss diese Menschen austauschen. Beide Varianten haben Vor- und Nachteile. Schafft man die „Umerziehung", dann hat man sich das vorhandene Wissen gesichert und kann darauf neu aufbauen, schafft man den Austausch der Mitarbeiter, kann man sich sozusagen mit neuem Enthusiasmus an die Aufgabe machen. Beide Lösungsvarianten sind nicht einfach und der Manager ist in beiden Fällen mit der sehr realen Möglichkeit konfrontiert, dass er versagen, dass er einen Mittelweg wählen und damit scheitern könnte, weil er keinem der Ansprüche gerecht wird.

Ein neu eingesetzter Vorstand hat den größten Effekt, wenn er möglichst schnell, quasi wie mit einem Paukenschlag, umorganisiert und die bisherige Führung austauscht. So kann er neu aufbauen, neue Strukturen definieren, neu beginnen. In der Praxis funktioniert dies selten, denn mit einem radikalen Abbau von Mitarbeitern geht auch viel Wissen verloren, das später mühsam wieder aufgebaut werden muss. Und schnell funktioniert ein radikaler Umbau ohnehin nicht. Er wird meistens zum langwierigen, kräftezehrenden Prozess. Beschreitet der Manager aber dennoch diesen Weg, muss er dafür sorgen, dass diese Mitarbeiter *richtig* entfernt, nicht nur an eine andere Stelle versetzt werden und damit nach wie vor den Kontakt zur alten Umwelt haben. Am besten wäre es, sie in den Vorruhestand zu versetzen oder mit einer guten Abfindung in die Freizeit zu schicken. Die Abfindung kann gar nicht hoch genug sein, Hauptsache der Widersacher geht und ist weg. Machiavelli hat erkannt: Lässt man die Meinungsmacher im Bereich, verbleiben auch *„Lebensgeist, stärkerer Hass und mehr Sehnsucht nach Rache [...]"* Das kann sich der neue Vorstands-Manager jedoch nicht erlauben. Deshalb würde so mancher Vorstand liebend gerne Machiavelli folgen und *tabula rasa* machen. Aber was kann man unternehmen, wenn einer nicht geht? Radikalmethoden sind meistens die teuersten Methoden. Nicht zu unterschätzen, auch wenn kaum berechenbar, ist der Motivationsverlust bei den verbliebenen Mitarbeitern. Vielleicht sollte man doch lieber dem Rat Machiavellis folgen und auf „Liebe" setzen.

Wie immer der Manager agiert, er muss sich die Frage stellen, welchen Wert Erfahrung hat, welche Gefahr zu wenig Erfahrung in sich birgt. Immerhin, eines kann den Manager trösten, es gibt keine Messlatte und keine Rechenmethode, mit der man beziffern könnte, was solch ein Umbau kostet. Es gibt eine Studie, durchgeführt bei Großunternehmen, die besagt, dass drei Prozent Mitarbeiterabbau zehn Prozent Ergebniseinbruch bedeuten. Aber auch diese Zahlen sind nicht abgesichert und sie kommen zudem von der Gewerkschaft. Traue keiner Statistik, die du nicht selbst gefälscht hast! Natürlich kostet diese Strategie viel Geld, aber Geld ist nicht alles, die Macht ist alles.

Beispiel aus der Geschichte: *Auch Alexander der Große stand einmal vor einem ähnlichen Problem. In einer Schlacht traf er auf das persische Heer, das in mittleren Führungsfunktionen griechische Söldner hatte. Alexander war zu der damaligen Zeit unbesiegbar. Er gewann auch diese Schlacht und ließ anschließend an den griechischen Söldnern ein Exempel statuieren und sie auf dem Schlachtfeld niedermetzeln. Er tat dies, um der eigenen Mannschaft, den eigenen „Mitarbeitern" zu demonstrieren, was denjenigen widerfahren würde, die aus Griechenland stammten und es wagten, gegen ihn anzutreten. Die Geschichtsschreiber mutmaßten, dass die Griechen ohne dieses Vorgehen sicherlich von Makedonien abgefallen wären, was wahrscheinlich zu Bürgerkriegen geführt hätte. So aber setzte er die „Manager" ab, die ihm hätten gefährlich werden können und „exekutierte" sie. Er hatte sich selbstverständlich nicht mit einem „Betriebsrat" herumzuärgern. Der Rest der Mitarbeiter war zahm und fraß ihm aus der Hand, die einfachen Soldaten dienten bald in seiner Armee.*

Auch Caesar empfiehlt uns ein ähnliches Rezept: Er war schon mehrmals mit Meutereien konfrontiert worden. Er trat persönlich vor die meuternden Soldaten, nur begleitet von wenigen Vertrauten. Er überredete sie wortgewandt, wobei er seine persönliche Enttäuschung über seine Soldaten in den Vordergrund stellte. Er überredete also seine „Mitarbeiter". Mit den Rädelsführern ging er sehr pragmatisch um. Sie wurden in den nächsten Gefechten in Selbstmordkommandos eingesetzt. So entledigte er sich der Querulanten und nutzte sie sogar für seine Kriegführung.

Man berichtet auch eine ähnliche Episode von Karl dem Großen: Die Sachsen erkannten die Oberhoheit Karls nicht an und ärgerten ihn ständig. So überfielen sie eine seiner Heeresgruppen und löschten sie komplett aus. Karl reagierte und erhöhte den Druck auf die Sachsen. Schließlich brach Karl den sächsischen Widerstand. Widukin, der Sachsenführer, musste nach Dänemark fliehen. Beim Blutgericht von Verden an der Aller erzwang Karl die Auslieferung der sächsischen Rädelsführer. Er ließ sie kurzerhand köpfen. Zeitgenössische Quellen sprechen von 4.500 Hinrichtungen, denen Karl, erbost durch die ewigen Treuebrüche der Sachsen, persönlich beiwohnte und die das Wasser der Aller rot färbten. Somit hatte Karl das Sachsenproblem ein für alle Mal gelöst.

Aber zurück zur „Liebe". Denn Machiavelli hat noch einen zweiten Ratschlag bereit: Er schreibt, dass man sich Regionen, in denen die Menschen bisher nach eigenen Gesetzen und in einer gewissen Freiheit lebten, am besten gefügig macht, indem man ehrenwerte Bürger in die Regierung einsetzt. Das wäre der angenehmere Teil der Lösung für den neuen Manager. Hat er die alten Führungskräfte entsorgt, kann er sich junge Mitarbeiter nachziehen, sie in Führungspositionen bringen. Diese Mitarbeiter haben zwar nicht die gleiche Erfahrung, aber sie sind wesentlich billiger und sie sind treu ergeben. Eine neue Aufbruchstimmung könnte durch das Unternehmen gehen.

Beispiel: *Wie sieht dies heute in der industriellen Praxis aus? Die Fahrradfabrik AG organisierte sich um. Zwei Divisionen, die Division Rennräder und die Division Sporträder, wurden zusammengelegt. Bei dieser Gelegenheit zog man unter anderem den Vertrieb zusammen. Der eine Vertriebsleiter wurde in den Vorruhestand geschickt, der andere bekam die Verantwortung über die gesamte Abteilung. Die Arbeitsstile innerhalb der Abteilung waren sehr unterschiedlich. Aus diesem Grund setzte man Teams ein, die die einzelnen Arbeitsfelder analysieren und die jeweils beste Lösung herausarbeiten sollten. Der Manager begleitete diese Arbeiten sehr eng, ließ sich häufig berichten. Dabei bemerkte er sehr bald, dass einige Mitarbeiter nicht bereit waren, den Kurs zu tragen. In Einzelgesprächen wurde versucht dies zu hinterfragen. Dann bekamen die Mitarbeiter andere Stellen im Konzern angeboten. Insbesondere der Meinungsmacher verweigerte dies drei Mal, zog dann aber selbst die Konsequenzen und wechselte in eine andere Funktion. Er nahm dabei drei* *der Mitarbeiter, die sich nicht auf die neu angebrochene Zeit einstellen wollten, mit. Somit wurde das „Problem" relativ schnell auf eine für alle zufriedenstellende Art gelöst.*

Man sollte immer wieder bedenken, dass man mit der „Dampfhammermethode" nicht die Strukturen verändert und auch nicht die Ausrichtung des Unternehmens neu definiert. Man hat lediglich in einer konzentrierten Aktion die Vergangenheit hinter sich gelassen und ist mit neuem Elan in die Zukunft gestartet. Aber eine gewisse Hypothek liegt auf dieser Zukunft!

Kann man dagegen die „chirurgische Methode" umsetzen, wird man den Aufbruch in die Zukunft viel freier gestalten können. Bei dieser Methode löst man nur die Mitarbeiter heraus, die nicht bereit sind, dem neuen Kurs zu folgen. Dies erfolgt relativ schnell und unauffällig. Die anderen Mitarbeiter kann man auf den neuen Kurs einschwören und sogar gut motivieren. Nun stellt der Manager noch einige Spielregeln auf und unterwirft sich ihnen sogar selbst. Die Mitarbeiter werden ihn bald „lieben". Hat man die alten Strukturen zerschlagen, die sich widersetzenden Meinungsmacher, Rädelsführer und Hilfs-Manager überzeugt oder entfernt, muss man wieder neue Mitarbeiter an sich binden: Man befördert und belohnt. Vielleicht ist auch ein wenig Korruption mit im Spiel. Das ist ein folgerichtiger und sicherer Weg!

Beispiel aus der Geschichte: *Auch Dschingis Khan arbeitete mit solchen Methoden: Temudschin war ein geschickter Anführer und den Ansprüchen seiner Männer gegenüber sehr sensibel. Als er gerade dabei war, seine Macht auszubauen, kam ein junger Mann zu ihm, der um Hilfe bat, da seine Pferde von Temudschins Horden gestohlen worden waren. Ohne zu zögern brach Temudschin auf und vernichtete die Räuber. Der junge Mann bedankte sich überschwänglich. Temudschin lehnte jeden Dank ab und der junge Mann trat in seine Gefolgschaft ein. Er wurde einer der besten Generäle Temudschins. So behandelte er alle seine „Mitarbeiter". Er war sehr zuvorkommend und überließ ihnen einen Großteil der Beute.*

Ich habe schon darauf hingewiesen, dass eines der wenigen objektiven Erfolgskriterien der Börsenwert eines Unternehmens ist. Ein

Unternehmen, dessen Börsenwert ständig sinkt, das immer weiter hinter seine Konkurrenten zurückfällt, wird immer unattraktiver. Die Eigentümer werden beschließen etwas dagegen zu unternehmen. Sie stellen einen Sanierer-Manager ein. Dieser bekommt einen eindeutigen Auftrag: Das Unternehmen ist innerhalb kürzester Zeit erfolgreich zu sanieren. Die Betonung liegt auf „kürzester“ Zeit und „erfolgreich“ sanieren. Letzteres bedeutet, dass der Börsenwert um einen bestimmten Prozentsatz zu steigen hat.

Der Sanierer-Vorstand ist neu, er kennt die Hintergründe des Geschäftes nicht. Was sonst eher nachteilig ist, kann hier durchaus zum Vorteil werden. Denn Unkenntnis bedeutet in diesem Fall gleichzeitig auch, dass es keine Vergangenheit, keine Verbundenheit, keine Seilschaften gibt. Da aber Entscheidungen nicht allein auf Unkenntnis beruhen sollten, wird der neue Sanierer-Vorstand eine Gruppe von jungen Unternehmensberatern anwerben, die den Bereich durchleuchten. Das nennt man dann „quick scan“. Wenn man nicht auf Anhieb geeignete Maßnahmen durchführt, so kann man zumindest schon einmal eine neue Organisation verkünden.

Oft bieten sich Ausgliederungsstrategien als Lösung an. Teile des Unternehmens, die nicht ausreichend profitabel sind, werden ausgegliedert, wenn der Verkauf nicht klappt, werden sie in eine GmbH „entsorgt“. Der neue Manager bringt sich eigene Führungskräfte mit, einige werden auch intern neu rekrutiert. Es sind Vertraute des neuen Vorstands. So wird ein neues Netzwerk installiert. Die meisten Sanierer gehen diesen machiavellischen Weg. Sie nehmen Härten in Kauf, um das Chaos so schnell wie möglich hinter sich zu lassen. Sie schlagen zu und zerschlagen, ohne Rücksicht auf Verluste. Der Vorstand ist sich bewusst, dass die Zeit gegen ihn arbeitet. Er muss bald eine stabile Situation schaffen, neue Regeln und Gesetze einführen, um dann die Mitarbeiter erneut zu fördern und zu fordern.

Jeder Sanierer-Manager sollte sich auch immer über die Ursachen, die seinen Einsatz nötig gemacht haben, im Klaren sein. Muss ein Unternehmen saniert werden, so finden sich in den meisten Fällen gravierende Managementfehler. Schuld waren mit Sicherheit nicht die einzelnen Sachbearbeiter, sondern seine Vorgänger auf der Managementebene. Die Mitarbeiter haben die Fehler auszubaden.

Die Mitarbeiter müssen sich auf jeden Fall neu orientieren und stellen sich natürlich die berechtigte Frage, ob sie sich darauf verlassen können, dass der neue Vorstand mehr Geschick als der alte hat und den Börsenwert des Unternehmens erhöhen wird. Es gibt für die Mitarbeiter aber keine Möglichkeit das Können und das Geschick ihrer Bosse im Vorhinein zu überprüfen. Sie können sich in vielen Fällen gar nicht gegen einen Chef wehren. Sie sind ihm ausgeliefert.

Der Chef hat das Sagen. Die Mitarbeiter können sich nur auf den neuen Chef einstellen, werden dies auch gerne tun, solange sie erkennen, dass er erfolgreich agiert. Kommt ihnen dieser Glauben abhanden, ziehen sie sich resigniert zurück. Wie aktiviere ich nun meine neuen Mitarbeiter? So fragt sich der Manager. Motiviere ich mit anspruchsvollen Aufgaben, mit guten Rahmenbedingungen, mit der Einsicht, eine Herausforderung bestehen zu können, oder unterdrücke ich sie – mit Machiavelli – bis ich als Manager fest im Sattel sitze und jeden noch so kleinen Widerstand brutal ausgeräumt habe.

Es gibt einige Methoden, die man Machiavelli andichtet. Könnten sie von ihm stammen? Möglicherweise ja!

- Aushungern: Man gibt dem Mitarbeiter keine Arbeit, schneidet ihn von allen Informationen ab.
  Ich kenne keinen Manager, der dies mehr als ein halbes Jahr ausgehalten hat. Was macht der Mitarbeiter an einem Schreibtisch ohne Arbeit, vor einem Telefon, das nicht mehr klingelt? Die Methode ist aber auch für das Unternehmen nicht einfach und vor allen Dingen nicht billig. Man muss den Mitarbeiter weiter bezahlen, verwalten und sich irgendwie auch um ihn kümmern. Zudem verbreitet er allein durch seine Anwesenheit eine schlechte Stimmung, untergräbt die neue Aufstiegseuphorie.
- Die Objektivierung: Sie funktioniert so ähnlich. Ein neuer Manager tritt an. Er will einen Hilfs-Manager oder einen Mitarbeiter vor die Tür setzen. Also lässt er diesen zum Gespräch kommen. Er könnte ihm in etwa sagen: *„Ich weiß nicht, wie Sie arbeiten und was Sie geleistet haben. Ich möchte aber, dass Sie sich eine neue Stelle suchen. Ich möchte, dass Sie zum 30.6. nicht mehr da sind. Auf*

Wiedersehen." Der Betroffene erhält daraufhin keine Informationen mehr und kann damit auch nicht mehr agieren. Er wird nicht mehr gefragt. Schickt er seinem Vorgesetzten irgendwelche Berichte, erhält er darauf keine Antwort. Wetten, dass der Typ es nicht lange aushält?

- Der Schlafentzug: Ein ganz einfacher Trick ist es, den Mitarbeiter im Büro festzuhalten. Teilen Sie ihm am Nachmittag mit, dass Sie ihn vielleicht noch sprechen wollen. Der Mitarbeiter wird den ganzen Abend warten. Oder erkundigen Sie sich bereits am frühen Morgen nach ihm. Der Mitarbeiter wird versuchen, omnipräsent zu sein. Das hält er aber nicht lange durch. Ich habe einen Vorstand erlebt, der einen Mitarbeiter zum Rapport nach Berlin kommen ließ. Als der Mitarbeiter dort ankam, war dieser Vorstand schon wieder unterwegs. Der Mitarbeiter reiste ihm hinterher. Er benötigte drei Tage, um ein Fünf-Minuten-Gespräch zu führen, das man auch gut am Telefon hätte erledigen können.
- Die Verunsicherung: Verbreiten Sie Gerüchte über einen Verkauf des Unternehmens oder über Organisationsänderungen. Der Mitarbeiter muss wissen, dass sein Arbeitsplatz jederzeit wegrationalisiert werden könnte.
- Die Zielvereinbarung: Verabschieden Sie mit dem Mitarbeiter eine Zielvereinbarung über ein Ergebniswachstum im zweistelligen Bereich innerhalb einer kurzen Zeitspanne. Er wird dies nicht schaffen, aber er wird unterschreiben. Und dann können Sie ihn fertigmachen!
- Der Dauerdruck: Natürlich ist es auch für den Manager anstrengend, seine Mitarbeiter unter Dauerdruck zu setzen. Aber er setzt sich für seine Mitarbeiter gerne ein. Er konfrontiert sie permanent mit Forderungen. Können Sie dieses Projekt nicht schneller abwickeln? Können Sie das nicht kostengünstiger gestalten? Müssen Sie immer in so teuren Hotels absteigen? Meine Damen und Herren, ich verlange mehr! Ich bezahle Sie schließlich auch. Ist eine Aufgabe gelöst, sofort eine neue Forderung nachschieben.
- Die Verantwortungsmasche: Geben Sie einem Mitarbeiter die Verantwortung über ein Projekt und teilen Sie ihm mit, dass es dem gesamten Unternehmen schaden werde, wenn er nicht erfolgreich ist. Niemand werde eine Prämie bekommen, auch

seine Kollegen nicht. „Den Kollegen habe ich dies schon mitgeteilt. Sie erwarten von Ihnen die beste Arbeit.“

- Zuckerbrot und Peitsche: Diese Methode ist ganz einfach: Seien Sie abwechselnd freundlich und dann wieder ganz scheußlich. sollte Der Manager sollte diese gewisse Unberechenbarkeit kultivieren. Niemand darf ihm seine Stimmung ablesen können, niemand darf in der Lage sein, sich auf seine Kommentare vorbereiten zu können.

Hat Machiavelli sich dies so vorgestellt? Die Beispiele stammen aus einem zeitgenössischen Buch über Machiavellis Methoden. Ich denke an andere Vorgehensweisen – und kann diese möglicherweise sogar mit Machiavellis Denken in Deckung bringen.

- Alterslösung: Hat der Mitarbeiter ein bestimmtes Alter erreicht, kann man ihm ein kostengünstiges Altersteilzeitangebot unterbreiten. Mitarbeiter in diesem Alter sind im Allgemeinen unkündbar und werden in der Regel nicht selbst kündigen. Daher kann man sich leicht ausrechnen, wie viel der Mitarbeiter in den nächsten Jahren kosten wird, ohne entsprechenden Gegenwert zu leisten, und wie viel dagegen die Altersabfindung kostet.
- Management-Buy-Out: In einer Umorganisation werden häufig Firmenteile herausgelöst und verselbstständigt. Man verkauft diese Unternehmensteile für einen symbolischen Betrag an eine Gruppe von Mitarbeitern. Darüber hinaus gibt man dem nun selbstständigen Unternehmen noch eine Auftragsgarantie für zwei Jahre. Dann können die Manager und Mitarbeiter zeigen, was Sie ohne die „Belastung“ der Firmenmutter können.
- Outplacement: Es geht in vielen Fällen nur darum, die richtigen Fähigkeiten an den richtige Orten oder Funktionen zur Verfügung zu stellen. Outplacement kann man als eine interne und externe Stellenvermittlung ansehen. Mancher Mitarbeiter kann in diesem Prozess auch ganz neue Fähigkeiten an sich entdecken und ihn als neue Chance für sein Arbeitsleben nutzen.
- Eingreif-/Trainingsgruppe: Viele Unternehmen wären gut beraten, wenn sie aus ihrem operativen Geschäft gute Leute herausziehen würden und daraus eine Trainingseinheit, eine Eingreif- und Springergruppe aufbauen könnten. In vielen Stellen eines Unter-

nehmens gibt es Engpässe, die nicht geschlossen werden können, weil Mitarbeiter für die notwendige Zeit nicht zur Verfügung stehen. Somit werden Arbeiten verschoben oder nachlässig durchgeführt. Dies kann zu erheblichen Mehr- und Fehlleistungskosten führen. Springer könnten in solchen Zeiten die Aufgaben schnell übernehmen. Außerdem sind nicht alle Mitarbeiter auf dem gleichen Ausbildungsstand. Dies könnte durch eine permanente Trainingsgruppe gewährleistet werden.

Fazit

Jeder Manager muss sich entscheiden, welchen Weg er aus dem Chaos gehen will. Nach Machiavelli sind viele Methoden zugelassen, die Hauptsache ist, dass der Manager die Ordnung wieder herstellt. Probleme muss er schnell erkennen und lösen. Erst dann kann Ruhe einkehren, erst dann kann er sich auf eine neue Ordnung konzentrieren. Vielleicht kann er sich bei der Wahl der Methoden von monetären Größen leiten lassen. Die Kosten einer Umorganisation und der damit verbundenen Mitarbeiterumorientierung sind enorm, die Opportunitätskosten können jedoch noch viel höher sein. Was wird es kosten, wenn Mitarbeiter Sammelklagen gegen Entlassungen einreichen und damit das Unternehmen durch die Öffentlichkeit unter Druck setzen? Was ist dem Unternehmen das Image in der Öffentlichkeit wert? Ein schlechtes Image könnte dazu führen, dass die besten Nachwuchskräfte nicht mehr bereit sind, in dieses Unternehmen zu wechseln. Was kostet es folglich, wenn man sich immer nur mit den zweitbesten Ressourcen ausstatten kann? Solche Kosten sind nicht wirklich abzuschätzen.

Wichtiger erscheint mir aber, dass die Unternehmensleitungen meistens gar nicht bereit sind, darüber nachzudenken, welche monetäre Auswirkung Managemententscheidungen haben.

Beispiel: *Die Manager der Fahrradfabrik AG mussten, um wettbewerbsfähig zu werden, auf der einen Seite Mitarbeiter abbauen, auf der anderen Seite effizientere Arbeitsmethoden einführen. Die Manager waren der Meinung, dass dies in der Belegschaft als gravierender Widerspruch* *empfunden werden könnte. Wie könnte man Mitarbeiterabbau und Erhöhung der Arbeitseffizienz in Einklang bringen? Aus diesem Grund entschied man sich, aus den eigenen Mitarbeitern eine Beratergruppe zu formen. Diese Berater sollten den im Prozess verbleibenden Mitarbeitern die Umsetzung auf die neuen Methoden erleichtern, lernen, trainieren. Bei dieser Gelegenheit sollten sich die Berater soviel Wissen aufbauen, dass sie wiederum ihr Know-how in absehbarer Zeit selbst vermarkten können. Daher wurde die Beratertruppe in ein eigenständiges Unternehmen ausgegliedert und sollte nach zwei Jahren die Hälfte ihres Umsatzes aus externem Geschäft generieren.*

Zum Nachdenken

*Nicht allen und nicht alles darf man zugestehen.
Jenes ist also ebenso wichtig,
als dass man zu bewilligen wisse.
Besonders ist den Mächtigen Aufmerksamkeit
darauf dringend nötig: hier kommt viel auf die Art an.
Das Nein des einen wird höher geschätzt als das Ja
mancher andern;
Denn ein vergoldetes Nein befriedigt mehr
als ein trockenes Ja.
Viele gibt es, die immer Nein im Munde haben, wodurch sie den Leuten alles verleiden. Das Nein ist bei ihnen immer das Erste: und wenn sie auch nachher alles bewilligen, so schätzt man es nicht, weil es durch jenes schon verleidet ist.
Man soll nichts gleich rund abschlagen, vielmehr lasse man die Bittsteller Zug vor Zug vor ihrer Selbsttäuschung zurückkommen.
Auch soll man nie etwas ganz und gar verweigern: denn dies hieße, jenen die Abhängigkeit aufkündigen:
Man lasse immer noch ein wenig Hoffnung übrig, die Bitterkeit der Weigerung zu versüßen.
Endlich fülle man durch Höflichkeit die Lücke aus,
welche die Gunst hier lässt, und setze schöne Worte an die Stelle der Werke.*

Ja und Nein sind schnell gesagt,
erfordern aber langes Nachdenken.

BALTASAR GRACIÁN Y MORALES

5.

Der Manager muss seine Machtbasis ausbauen. Macht ist die wichtigste Waffe des Managers.

Manager dürfen im eigenen Interesse nur Jobs annehmen, die Macht beinhalten. Macht ist ihre Waffe. Damit behaupten sie sich.

Wie regiert man und managt selbstbewusste Mitarbeiter? Machiavelli sagt dazu:

„Regionen, die gewohnt waren in Freiheit und nach eigenen Gesetzen zu leben, erhält man am besten, indem man ausgesuchte einheimische Bürger als Regierung einsetzt (oder man liefert das eroberte Gebiet der völligen Zerstörung aus. Dies wäre die sicherste Methode.). [...] Aber in Republiken herrscht mehr Lebensgeist, stärkerer Hass und mehr Sehnsucht nach Rache [...] so ist es das bessere Mittel, die Republiken zu zerstören oder in ihnen zu residieren."

Machiavelli versucht in seinem fünften Kapitel dem Herrscher klar zu machen, wie er mit seiner Eroberung umgehen muss. Wir kennen den berühmten Satz: *„Oder man liefert das eroberte Gebiet der völligen Zerstörung aus. Dies wäre die sicherste Methode."* Natürlich kann man als Manager ein Unternehmen „platt machen". Doch was hat man davon? Das ist nur sinnvoll, wenn man die Immobilien gut verkaufen kann, wenn man ein Unternehmen „ausschlachten" will. Dann wäre es der sicherste Weg, um kurzfristig zu Geld zu kommen ...

Aber unternehmerisch macht es keinen Sinn. Wenn man die Geschäfte weiterführen will *„setzt man besser einheimische Bürger als Regierung ein"* und verlegt seinen Regierungssitz mitten hinein in die neue, eroberte Provinz.

Selbsterkenntnis ist der erste Schritt zur Weisheit

Machiavelli hat einen Hang zu Radikalpositionen. Wenn man seine Maßnahmen für wirksam hält, muss man darüber nachdenken, ob man solche Handlungsweisen überhaupt durchsetzen kann. Kann ein Manager ein Unternehmen zum Beispiel auflösen? Jeder Manager muss sich natürlich die Frage stellen, ob er die Position hat, dies zu können oder zu dürfen. Hat er die Legitimation dazu? Dann muss heute natürlich auch die Frage erlaubt sein, ob diese Maßnahmen nach den Regeln unserer heutigen Gesellschaft überhaupt machbar sind. Nun kann ein Handwerker mit drei Mitarbeitern sein Unternehmen relativ einfach schließen. Der Niedergang eines Traditionsunternehmens wie AEG unterlag schon einer anderen Dramaturgie. Vielleicht muss man aber auch gar nicht so hoch greifen. Es genügt schon die Frage, ob man als Manager den Asienvertrieb nach Hong-Kong verlagern kann. Hat man die Legitimation im Unternehmen, diese Entscheidung treffen und umsetzen zu können?

Die zweite, sich anschließende Frage an den Manager lautet, ob er sich einen solchen Schritt auch zutraut! Hat er die Persönlichkeit und das notwendige Selbstbewusstsein, diese Aufgabe zu bewältigen? Manager beantworten diese Frage meistens sehr schnell mit Ja. Ich habe jedenfalls noch keinen Manager erlebt, der diese Frage mit Nein beantwortet hätte. Als Manager muss man das notwendige Selbstbewusstsein haben, sonst sollte man nicht Manager werden.

Die erste Frage aber ist von wesentlich größerer Bedeutung und für einen Manager lebenswichtig. Die Machtbefugnisse der Position muss stimmen! Top-Manager können sich heute durchaus als die Kaiser der modernen Welt bezeichnen. Sie sind die Herrscher über Unternehmen. Das scheint zuerst reichlich abstrakt zu sein, aber hinter dem Ausdruck „Herrschaft über Unternehmen" steckt „Herrschaft über Kapital und Arbeitskraft". Damit entscheiden die Top-Manager über das Wohl von vielen tausend Mitarbeitern und über viele Milliarden Euro Anlagevermögen. Kaiser lebten natürlich nicht nie ungefährlich und auch viele Manager müssen ihren Posten wieder räumen. Nur wenn ein Manager es verstanden hat, sich die notwendige Macht anzueignen, wird er auf Dauer überleben.

Wie sich die Macht beschreiben lässt

Das Managerleben ist nicht in so hohem Maße, wie man meinen könnte, abhängig von Ergebnissen, sondern vielmehr von der Macht. Nur mit Macht, der Macht seiner Position und seiner Persönlichkeit, kann er auch Ergebnisse, seien es nun reale oder fantasierte, überzeugend präsentieren. Jeder Manager ist also gut beraten, genau zu hinterfragen, mit welcher Macht eine bestimmte Position ausgestattet ist. Das ist nun nicht so einfach zu erkennen, weil die Machtstrukturen in allen Firmen unterschiedlich sind. In einem Unternehmen spielt die Vergabe von „Prokura" eine große Rolle, in einem anderen Unternehmen eher die Größe des Büros.

Wichtig ist in allen Unternehmen die Stellung innerhalb der Hierarchie. Wie viele Hierarchiestufen befinden sich zwischen Mitarbeiter und Vorstand und wie nahe befindet sich die eigene Hierarchieebene zum Vorstand? Dabei ist das Verhältnis der Hierarchiestufen zum Vorstand zu den Hierarchiestufen zum Mitarbeiter ausschlaggebend. Der Assistent der Geschäftsleitung hat nur eine Stufe zum Vorstand, aber keine Stufe zum Mitarbeiter. Das heißt, das Verhältnis ist nicht rechenbar, sein Einfluss kaum interpretierbar. Der Leiter des Rechnungswesens hat eine Stufe zum Vorstand und drei Stufen zum Mitarbeiter. Seine Machtbefugnisse sind im mittleren Bereich angesiedelt. Der Geschäftsgebietsleiter hat eine Stufe zum Vorstand und zehn Stufen zum Mitarbeiter. In dieser Funktion kumuliert sich viel Macht. Der Werkleiter hat zwei Stufen zum Vorstand und fünf Stufen zum Mitarbeiter. Er rangiert aufgrund des Hierarchiestufenverhältnisses im Vergleich unter dem Leiter des Rechnungswesens.

Wichtig ist für einen Manager, eine Funktion mit Macht einzunehmen und die Macht durch die Kraft seiner Persönlichkeit zu vergrößern. Dabei muss er sich natürlich auch immer bewusst sein: Wer viel Macht hat, steht in der Öffentlichkeit und wird scharf beobachtet. Er steht damit unter Erfolgsdruck. Daher beinhaltet eine solche Position ein gewisses Risiko. Je höher die Machtausstattung einer Funktion, je höher die Verhältniszahl der Hierarchiestufen, desto höher auch die Risikobelastung.

Den griechischen Helden Achill ließen die Götter wählen zwischen einem kurzen glorreichen Leben und einem langen ereignislosen. Top-Manager leben heute in einer härteren Welt: Entweder ihre Arbeit ist glorios, oder ihr professionelles Leben wird sehr kurz! Heute werden Vorstände schnell gefeuert, weil das Unternehmen nicht erfolgreich genug ist oder weil zwei Firmen fusionieren. Weltweit ist für Vorstandsvorsitzende die Trennung „im beiderseitigen Einvernehmen" mittlerweile sehr viel wahrscheinlicher geworden als ein normaler Abschied. Dies betrifft natürlich auch die niedrigeren Managementhierarchien, wenngleich es hierfür keine Zahlen gibt.

„Erfolgreich" wird heute meist an der Entwicklung des Börsenwerts gemessen. Dahinter verbergen sich natürlich noch andere Zahlen aus dem Rechenwerk des Unternehmens wie Auftragseingang, Umsatz, Ergebnis. Aber niemand ist über ein noch so hohes Ergebnis sonderlich befriedigt, wenn der Börsenwert nicht gleichzeitig steigt. Der Börsenwert bleibt heute der Maßstab. Aber der Börsenwert ist natürlich von vielen Einflüssen abhängig. Auch Manager können die Weltkonjunktur nicht beeinflussen. So greifen sie zu manchen Tricks, damit der Börsenwert steigt. Der Manager muss also erfinderisch werden.

Manager sind heute in starkem Maße abhängig von Analysten, Aktionären und Anteilseignern. Eine Umfrage hat ergeben, dass die Vorgaben auch sehr kurzfristig zu erfüllen sind: Manager haben durchschnittlich acht Monate Zeit, eine Strategie zu entwickeln, 19 Monate, um den Kurs in die Höhe zu treiben und 21 Monate, um ein Unternehmen zu sanieren.

Ist der Manager für das Unternehmen da oder das Unternehmen für den Manager?

Nach Machiavelli ist der Fürst nicht unbedingt am Wohl des Staates orientiert, sondern in erster Linie an seinem eigenen Wohl, an seinem eigenen Machtzuwachs. Erst wenn dieses Bedürfnis befriedigt ist, garantiert er der Bevölkerung eine gewisse Sicherheit.

Wie sieht das heute aus? Eigentlich nicht anders. Weithin denkt auch der Top-Manager zunächst einmal an sich. Erst dann wird er das Unternehmen, die Arbeitsplätze sichern. Wie gesagt – die meisten Top-Manager werden am Börsenwert gemessen, entweder direkt oder indirekt über Optionspläne oder einfache Beteiligungsmodelle, aber alle wissen, dass der Börsenwert nicht nur von dem Top-Manager abhängig ist. Ein gutes Beispiel in diesem Zusammenhang ist der ehemalige Vorstandsvorsitzende der Deutschen Telecom, Ron Sommer. Man löste ihn ab, weil er für den Verfall des Aktienkurses der Volksaktie verantwortlich gemacht wurde. Aber aus seinem Abgang resultierte kein Kursfeuerwerk. Die Konjunktur erwies sich als stärker als der einsame Abgang eines bedeutenden Managers. Daher versuchen viele Manager weniger das Unternehmen nachhaltig zu lenken, sondern den Unternehmenswert kurzfristig zu pushen. Dazu gibt es selbstverständlich viele Mittel und Wege, die sich auch an der Grenze der Legalität bewegen.

Die Manager im zweiten Glied haben nicht so viele Möglichkeiten, den Börsenwert zu beeinflussen. Für sie ist es daher wichtiger, ihr Image entsprechend aufzubauen. Ihre Vorgesetzten müssen zu der Überzeugung gelangen, dass ihnen dieser Manager bei der Erreichung ihrer Ziele gute Dienste leisten kann.

Nach Machiavelli ist dies ein durchaus legitimes Vorgehen. Wenn sich nur ein Einziger oder einige wenige am Gemeinwohl bedienen, dann wird das Gemeinwohl dennoch in Takt bleiben. Wenn jedoch alle versuchen, in undurchschaubaren Strukturen vom Gemeinwohl zu profitieren, wird nichts übrig bleiben. So lassen sich mit Machiavelli durchaus hohe Managergehälter rechtfertigen. Denn sie garantieren indirekt eine Stabilisierung des Systems und schaffen damit Ordnung.

Beispiel: *Ein gutes Beispiel ist Herr Termühlen, einst einer der Mächtigen bei MLP. Er hatte eine machtvolle Stellung und entsprechendes Selbstbewusstsein. Er wurde am Aktienkurs gemessen. Man berichtete über ihn, dass er seinen Erfolg mit viel Systematik und Fleiß erarbeitet habe. Dasselbe forderte er auch von seinen Mitarbeitern – vielleicht etwas zu heftig. Er soll nicht sehr beliebt gewesen sein. Manchmal überschätzte er sich, traute sich mehr zu, als er realisieren konnte. Bei Misserfolgen suchte er angeblich oft die Schuld nicht bei sich, sondern bei anderen. Hinzu kam, dass er mit Kritik nicht gut umgehen konnte, schon gar nicht mit öffentlicher Kritik.*

Solange der Börsenwert steigt, kann der Manager beliebig agieren. Es gibt intern nur wenige Mitarbeiter, die Kritik üben dürfen. Es gibt also kein firmeninternes Korrektiv. In manchen Fällen übernimmt die Presse diese Funktion der kritischen Reflexion. In unserem Beispiel kritisierte das Anleger-Magazin Börse-Online die Arbeitsgewohnheiten des Vorstands und nahm gleichzeitig die Bilanzierungsmethoden des Unternehmens aufs Korn. Ob diese Kritik richtig war oder nicht, mag dahingestellt bleiben. Es spielte in der Öffentlichkeit auch keine große Rolle. Wichtig für uns ist aber, dass Termühlen auf diese Vorwürfe nicht adäquat reagierte und er die Kritik gar nicht ernst nahm. So rauschte der Börsenkurs genauso schnell in die Tiefe wie das Vertrauen in ihn. Die Macht des ersten Mannes war angekratzt, die Anleger wendeten sich von dem Unternehmen ab, die eigenen Anlageberater suchten neue Jobs. Irgendwann, viel zu spät, trat er zurück. Nun war sozusagen Tabula rasa gemacht, aber der Aktienkurs stieg noch lange nicht.

Fehler sind unverzeihbar, Machiavelli verweist darauf! Zumindest gibt es keine Nachsicht, wenn sie den Börsenwert ins Wanken bringen und damit die Ordnung und Stabilität des Unternehmens stören. Termühlen hat für seine Fehler bezahlt.

Paradebeispiele liefern auch afrikanische Despoten. Sie kommen, wie Machiavelli es beschreibt, durch Krieg und Gewalt zu Macht und Herrschaft und beuten dann ihr Volk aus, lassen sich die Rohstoffe des Landes auf Schweizer Konten gutschreiben. Was aber hat das Volk davon? Relative Ordnung? Manchmal, aber nicht immer. Dann stürzt der Herrscher, wie Machiavelli es beschrieben hat, muss ins luxuriöse Exil und verliert seine Macht und hinterlässt ein Chaos.

Nachwuchsmanager können viel lernen

Der Nachwuchsmanager muss immer der Macher sein
Kann man nicht bereits die Position erreichen, die mit der nötigen Macht ausgestattet ist, muss man sich mit einer „niedrigeren" Stelle zufrieden geben, dann ist man eben erst einmal der sogenannte Manager im zweiten Glied. In diesem Fall sollte der Manager aber bereits an die nächste Position denken. Was heißt das? Er muss darauf Acht geben, dass seine Position, wenn sie schon nicht mit so viel Macht ausgestattet ist, ihn zumindest in die Lage versetzt, ein attraktives Image aufzubauen. Er muss versuchen, seine Position für angewandtes Managementtraining zu nutzen. Er darf mit seiner jetzigen Position nicht zufrieden sein, er muss seine Treibermentalität unter Beweis stellen. Er muss sich als Macher profilieren. Das darf er nie vergessen! Ist er Vorstand, kann er immer noch Vorsitzender des Vorstands werden oder Aufsichtsrat oder zu einer anderen größeren Firma wechseln ... Hat der Manager erst einmal den entsprechenden Ruf als Macher, kann ihm nichts mehr passieren.

Als Nachwuchsmanager muss man seine vorläufige Position nutzen, um neue Dinge und unkonventionelle Ideen auszuprobieren.

Beispiele aus der Geschichte: *Gallien war Caesars Sprungbrett zur Macht: Er wusste, dass er in Rom politisch erledigt war, wenn er nicht ohne großen Ruhm aus der ihm zugewiesenen Provinz zurückkam. So suchte und fand er den Krieg – nicht etwa, weil die Kelten ihn sonderlich provoziert hätten, sondern weil er selbst nicht das geringste Interesse am Frieden hatte, weil er Erfolge benötigte. Durch den Krieg bot sich ihm außerdem die Möglichkeit, widerrechtlich Legionen aufzustellen, die er zu seiner Privatarmee aufbaute und die ihm seinen späteren Einfall in Italien erst ermöglichten.*

Cortés, der spanische Eroberer, musste sich einmal einem 40.000 Mann umfassenden Indianerheer stellen. Er hätte diesen Kampf mit großer Sicherheit verloren. Da ließ er seine Kavallerieeinheiten vorrücken, die allerdings in den Kakaofeldern der Mayas gar nicht richtig operieren konnte. Trotzdem hatte Cortés den Sieg den Pferdeeinheiten zu verdanken, weil die Indianer Pferde nicht kannten und sie für eine Art Götter hielten. So ergriffen sie panikartig die Flucht. Auf diesem Schlachtfeld wurde die Stadt Santa Maria de la Victoria gegründet. Die eingeschüchterten Einheimischen boten den Spaniern den Frieden an und schenkten ihnen als Friedensangebot 20 ihrer schönsten Mädchen.

Der Nachwuchsmanager muss für eine Überraschung gut sein

Wichtig ist für einen Manager, vor allem wenn er nicht die unbegrenzte Macht hat, durch Überraschungen Eindruck zu schinden. Überraschungen beginnen meist mit Informationsmanagement, das bedeutet, er muss also besser informiert sein als andere. Überraschungen ergeben sich aber noch mehr aus der Umsetzungsgeschwindigkeit, das heißt, ob man in der Lage ist, Lösungsansätze schneller als andere umzusetzen. Überraschen zu können, kann der Manager lernen. Die Überraschung ist das Ergebnis der schon genannten Überlegungen, Zielorientierung (wissen, was man will!), Konzentration auf weniges (das meist komplizierte Umfeld bewusst ausblenden!) und Nutzung von Stärken (eigene Stärken nutzen oder die, die in der Organisation vorhanden sind!). Wichtig ist, dass der Manager beweist, dass er der Macher ist. Macher und Macht stehen sich nahe. Wenn man die Macht aus der Hand gibt, kann es einem ergehen wie Dareios III., dem Großkönig von Persien.

Beispiel aus der Geschichte: *Dareios war ein schwacher Herrscher und steht mit seinem Namen für das Ende des Persischen Reiches. Auf die makedonische Bedrohung Alexanders reagierte er langsam und phlegmatisch. Dareios überließ die Abwehr seinen Satrapen, also den Gouverneuren der einzelnen Provinzen. Weder sammelte er seine gesamte Streitmacht zu einem wirkungsvollen Gegenangriff noch entwickelte er irgendeine Strategie und so verlor er erwartungsgemäß.*

Dareios Niederlage zeigt dem Manager, dass man die Macht des Handelns niemals abgeben darf.

Der Nachwuchsmanager muss die eigene Kraft ausbauen

Machiavelli schreibt: „Kann der Fürst aus eigener Kraft heraus Maßnahmen durchsetzen, so ist er mächtig. Muss er sich dabei auf andere verlassen, so hat er eine schwache Position."

Beispiel: *Bei der Fahrradfabrik AG gab es einen stellvertretenden Vertriebsleiter. Seine Position war nicht sonderlich attraktiv, denn er konnte eigentlich nichts eigenständig bewegen. Da ergab es sich, dass die Unternehmensleitung beschloss eine kleine Firma in den USA zu kaufen. Niemand hatte so richtig Zeit, sich um dieses Thema zu kümmern. Der stellvertretende Vertriebsleiter erkannte, dass es sich um eine strategisch wichtige Aufgabe handelte, und engagierte sich. Er fuhr in die USA, untersuchte die Firma, übernahm die Verhandlungen des Mergers und integrierte das Unternehmen in die Fahrradfabrik AG. Er agierte erfolgreich und verkaufte auch seine Leistung gut. Er wurde schließlich zum Chef des amerikanischen Unternehmens berufen. Über dieses Unternehmen sollte bald das gesamte Nordamerikageschäft der Fahrradfabrik AG abgewickelt werden.*

Das Verhalten des stellvertretenden Vertriebsleiters der Fahrradfabrik AG ist ein Lehrbeispiel: Es gibt immer wieder Aufgaben mit Signalwirkung. Man muss sie nur erkennen und dann entsprechend realisieren. Immer wieder wird gesagt, dass die erste Voraussetzung für ein erfolgreiches Agieren als Manager, die Übernahme einer Funktion mit Machtpotenzial sei. Jeder Manager benötigt aber auch die Fantasie, um zu erkennen, was sich aus seiner aktuellen Position machen lässt.

Der Nachwuchsmanager muss erkennen, wo die Barrieren der Macht beginnen

Der größte Feind von Machtpositionen sind Matrixorganisationen. Es gibt viele Großunternehmen, die mit „weltverantwortlichen Geschäftsführern" locken. Daher bewerben sich auch viele Manager. Das Attribut „weltverantwortlich" lockt die Manager wie der Honig die Fliegen. Diese Verheißung zieht sie magisch an. Haben sie ihre Funktion eingenommen, stellen sie fest, dass sie sich in einer Matrixorganisation befinden. Die Spielregeln besagen in solchen Unternehmen, dass der Manager zwar die Weltverantwortung hat, aber er verfügt nicht über die Umsetzungsmacht. Dieser Anspruch hört zumeist an den Grenzen Deutschlands auf. In den Ländern außerhalb Deutschlands befinden sich andere Manager, die für ihr jeweiliges Regionalgeschäft verantwortlich sind. Sie interessiert die Weltverantwortung ihrer Kollegen aus Deutschland relativ wenig. Ihr Ziel ist es, in ihrer Region erfolgreich zu sein. Das wird in vielen Fällen durch Strategien erreicht, die dem Weltgeschäft eher abträglich sind. Der Regionalmanager wird belohnt, wenn er ein gutes Ergebnis in seiner Region erreicht, und er wird nicht bestraft, wenn das Weltgeschäft darunter leidet. Dafür ist er nicht verantwortlich. Das daraus resultierende Ergebnis kennt man auch unter dem Begriff „Suboptimum". Ach, du schöne Matrixorganisation! Der Weltmanager muss in seinen wichtigen Ländern mit den Regionalmanagern Vereinbarungen treffen, wie man gemeinsam vorgehen will. Gemeinsam klingt gut. Der „Weltmanager" muss wissen, dass er überzeugen muss, dass er aber keine Macht hat, seinen Worten auch Taten folgen zu lassen. So stellt sich das Machiavelli jedenfalls nicht vor!

„Matrixmanager" haben keine Macht, können das Geschäft nicht gestalten, haben keine Waffen. Machiavelli-Jünger sollten solch einen Job nicht annehmen. Machiavelli hat sie gewarnt: *„Daher siegen alle bewaffneten Propheten, und die nicht bewaffneten gehen zugrunde."*

Ein echter Manager übernimmt nur Aufgaben, die er gewinnen kann. Es benötigt hierzu kein besonderes Wissen oder große Ideen. Man kann sich schließlich Leute mit Wissen und Ideen einkaufen. Es geht hier nur und ausschließlich um den Machtinstinkt. Hat der Manager die Macht, neue Konzepte durchzusetzen? Dafür benötigt der Manager dringend Waffen. Aber außer Macht, Persönlichkeit und Strategie hat er keine Waffen. Damit muss er sich in der Unternehmenswelt und bei seinen Mitarbeitern durchsetzen.

Der Manager muss nicht nur Macht nach außen haben, sondern er benötigt auch die Macht nach innen. Bezogen auf die Mitarbeiter lautet die Frage für den Manager: Ist die Position mit der Macht ausgestattet, die man benötigt, um Mitarbeiter erfolgreich einsetzen und führen zu können? Wir leben in der Welt von virtuellen Arbeitsgruppen. Es gibt keine ärmeren und bemitleidenswerteren Manager, als die, deren Aufgabe es ist, virtuelle Gruppen zu leiten. In vielen Fällen werden sie zum Bittsteller. Die Mitarbeiter arbeiten zu, wenn sie gut gelaunt sind. Wenn die Laune nicht so ausgeprägt ist, unterbleibt die Mitarbeit. Der Manager hat keine Befugnisse, also keine Macht, seine Ideen durchzusetzen. Er ist abhängig von den Launen seiner Mitarbeiter. Kein Machiavelli-Jünger, der weiterkommen will, wird virtuelle Teams übernehmen!

Virtuelle Gruppen haben in den letzten Jahren zugenommen, wobei es Anzeichen gibt, dass der Zenit dieser Arbeitsweise anscheinend überschritten ist. Muss ein Manager in einer solchen virtuellen Gruppe arbeiten, muss er also die Verantwortung für ihre Leistung übernehmen, so sollte er sich auf eine einzige Frage konzentrieren: Welche Macht kann man in einer solchen virtuellen Gruppe ausüben? Notwendig ist, dass der Manager die disziplinarische Verantwortung erhält. Ist er nur ein *primus inter pares,* kann er das Spiel ohnehin gleich aufgeben. Aber auch im Fall der disziplinarischen Verantwortung wird seine Machtausübung nicht einfach werden. Entweder hat er funktionelle Macht, viel Erfahrung und eine ausgeprägte Persönlichkeit oder er muss irgendwann ein Exempel statuieren. Das kann unterschiedlich sein. In welcher Weise er agiert, richtet sich vornehmlich nach der Aufgabe und nach der Ausbildung der Mitarbeiter.

Nach Machiavelli muss er schnell, unvoreingenommen und hart das Heft in die Hand nehmen. Sind die Strukturen geklärt, kann er die Zügel wieder lockerer lassen. Er könnte – wie gesagt nach Machiavelli – folgendermaßen vorgehen:

Der Manager erlässt als Erstes straffe Richtlinien, die vorgeben, wie zusammengearbeitet werden soll. Dabei zeigt sich – menschlich vollkommen verständlich: Je strenger die Richtlinien, desto leichter werden sie umgangen. Hat er den ersten virtuellen Mitarbeiter bei einem Vergehen gegen die Richtlinien ertappt (und dies wird bereits in den ersten zwei Tagen geschehen!), dann hat er die Möglichkeit, mit dem Mitarbeiter ohne Zeitverzug ein ernstes und durchaus lautes Wort zu wechseln. Hierzu hat er das faktische und das moralische Recht. Schließlich hat der Mitarbeiter die Richtlinien nicht eingehalten. Er muss dem Mitarbeiter sofort klarmachen, dass er ab sofort alle Anweisungen genauestens zu befolgen hat, wobei er ihm genüsslich mit Konsequenzen drohen kann. Das nächste Vergehen folgt mit Sicherheit bald – und damit auch die Möglichkeit für den nächsten Schlag des Nachwuchsmanagers. Der Manager muss ihn ohne Rücksicht ausführen.

Wird die Richtlinie (ob sie nun Sinn macht oder nicht) nicht beachtet, läuft der Manager Gefahr, die Macht und damit die Kontrolle zu verlieren. Daher muss er ohne zu zögern ein Exempel statuieren. Gemäß Machiavelli hat er den Mitarbeiter zu erniedrigen, fertigzumachen, zu beschimpfen, zu bedrohen, ihn der Unfähigkeit zu bezichtigen. Wichtig ist, dass dies in der Öffentlichkeit geschieht. Alle anderen Mitarbeiter müssen diesem „Event“ beiwohnen. Sie müssen wissen, dass jeder von ihnen in der permanenten Gefahr schwebt, der Nächste zu sein. Dazu braucht es kaum Überzeugungsarbeit. Dieses Verhalten spricht sich schnell herum.

Die Waffen des Managers sind in diesem Fall Richtlinien, Arbeitsanweisungen, Befehle und das nötige Maß an Gemeinheit, um ihre Einhaltung zu erzwingen. Dabei muss man bedenken: Es geht nicht darum, unsinnige Regularien durchzusetzen. Es geht darum, den Mitarbeitern die eigene Macht und Entschlossenheit zu demonstrieren. Es geht um die Konsequenz. Die Mitarbeiter müssen anweisungsgemäß handeln. Der Manager ist der Chef. Und er hat nur seine Waffen herausgeholt und zugeschlagen.

Sie, lieber Leser, werden sehen, kurze Zeit später funktioniert die virtuelle Arbeitsgruppe bestens. Jeder wird sich bemühen, Ihren Anweisungen zu folgen. Jeder wird so arbeiten, wie Sie es wollen. Außerdem hat sich Ihre Entschlossenheit bereits in einem Tag im ganzen Unternehmen herumgesprochen. Man wird Ihnen mit vorsichtiger Achtung begegnen. Sie können die Waffen wieder einstecken.

Der Nachwuchsmanager muss lernen, wie er seinen Mitarbeitern den richtigen Glauben vermitteln kann

„Auch der Wankelmut des Volkes mag die Regentschaft eines Fürsten beenden. Daher muss man es so einrichten, dass man das Volk zum Glauben zwingt, wenn es nicht mehr glauben will."

Das Volk sind für den machiavellischen Manager die Mitarbeiter. Er muss seine Mitarbeiter beizeiten richtig erziehen, sodass sie seine Macht erkennen, und er muss sie überzeugen, ihm zu folgen. Dies geschieht mit der entsprechenden Sensibilität für die Anwendung der Macht. Nur einer hat das Sagen. Dies ist die Botschaft des Managers. Er hat diese Botschaft am ersten Tag, in der allerersten Stunde zu verkündigen und sich dann Respekt zu verschaffen.

Und noch ein letzter Hinweis zu einer weit verbreiteten Unsitte. Schwache Manager verstehen sich als Coach. Ein Coach ist so etwas wie ein guter Freund, der Ziele setzt und ansonsten alles seinen Gang gehen lässt. Nach einer gewissen Periode lässt sich der Coach die Zielerreichung präsentieren und belohnt oder bestraft. Das ist die Perversion von Management. Dies wäre unter Machiavelli nicht vorgekommen. Vergessen Sie das Coachen, managen Sie!

Fazit

Man muss als Manager genau darauf achten, ob die Voraussetzungen gegeben sind, damit man siegen kann. Die Position muss stimmen – und die Macht, mit der die Position ausgestattet ist. Stellt man fest, dass dies nicht im notwendigen Maße zutrifft, sollte man die Hände davon lassen. Für den erfahrenen Manager bieten sich viele Möglichkeiten. Sie müssen keine Kompromisse eingehen. Jungmanager haben häufig keine Wahl. Sie müssen manchmal auch nicht ganz so ideale Positionen akzeptieren. In diesem Fall sollten Sie den Jungmanager-Job als Lehrzeit betrachten. Sie werden viel beobachten, etwas trainieren und einige Erfahrung sammeln. Sie müssen nur darauf achten, nicht zu lange in einer solchen Position zu verharren.

Zum Nachdenken

*Wer den Ruhm begehrt, bedenkt nicht,
dass auch die in aller Kürze nicht mehr sein werden,
die seiner gedenken, und dass es sich mit jedem folgenden
Geschlecht ebenso verhält, bis endlich
die Erinnerung, durch solche fortgepflanzt,
die nun erloschen sind, selber erlischt.
Und auch gesetzt, sie wären unsterblich, die deinen Namen
nennen, und unsterblich dieses Namens Gedächtnis:
würde es dir nützen? Dir, der du bereits gestorben bist?
Aber auch, was nutzt dir's bei deinem Leben?
Es sei denn, dass du dabei Vorteile hast.
Sind also Ruhm und Ehre dir zuteil geworden, achte dieser
Gaben nicht!
Sie machen eitel und abhängig vom Geist und Wort der
anderen.*

MARC AUREL

6.

Wie setzt man sich als Manager durch? Wie partizipiert man an fremder Hilfe?

Der Manager muss sich durchsetzen.
Früher lud der Herrscher alle Konkurrenten ein und ermordete sie.
Manchmal bediente er sich fremder Hilfe, manchmal war ihm auch das Glück hold.

Der Manager muss auf seine eigene Kraft bauen können. Er kann sich nicht auf andere verlassen. Oder – anders gesagt: Er kann sich nur dann auf andere verlassen, wenn er ausreichend eigene Kraft hat.

Machiavelli war der Ansicht, dass ein Fürst nur dann mächtig ist, wenn er aus eigener Kraft heraus Maßnahmen durchsetzen kann. Für einen Manager ist die Situation gleich. Ein Manager baut die Macht seiner Position aus, indem er ergebene Mitarbeiter an den Brennpunkten seines Geschäftes einsetzen kann. Ergebene Mitarbeiter sind Mitarbeiter, denen der Manager disziplinarisch vorsteht. Verfügt er nur über Mitarbeiter, für die er nur fachlich zuständig ist, die er nur in einer virtuellen Organisation verwaltet, die in anderen Landesorganisationen verankert sind, dann ist er machtlos. Vielleicht verfügt er über ein hohes Maß an Persönlichkeit und kann Mitarbeiter für sich einnehmen. Aber er besitzt keine Macht. Daran ist nicht zu rütteln.

Wie setzt ein Manager dies um? Es geschieht in drei Stufen:

- Augen auf bei der Einsetzung.
- Die Zähmung der Mitarbeiter.
- Einsatz aller Kräfte.

Augen auf bei der Einsetzung: In der ersten Stunde fällt die Entscheidung über Sieg oder Niederlage

Als Manager wird man nicht einfach eingestellt. Man wird im Allgemeinen berufen. Der, der beruft, ist meistens auch sein Förderer. Manager werden nicht nach objektiven Kriterien ausgesucht. In den meisten Fällen kennt der Berufende, der Fördernde gar nicht die Kriterien, mit denen die Managerposition zu beschreiben ist. Das ist gut so, denn so kann er mit dem guten Gewissen des Unbedarften handeln und entscheiden. Gern sucht man Manager nach dem Vertrauensprinzip aus. Das ist nichts anderes als der zielorientierte Aufbau von Seilschaften. Selbstverständlich ist für jede Form der Zusammenarbeit eine Vertrauensbasis notwendig. Aber ist darüber hinaus nicht auch eine gewisse Fachkompetenz wichtig? Es gibt nur eine Erklärung dafür, dass viele das Vertrauensprinzip zur alleinigen Entscheidungsbasis machen: Sie kennen die Fachanforderungen nicht und wollen sich gar nicht damit beschäftigen.

Es ist unglaublich, aber wahr. Buchhalter wählt man nach ihrer Qualifikation aus. Berufsanfänger müssen Assessment-Center absolvieren, Gärtner müssen sich mit Blumen und Gartenbau auskennen. Nur Manager kann man „nach Gefühl" aussuchen. Da kaum einer der Einstellenden objektive Kriterien kennt, wählt man Manager nach subjektiven Kriterien aus: Er soll ein Macher sein! Wie aber sieht bitte ein Macher aus? Er soll kreativ sein. Wie sieht jemand aus, der kreativ ist? Er soll Mitarbeiter motivieren können. Woran erkennt man einen Motivator? Ich muss zum Manager Vertrauen haben! Was bedeutet das? Gemeinsame Kindergartenerfahrungen oder mehr?

Da gute Manager äußerlich nicht erkennbar sind, begnügt man sich mit seiner „Persönlichkeit". Ist er eloquent, hat er keinen Mundgeruch, kann er argumentieren, dann hat man ein gutes Gefühl. Und der Manager kann natürlich auch eine „Sie" sein, falls von der „Persönlichkeit" her alles passt. So wird Er oder Sie eingestellt, befördert, benannt. Natürlich ist der frisch gebackene Manager seinem Vorgesetzten zu Dank verpflichtet. Irgendwann wird dieser auch eingefordert. Eines Tages kommt die Zeit ...

„Die, welche lediglich durch Glück aus Privatleuten zu Fürsten werden, die werden es mit weniger Mühe, aber behaupten sich mit vieler. Auf dem Wege zwar haben sie keinerlei Art von Schwierigkeiten, denn sie fliegen zu ihrem Ziel; alle Schwierigkeiten entstehen erst, nachdem sie an dasselbe gestellt sind. Dergleichen sind solche, denen ein Reich entweder für Geld verliehen wird, oder aus Gnade des Verleihers [...]“

Es ist kein Problem, den Managersessel einzunehmen, wenn ein Gönner seine Hand über den Kandidaten hält. Er steht im Hintergrund und lenkt die Geschicke. Wenn einem dieses widerfährt, sollte man die Augen schließen, ein Dankgebet zum Himmel senden und annehmen. Das ist die beste Grundlage, auf der man seine Macht entwickeln kann. Nicht ganz so einfach ist es jedoch, sich dann auf dem Managersessel einzurichten. Machiavelli hat sehr präzise erkannt, dass die Probleme beginnen, wenn der Fürst, also unser Manager, Platz genommen hat. Nun muss er seine Macherqualitäten unter Beweis stellen.

Manche haben einfach Glück. Es stirbt ein Manager und ein Nachfolger wird gesucht. Leichenfledderei? Nein. Das Glück bestand darin, zum richtigen Zeitpunkt am richtigen Ort gewesen zu sein. Eine Umorganisation kann zu vielfältigen Glücksfällen führen. Die einen werden abserviert, die anderen ernannt. Glück überrascht den einen oder den anderen; es bilden sich neue Verbindungen. Daraus entstehen schnell Beziehungen, Förderer, Gönner. Der angehende Manager muss zugreifen ...

Wie äußert sich das Glück für den Manager? Perfekt ist der Glückszustand, wenn der Manager der richtige Mann am richtigen Ort zum richtigen Zeitpunkt ist.

Beispiel aus der Geschichte: *Manche Historiker meinen, dass dies auf Alexander den Großen zugetroffen habe. Er war der richtige Mann, am richtigen Ort, zur richtigen Zeit. Zu Fall gebracht hat ihn im Alter (wahrscheinlich wurde er vergiftet) lediglich sein überzogener Lebensstil, verursacht durch ein Zuviel an Macht.*

Anders schätzt man beispielsweise den genialen Feldherrn Hannibal ein: Er war der richtige Mann, am falschen Ort, zur falschen Zeit. Die

Römer waren nämlich im Gegensatz zu den Persern nicht gewillt aufzugeben und leisteten zähen Widerstand, selbst als Hannibal nach dem gewaltigen Sieg von Cannae (216 v. Chr.) noch vierzehn Jahre verheerend durch Italien zog. Außerdem gewährte die Heimatstadt Karthago ihrem Feldherren nicht die notwendige Unterstützung.

Caesar dagegen war der richtige Mann, am richtigen Ort, zur falschen Zeit. Er war äußerst erfolgreich bei der Unterwerfung Galliens, aber die Vorbehalte der Senatoren vor einem Tyrannen saßen zu tief, sodass der nach Alleinherrschaft strebende Caesar sterben musste (Ermordung 44 v. Chr.).

Die Zähmung der Mitarbeiter: Was einem selbst widerfahren ist, kann man auch gut wiederholen

So wie man selbst ausgesucht worden ist, kann man auch weiterhin verfahren. Es ist klug, sich seiner besten Mitarbeiter zu versichern. Machiavelli beschreibt dies folgendermaßen:

„Worauf der Herzog sich entschloss, weder von fremdem Glück noch Waffen ins Künftige abhängig zu seyn; und war das Erste, was er tat, dass er in Rom die Orsinischen und Colonnesischen Bünde schwächte, indem er sich alle ihre Genossen, sofern sie Edelleute waren, gewann, sie zu seinen Rittern machte, ihnen hohe Besoldungen gab, sie, jeden seinem Range gemäß, mit Anführerstellen und Ämtern ehrte: sodass, nach Verlauf von wenigen Monden, alle Parteysucht in ihren Gemütern erloschen war, und sich lediglich auf die Person des Herzogs wandte."

So kann man immer vorgehen, wobei der Trick nicht neu ist: Die Kritiker für sich gewinnen und mit Ämtern, Posten und Geld reizen. Dabei gibt es zwei Varianten. Bei der „konstruktiven Variante" setzt man die Kritiker bewusst ein, gibt ihnen die Aufgabe und die Chance, die kritisierten Sachverhalte zu verändern. Gelingt dies, hat man eine sehr charmante Lösung gefunden: Die Kritiker haben ihre Kritik konstruktiv umgesetzt, dabei aus ihren Vorstellungen ein Ergebnis erzeugt. Das Lob wird sie in der konstruktiven Arbeitsweise bestärken, denn sie haben bemerkt, dass sich ihr Engagement gelohnt hat. Solche Anreize müssen sich nicht nur auf monetären „Lohn“ beziehen, sondern können auch einfach in Anerkennung beruhen. Schließlich kann sich auch der Manager selbst im Licht der erzielten Ergebnisse sonnen.

Die zweite, eher „destruktive Variante“ bedeutet belohnen und gleichzeitig aus dem Verkehr ziehen. Man verschafft dem Kritiker eine pompöse Abschiedsfeier, in der er im Mittelpunkt steht und seine Verdienste ausführlich gewürdigt werden. Anschließend erhält er eine Position in der Strategieabteilung. Beliebt sind klangvolle Sonderaufgaben. Es ist für den Manager wichtig, darauf zu achten, dass der Kritiker mit Lob überhäuft wird. Anschließend erhält er eine klangvolle, aber bedeutungslose Position. Diese Position ist zwar mit reichlich Insignien, aber wenig mit ausübbarer Macht ausgestattet. Der Mitarbeiter wird erst nach einiger Zeit bemerken, dass er kaltgestellt wurde. Dann ist es jedoch zu spät. Es bleibt ihm nur noch die Möglichkeit, selbst die Konsequenzen zu ziehen.

In dieser eher destruktiven Variante wird Belohnung eingesetzt, um Mitarbeiter auszusondern. Es gibt viele Theorien über die Wirkung von Belohnung. Vertrat man früher die Meinung, die Belohnung an sich motiviere, sieht man das heute etwas differenzierter. Belohnung motiviert nur als Verstärker, wenn die Arbeitsaufgabe selbst bereits als motivierend empfunden wird und sich die Belohnung auf das Ergebnis dieser Arbeitsaufgabe bezieht. Gemäß Machiavelli fassen wir an dieser Stelle Belohnung als eine Art „Beruhigungspille“ auf, vielleicht könnte man sie noch einfacher als eine Form der „Korruption“ bezeichnen.

Welche Möglichkeiten gibt es?

- Ganz einfach ist der „Visitenkartentrick“: Man ernennt einen Mitarbeiter, einen einfachen Ingenieur zum Oberingenieur. Das kostet außer einem Päckchen neuer Visitenkarten nichts. Ein glücklicher Mitarbeiter ist motiviert im Sinne von „ruhig gestellt“.
- Etwas teuerer ist die „Leasingauto-Auszeichnung“: Man verleiht einem Mitarbeiter einen Leasingvertrag. Einen Anteil muss der Mitarbeiter ohnehin selbst bezahlen. Nimmt man eine große Anzahl von Leasingfahrzeugen ab, kann der Einkauf optimale Leasingraten verhandeln. Dann bleibt auch die Leasingauto-Aus-

zeichnung für das Unternehmen fast kostenneutral. Und die Mitarbeiter sind motiviert. Das Leasingauto selbst ist eine Auszeichnung, die positiv abgrenzt. Einen ähnlichen Effekt stellt man auch fest, wenn ein Mitarbeiter die Lufthansa-Senator-Karte erhält. Mit stolz geschwellter Brust betritt er erstmalig die Senator-Lounge. Und deutlich wird die Motivation, wenn er einen Kollegen ohne Senator-Karte in diese Lounge einladen kann. Es gab früher Firmen, die den Hierarchierang in die Ausweiskarte des Mitarbeiters sichtbar aufnahmen. Beim „Direktor" grüßten die Pförtner respektvoller als beim einfachen Mitarbeiter. Die meisten Unternehmen haben dieses Motivationsmittel unverständlicherweise aufgegeben.

- Es gibt auch die Ernennung zum „Frühstücksdirektor": Solche Funktionen gab und gibt es in vielen Unternehmen. Natürlich sind sie heute rarer geworden, denn sie stellen einen bedeutenden Kostenblock dar. Diese Manager hatten zwar noch eine Arbeitsaufgabe, die sogar mit klangvollem Titel verbunden war. Aber mit dieser Tätigkeit ist keine Macht mehr verbunden. Als Tätigkeiten in diesen Positionen bieten sich an: Top-Kundenkontakte pflegen, Verbindung zu Behörden halten, alle Formen von Lobbyisten-Funktionen oder Beratungsaufgaben. Manche Unternehmen entwickeln hier eine ausgesprochene Fantasie. Die Frühstücksdirektoren dürfen repräsentieren, glänzen, sich in der Sonne des Unternehmens wohlig räkeln, aber jede Macht ist ihnen genommen. In japanischen Unternehmen gibt es Räume an der Sonne, schöne Fenster bieten eine gute Aussicht. Dort sitzen die verdienten Japaner-Manager. Sie werden von netten Sekretärinnen betreut, finden ausreichend Zeitungen vor und können sich auch sonst entspannen. Nur zu sagen haben sie nichts mehr.

Für den agierenden Manager ist der Umgang mit seinen Mitarbeitern überlebenswichtig. Er kann natürlich nicht alle Mitarbeiter zu Frühstücksdirektoren befördern. Das kostet zum einen viel Geld und bringt ihm selbst keine Unterstützung. Er kann nur einige wenige Mitarbeiter als Frühstücksdirektoren elegant ausschalten. Für diese wird er einige Personen seines Vertrauens einstellen und schließlich die besten noch verbliebenen Mitarbeiter neu aufbauen.

Beispiel: *In der Fahrradfabrik war man mit der Performance eines Vorstands nicht zufrieden. Man erkannte, dass er jedoch einen großen Rückhalt unter den Mitarbeitern genoss. So bot man ihm die Stelle eines Replacement-Büros für Top-Führungskräfte an. Er hatte nun die nicht sehr aufregende Aufgabe, für andere Führungskräfte, die ebenfalls ihren Arbeitsplatz verloren hatten, neue Arbeitsmöglichkeiten im Konzern und außerhalb zu suchen. Er konnte manche seiner Kontakte bei dieser Aufgabe weiterhin pflegen, aber er hatte alle seine Macht und Bedeutung verloren. Nach ein paar Jahren ging er freiwillig in den Ruhestand.*

Die Macht nutzen

Machiavelli führt immer wieder Cesare Borgia als Zeitzeugen an und entwirft da allerdings ganz andere Szenarien: Cesare Borgia lud eine rivalisierende Familie zu einem Fest ein. Hierfür fand er viele und gute Gründe. *Wir wollen uns versöhnen. Wir sollten einmal miteinander reden. Wir ziehen doch alle am gleichen Strang.* Und sie nahmen die Einladung an. Die Familie kam, wurde großzügig bewirtet. Man redete, lachte, es gab Gesangsdarbietungen. Dann aber betraten Bewaffnete den Raum und meuchelten die Gäste. Die Leichen lagen unter der Festtafel und die Kritiker waren beseitigt.

Was heißt dies übersetzt für den heutigen Manager? Es kann geschehen, dass er in einer äußerst schwierigen Situation auch unkonventionelle Methoden anwenden muss, um sein Ziel zu erreichen. Nun – er kann heute seine Kritiker nicht mehr ermorden lassen. Aber es gibt immer noch eine Reihe anderer Möglichkeiten, Kritiker zu entfernen. Für einen Manager ist es nicht unmöglich, Mitarbeiter zu entlassen. Es sollte aber nach heutigen Erkenntnissen die Ultima Ratio sein. Entlassungen, Pensionierungen, Trennungen mit Abfindung sind teuer und lassen viel Wissen abfließen. Besser ist es, wenn man die Mitarbeiter gemäß ihren Stärken neu positionieren kann. Darauf geht Machiavelli aber weniger ein.

Beispiel: *In der Fahrradfabrik AG trug sich die folgende Geschichte zu: Ein Manager hatte die Idee, einem Rivalen anonyme Briefe zukommen zu lassen. In diesen Briefen breitete er Halbwahrheiten aus, entstellte*

Zusammenhänge, machte düstere Anspielungen. Zuerst dachte der Betroffene: Kinderkram! Jeder Manager hat einen großen Papierkorb. Der betroffene Manager hielt dies auch eine gewisse Zeit aus, wurde aber sichtlich nervös, als weitere Briefe kamen. In seiner Arbeit unterliefen ihm daraufhin tatsächlich einige gravierende Fehler. Diese wurden kurz darauf in neuen Briefen erwähnt. Damit enthielten die Briefe plötzlich echte Wahrheiten.

Der gemobbte Manager hielt dem Druck nicht stand und offenbarte sich seinem Vorgesetzten. Der glaubte die Sache zuerst nicht. Vollkommen zu Recht! Wie kann man eine solch unsinnige Geschichte auch noch glauben? Wider Erwarten ging die Geschichte für den Angegriffenen gut aus (Machiavelli würde sich grämen). Das Glück verließ den Angreifer. Er hatte vergessen, auf einem der Hauspostumschläge seine Adresse unkenntlich zu machen. Daraufhin wurde er selbst gefeuert. Pech gehabt! Wenn man morden will, benötigt man auch entsprechende Intelligenz.

Eines wird dabei klar: Es gibt auch heute noch Fieslinge, die ihren Machiavelli gut kennen. Hätte der Manager seinen Briefterror geschickter durchgezogen, hätte er sich anschließend nochmals Cesare Borgia zum Vorbild nehmen können. Nachdem dieser die konkurrierende Herrscherfamilie ausgelöscht hatte, setzte er einen Adligen ein, der mit eiserner Hand regierte und das Volk grausam unterwarf. Borgia ließ ihn eine Zeit lang gewähren. Dann enthob er den Adligen seines Postens und ließ ihn öffentlich enthaupten. Das Resultat war beeindruckend. Das Volk dankte es Cesare Borgia, verehrte ihn und fürchtete ihn im gleichen Atemzug. Was will man als Fürst sonst noch erreichen? Das Volk vergisst schnell – als Manager sollte man das nie vergessen.

Will sich der Manager Respekt verschaffen, muss er seine Macht zeigen, wie es die Beispiele aus der Geschichte immer wieder deutlich machen.

Beispiel aus der Geschichte: *Tassilo der Bayer war wie alle anderen Länderfürsten zur Unterstützung des deutschen Kaisers verpflichtet. Aber er wollte seine Unabhängigkeit beweisen. Er verbündete sich mit den Langobarden gegen Karl den Großen. Der Machtverlust der Langobarden brachte den Bayern jedoch in Bedrängnis. Er leistete dem deutschen Kaiser* *notgedrungen den Vasalleneid. Aber bei der erstbesten Gelegenheit schürte er erneut Zwietracht und Missgunst. Der Kaiser lud Tassilo 787 dann zum Reichstag nach Worms ein, aber Tassilo blieb ohne Entschuldigung fern. Da zog Kaiser Karl mit seinem Heer auf das berühmte Lechfeld bei Augsburg. Zwei weitere fränkische Heere, eines aus Ostfranken mit den unterworfenen Sachsen und eines aus den langobardischen Gebieten, rückten von Nordosten und Süden auf die Donau und die Alpen zu. Tassilo erkannte nun die Macht der Franken und kapitulierte ohne zu den Waffen zu greifen. Er unterwarf sich. Der Kaiser erwies sich als großherzig und gab ihm das Herzogtum Bayern noch einmal als Lehen zurück. Tassilo aber war immer noch nicht bekehrt, kurze Zeit später begehrte er erneut auf und versuchte sich mit den Awaren zu verbünden. Nun ließ ihn der Kaiser festnehmen und ein Gericht verurteilte ihn zum Tode. Kaiser Karl begnadigte ihn später zu lebenslänglicher Klosterhaft.*

Was sagt uns dieses Beispiel? Karl der Große hatte seine Macht gezeigt, fast schien er zu lange gewartet zu haben, fast hätte er sich die Macht aus den Händen nehmen lassen. Auch ein Manager muss seine Macht zeigen und nutzen. Die Art, wie er sie nutz, mag heute anders sein als in den kriegerischen Jahren eines Cesare Borgia. Aber Macht muss eingesetzt werden. Macht muss gespürt werden.

Einsatz aller Kräfte: Wie baut man das eigene Machtzentrum auf?

Für einen Manager ist es wichtig, auch die Grenze für solche Kahlschlagaktionen zu erkennen. Niemand kann es sich, schon im eigenen Interesse, erlauben, Kapazität und Mitarbeiterkräfte über eine längere Periode zu „vernichten". Wenn sich Mitarbeiter oder Manager mit Abgangsszenarien über einen längeren Zeitraum auseinandersetzen, kann man sicher sein, dass die Effizienz auf der Strecke bleibt. Bald wird das Unternehmen unwiderruflich dem Untergang ausgeliefert sein. Oder es handelt sich um einen großen Konzern, der sich solche Zustände über Jahrzehnte leisten kann. Da ein Manager heute nicht mehr mit den Methoden eines Cesare Borgia vorgehen kann, sollte er sich rechtzeitig mit konstruktiven Methoden auseinandersetzen.

Aber auch für diesen Kampf benötigt man die richtige Bewaffnung. Übertragen auf ein Unternehmen heißt eine solche Bewaffnung nichts anderes als gut ausgebildete und loyale Mitarbeiter. Sie sind die Speerspitze, um den eigenen Anspruch zu verwirklichen. Diese Mitarbeiter nutzt der Manager für die Erfüllung der eigenen Arbeitsaufgabe. Jeder dieser Mitarbeiter übernimmt verantwortlich einen Anteil an der gesamten Zielerreichung. Der Manager hat solchen Mitarbeitern (lediglich!) Visionen zu vermitteln und Arbeitsaufgaben zu bieten, die attraktiv sind. Jede Aufgabe sollte so beschaffen und auch beschrieben sein, dass der Mitarbeiter selbst auch siegen kann. Es hat keinen Sinn, ihn mit unrealistischen Zielen zu konfrontieren. Er wird sich nur einsetzen, wenn er die Chance sieht, die vorgegebenen Ziele erreichen zu können. Ist dies nicht der Fall, wird seine anfängliche Motivation bald in Frustration umschlagen. Gute Mitarbeiter sind für einen Manager das beste Kapital. Sie sind seine Waffen, mit denen er sich im Kampf um die Macht behaupten kann.

Wie sollte man mit Mitarbeitern nicht umgehen?
So manche Manager pflegen einen anti-emanzipatorischen Führungsstil. Das bedeutet, dass sie sich bis ins kleinste Detail einmischen, Anweisungen geben, Mitarbeitern keinen Freiraum lassen. Mitarbeiter haben lediglich seine Anweisungen umzusetzen. Man kann dies auch „Führung mit Druck" nennen. Diese Art der Führung ist ausgerichtet auf die Entmündigung des Mitarbeiters. Die Folge ist, dass Mitarbeiter keine eigenen Ideen einbringen, sondern lediglich Vorgaben – meistens kritiklos – erfüllen. Dies führt möglicherweise zu einer kurzfristigen Erhöhung des Outputs, und passt durchaus in die Strategie von Machiavelli, um die Machtergreifung schnell durchzusetzen. Aber dieser Führungsstil wird keine Ergebnisse auf Dauer zeigen. Schnell wird auch die Effizienz wieder zurückfallen und sich auf einem niedrigeren Niveau einpendeln. In dieser Weise geführte Mitarbeiter werden schließlich nur dann agieren, wenn sie eine konkrete Anweisung erhalten. Selbst die beste Führungskraft ist aber nicht in der Lage, ein komplexes Geschäft nur mit Anweisungen zu managen. Die Mitarbeiter leisten Arbeit nach Vorschrift, lügen, vertuschen und verheimlichen.

Beispiel: *Die Fahrradfabrik AG verfügte über einen zentralen Einkauf. Seine Mitarbeiter bedienten alle Geschäftsgebiete und konnten aufgrund dieser Struktur zu einem hohen Bündelungsvolumen für das Unternehmen kommen. Ein Leiter eines Geschäftsgebietes wollte den Einkauf auf grund der hohen Kostenbedeutung für seine Produkte in der eigenen Verfügungsgewalt haben. Er setzte sich dafür ein, dass der Einkauf aufgeteilt wurde. Für denjenigen Einkaufsteil, der auf sein Geschäftsgebiet entfiel, setzte er einen Segmentleiter ein, der die Mitarbeiter neu ausrichten sollte. Die Mitarbeiter aber wollten diese Situation nicht so einfach akzeptieren, weil sie bemerkten, dass damit auch eine Schwächung des Einkaufs auf dem Lieferantenmarkt verbunden war. Hinzu kam noch, dass der Führungsstil des neuen Segmentleiters nicht sehr förderlich war. Nach kurzer Zeit kündigten einige der besonders guten Mitarbeiter und gingen zu einem Konkurrenzunternehmen oder verblieben intern bei anderen Geschäftsgebieten. Bald war der strategische Einkauf zu einer reinen Beschaffungsgruppe degradiert. Die Lieferantenpreise zogen an, da keine gebündelte Nachfragemacht mehr existierte und die einzelnen Einkäufer weitgehend unkoordiniert mit den Lieferanten verhandelten. Es dauerte dennoch über ein Jahr, bis man die Entscheidung rückgängig machte und wieder einen zentralen Einkauf aufbaute. Bis man allerdings wieder die ursprüngliche Kompetenz besaß, dauerte es noch geraume Zeit.*

Fazit

Es ist gut, wenn man Förderer hat. Es ist ebenso gut, wenn man sich selbst zum Förderer entwickelt. Dann wird man von fremder Hilfe unabhängig und verfügt über genügend eigene Kräfte, verbunden in einem schlagkräftigen Netzwerk, das man jederzeit einsetzen kann.

Zum Nachdenken

Überlegenheit im Umgang erwächst allein daraus, dass man der anderen in keiner Art und Weise bedarf und dies sehen lässt.

ARTHUR SCHOPENHAUER

Zum Nachdenken

Führe jede Tat deines Lebens so aus, als ob sie deine letzte sei.

MARC AUREL

Zum Nachdenken

Einem Weisen kommt es zu, sich von den Wechselfällen des Glücks so unabhängig zu machen, dass, obschon er selbstverständlich alle seine Annehmlichkeiten gebraucht, er sich doch nicht im Geringsten unglücklich schätze, wenn diese ihm auch entzogen werden. So genießt er ihrer, teils widerstrebend, teils sie annehmend, doppelten Vergnügens und schmeckt die Süßigkeit dieses Lebens mit größerer Annehmlichkeit – sie, in der wir sonst, wenn wir sie nicht recht zu gebrauchen wüssten, die allerherznagendste und bitterste Unlust erfahren können.

GOTTFRIED WILHELM LEIBNIZ

7.

Gute Grausamkeiten sind die, die einmalig und zur Steigerung des Ertrags geschehen.

Grausamkeit als Führungskonzept ist heute nicht zeitgemäß. Machiavelli aber empfiehlt sie. Wann und wie setzt man Grausamkeiten ein? Welche Risiken muss man dabei berücksichtigen?

Die Prügelstrafe ist heute nicht mehr „in", aber Abmahnungen wirken auch Wunder. Mit welcher Härte muss der Manager vorgehen, um Mitarbeiter in die richtige Richtung zu bewegen? Oder ist dies heute, im Zeitalter des Coachens, gar nicht mehr gefragt?

Nehmen wir wieder Machiavellis Beispiel Cesare Borgia: Cesare Borgias Vater war, als Alexander XI., der amtierende Papst. Cesare Borgia wollte diese Herrschaft für sich und seine Familie sichern. Welche Mittel setzte er ein, um sie zu festigen? Er agierte grausam in seiner ihm eigenen Art. Er rottete die Geschlechter aus, von denen er wusste, dass sie lieber einen anderen Papst gehabt hätten. Er korrumpierte die Edelleute in Rom, wie es schon die alten Römer getan hatten, mit Brot und Spielen. Und er erzeugte durch mancherlei Aufmerksamkeiten eine ihm gewogene Meinung im Kardinalskollegium. So agierte er grausam und schmeichelnd zugleich. Diese Strategie wäre wohl aufgegangen, wäre sein Vater nicht zu früh gestorben. Selbst Cesare Borgia konnte das Schicksal nicht bezwingen.

„Ein verbrecherischer Herrscher behauptet sich nur durch den richtigen Gebrauch der Grausamkeit. Gute Grausamkeiten sind die, die einmalig und möglichst zunutzen des Volkes geschehen. Schlecht sind ständige

Grausamkeiten. Beim Raub eines Staates muss er sich also alle nötigen Schandtaten vorher überlegen und auf einen Schlag ausführen, um sie nicht mehr wiederholen zu müssen. Durch Wohltaten kann er dann versuchen das Volk für sich zu gewinnen."

Zum Nachdenken

Du kannst unbesiegbar sein, wenn du dich nie auf einen Wettstreit einlässt, dessen Sieg nicht in deiner Macht liegt.

EPIKTET

Zum Nachdenken

Es kann der Bessere siegen,
es kann durchaus der Schlechtere sein, der gesiegt hat.

SENECA

Machiavelli führt als weiteren Zeugen seiner Theorien den Sizilianer Agathokles an, der sich zum Fürsten von Syrakus aufgeschwungen hatte.

„Dieser, der eines Töpfers Sohn war, führte von jeher auf allen Stufen seines Geschickes ein ruchloses Leben. Gleichwohl verband er mit seinen Freveln so große Geistes- und Leibeskraft, dass [...]"

... er einfach erfolgreich war. In der Tat, Agathokles, der Fürst von Syrakus, regierte mit aller Macht und Härte. Er mordete und unterdrückte und sicherte damit seine Herrschaft ab. Er griff sogar zum allerletzten Mittel, selbst gemessen an den Kriterien des Mittelalters:

„[So] berief er eines Morgens das Volk und den Senat von Syrakus, gleich als wenn er sich von Sachen der Stadt mit ihnen hätte beraten wollen, und ließ, auf ein bestelltes Zeichen, alle Senatoren und die Reichsten im Volke von seinen Soldaten niedermachen: nach deren Tode er sodann das Regiment der Stadt ohne allen bürgerlichen Streit für sich nahm und behauptete."

Machiavelli kommentiert dies folgendermaßen: *„Man kann das freilich keine besondere Tugend nennen, seine Mitbürger niederzuschla-*

gen, die Freunde zu verraten und ohne Treue, Ehrfurcht und Religion dahinzulegen."

Machiavelli kommentiert solche Beispiele immer mit einem respektvollen Unterton. Seiner Meinung nach agierten solche Fürsten erfolgreich. Dieses „erfolgreich" ist für ihn das Wesentliche. Dem Erfolg ordnet er alle Überlegungen unter.

Aber was versteht Machiavelli unter dieser Art von „erfolgreich"? Erfolgreich ist für ihn die Stabilität des Staates. Gibt ihm die Geschichte Recht? Forderten nicht gerade solche grausamen Despoten zum Widerstand heraus? In dem letztgenannten Beispiel beschleichen sogar Machiavelli Zweifel, ob die Stabilität des Staates durch derartige Übergriffe gesichert werden könne. An dieser Stelle sei auch an den Lehrsatz Machiavellis erinnert, dass Grausamkeiten nur zum Erhalt der Macht, der Stabilität gerechtfertigt ist. Nach der grausamen Festigung der Herrschaft muss der Machthaber den Bürgern Gerechtigkeit, Liebe und Gutes schenken. Es beschleichen Machiavelli Zweifel:

„Wer glaubt, dass bei großen Männern neue Wohltaten altes Unrecht vergessen machen, irrt sich." Und an anderer Stelle: „[...] und das Gute, was du tust, hilft dir nicht; denn es gilt als erzwungen und rechnet es Dir nicht zum Dank an."

Und nicht von der Hand zu weisen ist auch die Überlegung, ob derjenige, der die Grausamkeit der Macht erlernt hat und gewohnt ist, jemals bereit sein wird, sie abzugeben. Machiavelli würde etwas „kleinere" Grausamkeiten vorziehen.

Was kann der Manager von Machiavelli lernen?

Inwieweit kann der Manager solche Überlegungen in einem Unternehmen umsetzen? Kann er überhaupt auf solche Gedanken eingehen? Angenommen, der Vorsitzende der Fahrradfabrik AG würde bis auf einige wenige Getreue alle Manager entlassen, was würde dann geschehen? Im Rahmen der Machtübernahme wäre er dann durchaus erfolgreich. Aber wer soll nun noch arbeiten, wer soll das Ergebnis erwirtschaften? Nicht weiter schlimm: Er wird sich neue Manager einstellen, alles Manager und Mitarbeiter „seiner Gnade", die genau verinnerlicht haben, wer „das Sagen" hat. Viele Manager vertreten durchaus die Meinung, dass ihre Mitarbeiter ihnen weitgehend widerspruchsfrei zu folgen haben. Wer nicht mitzieht, wird entlassen ... Solche Drohgebärden lassen vermuten, dass der machthabende Manager zweifelsfrei die Richtung angeben kann und vermittelt, dass er im Besitz der Wahrheit ist. Weiterhin hat er die Möglichkeit, Entlassungen beliebig vornehmen und umsetzen zu können.

Aber nochmals die Frage: Kann man sich ein solches Vorgehen in heutigen Unternehmen vorstellen? Ja, es findet häufiger statt, als man denkt. Insbesondere in Großkonzernen werden ganze Führungsebenen ausgetauscht. Dies geht meist nicht mit einem Schlag, aber ehe man es sich versieht, haben neue Leute, neue Gefolgsleute „das Sagen". Die geschassten Manager und Mitarbeiter sind an anderen Stellen des Konzerns untergekommen. Kann dann das betroffene Unternehmensgebiet mit neuer Kraft durchstarten?

Aber ist das erfolgreiches Managen? Ist der Know-how-Abfluss nicht eher vernichtend? Es gibt viele Beispiele im Großen und im Kleinen, wie solche Umorientierungen zu großen Turbulenzen führen. Manches kleinere Unternehmen überlebt solche Phasen nicht, während Teile von Großunternehmen längere Zeit subventioniert werden können, bis sie wieder erstarken. Cesare Borgia wäre heute als Unternehmensführer nicht erfolgreich. Viele Leser des Buches „Il Principe" haben Machiavelli für einen Fürsprecher solcher Methoden gehalten und seine Zweifel überlesen. Versucht man Machiavelli zu folgen, so muss man auch hellhörig gegenüber seinen Warnungen sein.

Selbstverständlich gilt für jedes Unternehmen, dass es gut ist, wenn die strategische Richtung feststeht. Natürlich wird diese stärker von einzelnen Managern beeinflusst. Natürlich muss sich jeder Mitarbeiter des Unternehmens daran halten. Und es ist unbestreitbar, dass man Unternehmen nicht demokratisch führen kann. Und es ist selbstverständlich, dass in einem Unternehmen nicht jeder tun darf, was er will. Auf der anderen Seite ist es aber auch gut und wichtig, wenn die Kreativität, die Erfahrung, das Wissen möglichst vieler Mitarbeiter in das Unternehmen einfließen.

Mitarbeiter sind das höchste Gut des Unternehmens. Solche Sätze sind in jeder Unternehmensphilosophie zu lesen. Doch es ist auch festzustellen, dass dieser Gedanke leicht über Bord geworfen wird, wenn es einem Unternehmen schlechter geht. Selbstverständlich gilt auch heute für jedes Unternehmen, dass Chaos und widersprüchliche unternehmerische Ausrichtungen schädlich sind für das Geschäft. In diesem Fall muss man die Grausamkeiten Machiavellis anwenden.

Vielleicht sollte das Schlagwort: „konsequente Führung“ heißen?

Seit einiger Zeit herrscht in vielen Unternehmen die Auffassung, dass nicht geführt, sondern gecoacht wird. Das bedeutet in letzter Konsequenz, dass Verantwortung immer weiter nach „unten“ delegiert wird und in der Hierarchie keine „echte“ Verantwortung übernommen wird.

Man nennt dieses Vorgehen auch Steuerung über Kennzahlen (vorzugsweise Ergebniskennzahlen). Dabei setzt man voraus, dass derjenige, an den man die Verantwortung delegiert, auch die Ressourcen und Rahmenbedingungen beeinflussen kann. Dies ist aber nur in Ansätzen möglich. Diese Art von Unternehmenssteuerung ist in vielen Großbetrieben üblich und manchmal in Ermangelung besserer Steuerungsgrößen auch notwendig. Man muss dabei aber wissen, dass kein Teilbereich eines Unternehmens autark agieren kann kein Manager eines solchen Teilbereiches ist Unternehmer im eigentlichen Sinn. Viele unternehmerische Ressourcen stehen ihm gar nicht zur Verfügung. Aber sein Teilgebiet vergibt auch die Stärke des Konzerns, weil es auf dem Markt als mittelständisches Unternehmen auftritt. So kann ein Manager eines Teilgebietes beispielsweise nicht auf die Kapitalmärkte zugreifen und er verzichtet gleichzeitig auf die Aussteuerung von zentralisierten Ressourcen in Forschung und Entwicklung.

Steuerung über Kennzahlen heißt also, der Verantwortliche hat absolute Bewegungsfreiheit, solange alles funktioniert. In der Praxis funktioniert aber nicht alles! Das Projekt „Maut in Deutschland“ hat man solange laufen lassen, bis es zu spät war. Wer trägt dafür die Verantwortung? Der Projektleiter? Oder wäre es nicht angemessen, wenn auch ein Vorstand die Verantwortung übernehmen würde. Das Projekt „Internetportal Arbeitsvermittlung“ wurde an eine Beratungsfirma vergeben. Diese arbeitete, verbrauchte Millionen. Wer kontrollierte wann und wie? Irgendwann stellt man fest, dass das Budget überzogen wurde, dass das Ziel wohl gar nicht zu erreichen war. Wer trägt die Verantwortung? Und dann plötzlich wird „Maut in Deutschland“ doch eine Erfolgsgeschichte. Warum? Weil Verantwortlichkeiten anders definiert wurden, Aufgabenpakete so geschnitten wurden, dass sie erfolgreich umgesetzt werden konnten. Selbst kleine Arbeitsschritte wurden überwacht und Schritt für Schritt verantwortet. Die faktische Verantwortung wird häufig auf die Ebene von Projektleitern verlagert. Plötzlich ist der Projektverantwortliche der „Unternehmer“ ... Eigentlich ist das eine unsinnige Formulierung. Ein Projektleiter, der kaum ein Risiko übernimmt, kann kein Unternehmer sein. Selbst viele Manager können sich nicht Unternehmer nennen. Sie tragen kaum ein Risiko. Ein Projektleiter mit solchem Anspruch würde lediglich überheblicher werden. Die meisten haben gar keine Vorstellung, was Unternehmertum bedeutet.

Machiavelli hätte einem solchen System nicht zugestimmt. Und in der Tat ist in vielen Unternehmen die weit gefächerte Verantwortung einer der Gründe für die schlechte Ergebnislage, für viele Fehlleistungskosten. Machiavelli würde in etwa sagen: *Gewünscht ist konsequentes Führen. Nur einer gibt die Richtung an. Im Rahmen dieser Richtung delegiert er Aufgaben und Ressourcen, die für die Umsetzung der Aufgaben notwendig sind.*

Übernimmt ein Manager eine Aufgabe, muss er sich der damit verbundenen Verantwortungen klar sein. Auch für einen Manager ist es wichtig, seine Aufgabe zu beschreiben, die Ziele und die Ressourcen gleichermaßen zu definieren. Daraus leiten sich Spielregeln ab. Diese sind allen Mitarbeitern klar zu machen. Sie müssen sich daran halten.

Für alle Manager stellt sich hier die spannende Frage: Wie richtet man die Mitarbeiter aus, wie formt man ein Team, wie findet man zur gleichen strategischen Richtung?

Die Antwort nach Machiavelli ist in der Tat relativ einfach. Der Manager hat grundsätzlich zwei Möglichkeiten: Entweder er motiviert oder er arbeitet mit kleineren und größeren Grausamkeiten.

Motivation bedeutet, dass man die richtigen Mitarbeiter für die entsprechenden Aufgaben findet. Es gibt viele Methoden, die dem

Manager bei dieser Aufgabe helfen: Welches Eignungsprofil hat der Mitarbeiter, welches Anforderungsprofil die Aufgabe? Stimmen sie überein? In Großkonzernen gibt es Personalabteilungen, die solche Methoden beherrschen. Motivation erfolgt über die Arbeitsaufgabe und über Förderung und Forderung der Mitarbeiter gleichermaßen. Die „Grausamkeiten" sind: Regelbruch wird bestraft, konsequent und unnachsichtig.

Machiavelli hat Recht. Wer nicht bereit ist mitzuspielen, wird ermahnt, bestraft und gegebenenfalls entfernt. Solche „Grausamkeiten" fördern sogar die Achtung des „Volkes" und sind nichts anderes als Teil der Führungsverantwortung. Das bedeutet aber, dass sich der Manager mit seinem Mitarbeiter beschäftigen muss und dass es nicht genügt, irgendwelche Kennzahlen abzufragen.

Viele Manager haben bei dieser Aufgabe Nachholbedarf: Viele Manager können Fehler, Regelverstöße und anderes mit ihren Mitarbeitern nur schwer diskutieren. Sie können ihre Anschuldigungen häufig nicht begründen. Ihnen fehlt das notwendige Sachwissen und meistens auch die Zeit, es sich anzueigenen. Viele Manager trauen sich nicht, dem Mitarbeiter „Grausamkeiten" von Angesicht zu Angesicht zu sagen. So begehen sie die Grausamkeiten lieber anonym. Dadurch werden Grausamkeiten nur noch grausamer. Der Mitarbeiter zieht sich zurück, verweigert sich und die „Grausamkeit" verpufft letztendlich ziemlich wirkungslos.

Was können „Grausamkeiten" sein?

Grausamkeiten des Managers sind Kritik, Abmahnung, Abstufung, Versetzung und dergleichen mehr.

Grausamkeiten müssen so angewandt werden, dass selbst derjenige sie akzeptiert, gegen den sie sich richten. Sie dürfen nicht willkürlich erfolgen. Sie können, aber müssen nicht öffentlich durchgeführt werden. Der Verantwortliche darf sich der Grausamkeiten nicht schämen. Grausamkeiten müssen zwischen den beiden Partnern offen kommuniziert werden. Es darf keine Unklarheit zurückbleiben. Jede Grausamkeit muss eindeutig begründet werden. Wenn das so gehandhabt wird, werden sich selbst „Grausamkeiten" als Motivationsfaktoren entpuppen.

Für viele Mitarbeiter ist der Sprung in eine übertarifliche Gehaltsgruppe ein erstrebenswertes Ziel. Dies ist jedoch nicht immer möglich, sei es aus Gründen, die im Arbeitsumfeld zu suchen sind, oder sei es aus Gründen, die der Mitarbeiter selbst verantwortet. Darüber ist mit dem Mitarbeiter offen und deutlich zu sprechen. Tatsachen muss der Manager aussprechen und nicht Versprechungen in den Raum stellen. Je deutlicher, desto dankbarer wird der Mitarbeiter letztendlich sein. Er hat Klarheit für sich, für seine beruflichen Perspektiven und kann sich entsprechend ausrichten.

Machiavelli schreibt genau, in welcher Dosierung man diese Mittel anwenden kann:

„Ich glaube, das hängt vom rechten oder falschen Gebrauch der Grausamkeit ab. Ein rechter Gebrauch, wenn man dies so nennen darf, ist der, wenn das Böse ein einziges Mal zur Sicherheit geschieht, dann aber aufhört und sich so viel wie möglich zum Nutzen der Untertanen verwandelt. Einen Missbrauch nenne ich es, wenn das Böse im Anfang gering ist, mit der Zeit aber eher zunimmt als nachlässt. [...] Darum müssen alle Gewalttaten auf einmal geschehen, da sie weniger empfunden und eher vergessen werden. Die Wohltaten aber müssen nach und nach erwiesen werden, damit sie sich besser einprägen."

Zielgerichtete Gewalttaten können dem Täter eine reiche Ernte bringen. So geschehen in Bamberg zu Anfang des 17. Jahrhunderts.

Beispiel aus der Geschichte: *Es war die Zeit der Hexenprozesse in Bamberg. Zwei hohe Beamte hatten es auf den Posten des Hochstiftkanzlers abgesehen. Das war ein gewisser Georg Haan, der den „Fehler" beging, sich um eine Reform der Hexenprozessordnung zu kümmern. Die beiden ehrwürdigen Beamten machten es sich ganz einfach, sie beschuldigten die Frau des Kanzlers der Hexerei und die Tochter gleich noch dazu. Als der Plan bekannt wurde, reiste der Kanzler sofort nach Speyer, um beim Reichskammergericht einen Schutzbrief für Frau und Tochter zu erwirken. Als er wieder nach Bamberg zurückkam, hatte man Frau und Tochter aber bereits hingerichtet. Nun wurde auch der Kanzler angeklagt, mit der Beschuldigung, er habe im Garten eine Hostie begraben und darauf getanzt. Der Kanzler wurde gefoltert und gestand. Dann wurde auch er gehängt. Den restlichen Mitgliedern seiner Familie widerfuhr das gleiche Schicksal, so waren die „Planstellen" frei für die Nachrücker.*

Was heißt dies für den Manager? Es hat auf der Welt immer wieder Beispiele gegeben, in denen Grausamkeiten erfolgreich waren, in denen Grausamkeiten zu der persönlichen Befriedigung eines Einzelnen beigetragen haben. Es ist auch bekannt, dass in manchen Unternehmen Grausamkeiten oder einfach Ungerechtigkeiten geschehen. Diese Grausamkeiten haben aber nicht das Ergebnis des Unternehmens im Blick, sondern nur und ausschließlich das eigene, egoistische Ergebnis. Ein Manager, der Bilanzfälschungen begeht, mag für sich einen Erfolg erzielen, weil möglicherweise seine Erfolgsbeteiligung höher ausfällt. Kommt diese Bilanzfälschung jedoch ans Tageslicht, stürzt der Börsenwert ab, das Unternehmen verliert unübersehbar an Substanz.

Was ist zu lernen? Steht eine grundlegende Neuorientierung des Unternehmens oder einer Abteilung an, so hat der Manager schnell neue Strukturen zu schaffen, die Mitarbeiter sind zügig in diese neue Struktur einzubinden. Er muss ihnen aber auch unmissverständlich klarmachen: Wer nicht bereit ist, in den neuen Strukturen zu agieren, muss die Konsequenzen tragen! Diese Konsequenzen dürfen dann auch nicht lange auf sich warten lassen. Und hier beginnt eben die konsequente Führung. Sie kann mit kleineren Grausamkeiten einhergehen.

Je länger sich Veränderungsprozesse ohne Entscheidungen hinziehen, desto geringer wird die Erfolgsaussicht der Umsetzung. Auch in diesem Fall gibt es „Grausamkeiten" wie mehr Arbeitsleistung, keine Beförderungen etc., Grausamkeiten, die vor keinem Mitarbeiter halt machen. Je mehr Veränderungsprozesse nacheinander angestoßen werden (müssen), desto größer werden auch die willentlich und nicht willentlich eingesetzten Grausamkeiten. Nur Erfolge verhindern Grausamkeiten. Nur wenn der Fürst, also unser Manager, schnell seine Herrschaft gefestigt hat, kann das Volk in Frieden leben; so hat es Machiavelli erfahren.

Die Geschwindigkeit der Umsetzung einer Veränderung ist abhängig von der Komplexität der Veränderung. Je größer die Veränderung – also zum Beispiel eine Umorganisation –, desto schneller muss das Management agieren, desto größer werden aber auch die Widerstände sein und desto mehr Öffentlichkeit erhalten die „Grausamkeiten". Oberstes Gebot ist es, dass Grausamkeiten wie

Versetzungen, Kündigungen, Lohnverzicht etc. so weit wie möglich im internen Rahmen der Unternehmen bleiben müssen. Kenntnis davon darf nicht in die Öffentlichkeit von Presse, Rundfunk und Fernsehen kommen. Wenn die Öffentlichkeit jedoch Kenntnis erhält, dann müssen die „Grausamkeiten" in ihrer Dimension so sein, dass sie von dieser Öffentlichkeit auch akzeptiert werden. Alle geplanten und durchgeführten „Grausamkeiten" müssen sich bereits an einer potenziellen kritischen Öffentlichkeit orientieren. So könnte eine Einschränkung der Firmenrente in schwierigem wirtschaftlichem Umfeld durchaus akzeptiert werden, wenn die Unternehmensleitung mit gutem Vorbild vorangeht und sich die Unternehmensleitung diesen Veränderungen selbst unterwirft. Ist dies nicht der Fall und profitiert die Unternehmensleitung sogar noch davon – wie im Falle der Commerzbank –, wird das Vorgehen eine Publizität in der Öffentlichkeit erreichen, die dem Image des Unternehmens nachhaltig schadet. („Haben Sie noch ein Konto bei der Commerzbank?")

Umgekehrt sollten „Heldentaten" des Managers sehr wohl bekannt werden. Die alten ägyptischen Könige haben es uns vorgemacht. Die Reliefs von Ramses II. zeigen zum Beispiel den König im heldenhaften Kampf gegen die Feinde. In vielen Fällen waren aber seine Siege gar nicht so glorreich, sondern er entging nur knapp einer Niederlage. Die Geschichtsschreiber aber meißelten die Wahrheit des Königs in die Wände der Tempel. Keine Angst, lieber Manager, es gibt immer viele Wahrheiten und jede Wahrheit ist zudem nur sehr kurzlebig.

Wie gesagt, Manager morden heute nicht mehr, es gibt subtilere Lösungen. Die Art und der Umfang ihrer Maßnahmen können sich aber durchaus, auch heute noch, an machiavellischen Überlegungen orientieren.

Beispiel: *Das beste Beispiel für eine komplette Zerlegung eines Unternehmens ist die Zerschlagung von Hoechst und die Neugründung von Aventis. 1995 begann das Lehrstück, als Jürgen Dormann mit der Zerlegung des Frankfurter Industriekonglomerats startete. Er sprach von einer „selbst gesteuerten Zellteilung". Dabei behauptete er, dass in einer neuen Unternehmensumgebung ein größeres Ergebnis und Börsenwert zu* *erwirtschaften seien. Abgetrennt wurden innerhalb von vier Jahren 35 Arbeitsgebiete und Firmen mit zusammen 32 Milliarden Mark Umsatz und 70.000 Beschäftigten – darunter die gesamte klassische Chemie.*

Bei Hoechst blieben die Sparten Landwirtschaft und Pharma, das Restgeschäft wurde strategisch neu ausgerichtet und mit Rhône-Poulenc zu Aventis fusioniert. In der Tat wuchs der Aventis-Gewinn im Jahr 2001 um 39,5 Prozent. Der Börsenwert stieg um 28 Prozent.

Für die meisten verbliebenen Hoechst-Teile gilt aber die alte Weisheit: Was vorher gut lief, entwickelt sich auch weiterhin gut, was früher Ergebnisprobleme hatte, hat die auch heute noch. Auf der positiven Seite befinden sich die frühere Hoechst-Haarpflegemarke Schwarzkopf im Henkel-Sortiment, der Zusammenschluss der Hoechst-Industriekeramik (Ceramtec) mit der entsprechenden Sparte von Dynamit Nobel und der des Lackherstellers Herberts, der an den US-Konzern DuPont verkauft worden war. Bei den meisten früheren Hoechst-Teilen hingegen reichten Stellenabbau und die Schließung überflüssiger Standorte nicht aus, um auf die angestrebten Renditen zu kommen. Am schlimmsten aber erwischte es Celanese. Nachdem Dormann niemanden gefunden hatte, der ihm seine Basis-Chemie abkaufte, stopfte er alles in eine Gesellschaft und gab die Anteile den Hoechst-Aktionären. Celanese begann mit maroden Fabriken und hohen Schulden. Der Vorstand legte 17 Anlagen still und verringerte die Zahl der Mitarbeiter gut um ein Viertel. Doch er konnte nicht verhindern, dass 2001 ein Verlust von 385 Millionen Euro entstand.

Fragt man nach Abschluss dieser Umstrukturierung, was das alles gebracht hat, so ist die Antwort, dass Dormann durchaus als guter Verkäufer agierte. Es war nur gut für ihn, dass seine Abnehmer die Ware nicht zurückgeben konnten. Ansonsten war es wohl eher ein Nullsummenspiel.

Wichtiger ist vielleicht, dass uns ein Beispiel eines überzeugenden Machtspiels geboten wurde, geradezu ein Lehrstück nach Machiavelli. Die Zerschlagung des Industriekonglomerats hat immerhin vier Jahre gedauert. Aufgrund der Komplexität des Projektes war diese Zeitspanne aber relativ kurz. Worin lag die Motivation für einen Manager, solch ein Vorhaben voranzutreiben? Antwort: Macht und Geld. Punktum.

Es mutet wie eine Ironie des Schicksals an, dass Aventis nun einige Jahre später selbst Gegenstand einer Übernahmeschlacht wird. Tritt nun ein Unternehmenslenker auf, der noch machiavellistischer agiert?

Beispiel großer Umorganisationen aus der Geschichte: *Pharao Echnaton versuchte im Land der 1.000 Götter den Monotheismus einzuführen. Allein dem Sonnengott Aton sollte die göttliche Verehrung zuteil werden. Er schloss daher den großen Tempel des Amun von Karnak und entmachtete die Priester. Das war nicht nur eine religiöse Revolution, sondern auch eine gewaltige wirtschaftliche Neuorientierung, da die Priester der stärkste wirtschaftliche Machtfaktor in Ägypten waren.*

Kein Manager wird in der Lage sein, eine solch umfassende Umorganisation wie Echnaton durchzuführen. Auch die Dormann'schen Aktivitäten sind im Vergleich dazu klein und schal. Aber als Manager sollte man ruhig die großen und gewaltigen Zeugnisse auf sich wirken lassen.

Fazit

Wir erkennen, dass Machiavelli Recht hat. Es gibt auch in unserem heutigen Wirtschaftsleben unübersehbare Grausamkeiten. Die Frage, ob sie notwendig sind, wird letztlich nicht zu klären sein. Wir sollten uns auf die „guten Grausamkeiten" beschränken. Das sind einmalige, kurze Aktionen, die eingesetzt werden, um einen Prozess erfolgreich anzustoßen und schnell abzuschließen. Ein gutes Arbeitsklima stimuliert die Leistung des Unternehmens. Es kann aber nur in einer gesunden Organisationsumwelt entstehen. Daher sind heftige Eingriffe, schnelle Umorganisationen auch mit weitreichenden Personalveränderungen besser als ein lang anhaltender, schmerzlicher und quälender Prozess.

8.

Selbst ein Manager braucht Freunde, wenn die Zeiten schlecht sind. Wie findet ein Manager solche Freunde?

In wirtschaftlich schwierigen Zeiten ist sogar ein Manager auf seine Mitarbeiter angewiesen. Wie versichert er sich deren Loyalität?

Manchmal rentiert sich auch Vertrauen. Daraus kann eine robuste Führungssituation entstehen, also unanfällig gegen Angriffe von außen. Man muss sich nicht selbst verteidigen, sondern die Organisation verteidigt sich selbst.

Machiavelli weist darauf hin. Derjenige *„welcher zum Fürstentum mit Hilfe der Großen gelangt, behauptet sich mit mehr Schwierigkeit darin, als wer es mit Hilfe des Volkes wird."*

Zum Nachdenken

Die besten Ratschläge enthalten etwas, was uns missfällt; sie sind nicht unseres Geistes Kinder, mehr braucht es nicht, sie zunächst einmal aus Eigendünkel und Laune zu verwerfen und sie danach aus Not oder nach reiflicher Überlegung zu befolgen.

La Bruyère

Kommen wir also von den Grausamkeiten zur Freundschaft. Der Sprung ist mehr als gewaltig. Machiavelli erkennt, dass es durchaus

Vorteile hat, wenn der Fürst, also auch der Manager, „Freunde“ hat, wenn der Manager auch ein gutes Verhältnis zu seinen Mitarbeitern hat. Machiavelli redet nicht viel über das, was wir heute Motivation nennen würden. Er zieht die Härte vor. Das entstammt seinem Weltbild.

Statt Freunde benötigt der moderne Manager ein Netzwerk

Freunde? Der Begriff ist etwas übertrieben. Der Manager braucht in seinem beruflichen Umfeld nicht unbedingt Freunde, er braucht ein zuverlässiges Netzwerk. Es gibt viele Manager von Mittelmaß, nur wenige Manager sind wirklich gut. Ein Glück für ein Unternehmen, das über solche Manager verfügt. Die vielen mittelmäßigen Manager sind aber die Stütze des Unternehmens. Sie können ihr Mittelmaß ausgleichen durch ein tragfähiges Netzwerk. Sie werden durch das Netzwerk stärker. Sie wissen, wo sie sich Unterstützung holen können, wo sie rechtzeitig Informationen abfragen können. So wird das Netzwerk zur Stärke für das Unternehmen, so wird das Netzwerk ebenfalls die stärkste Unterstützung für den Einzelnen.

Statt Freunde benötigt der Manager Konsequenz

Neben seinem Netzwerk ist für den Manager die eigene Konsequenz von größter Bedeutung. Man kann das auch seine „Glaubwürdigkeit“ nennen. Diese ist schnell verspielt. Es gibt wenige Manager, die eine solche Glaubwürdigkeit ausstrahlen, sodass Mitarbeiter ihnen mit Begeisterung folgen und eine Aufbruchstimmung entsteht, in der sich alle einsetzen und das gleiche Ziel verfolgen.

Ein Manager, der nur vom Vorstand des Unternehmens eingesetzt wurde, der über keinen Rückhalt bei seinen Mitarbeitern verfügt, wird sich schwer tun, etwas zu bewegen. Warum? Er hat viele Neider und viele Untergebene, die glauben, diese Aufgabe ebenso gut erfüllen zu können oder besser.

Zum Nachdenken

Mancher erzielt durch geschickte Anwendung seiner mittelmäßigen Fähigkeiten eher Achtung und Ansehen als ein anderer durch wahre Leistung.

LA ROCHEFOUCAULD

„[...] weil er als Fürst viele um sich findet, die sich für seines Gleichen halten und die er deshalb nicht nach seiner Weise befehligen noch behandeln kann."

Wer aber die Gunst der Mitarbeiter genießt, wer seine Mitarbeiter hinter sich stehen weiß, der kann gelassener agieren, denn er wird letztendlich auch erfolgreicher sein.

„Wer aber durch Volksgunst zum Fürstentum kommt, steht dort allein und hat keinen, oder doch nur sehr wenige neben sich, die ihm zu gehorchen Anstand nähmen."

Er hat also mit Rückhalt bei seinen Mitarbeitern keine wesentliche Konkurrenz und keine Neider zu befürchten. Er kann sogar gute Leute fördern, wichtige Aufgaben delegieren und damit im wahrsten Sinne des Wortes führen.

Der absolute und unfehlbare Gradmesser für den Manager ist, ob er sich Fehler leisten kann und ob seine Mitarbeiter zu ihm kommen und ihn auf Fehler aufmerksam machen. Manchmal gleichen Mitarbeiter im besten Sinne einer Zusammenarbeit auch Fehler aus.

Beispiel: *Ein gutes Beispiel hierfür war die Diskussion um den Vorstandsvorsitzenden der Telekom. Der Börsenwert des Unternehmens war in der Tat stark gesunken (wobei wir schon öfter die Frage stellten, inwieweit der Börsenkurs von einem Unternehmen zu beeinflussen ist). Gerät ein Manager in die Niederungen von Politik und Wahlkampfgetöse werden Freunde höchst wichtig. Diese Freunde hatte Ron Sommer anscheinend in den Arbeitnehmervertretern im Aufsichtsrat. Sie setzten sich für seinen Verbleib ein. Er trat dennoch ab, weil er seine Person aus den Schlagzeilen bringen wollte.*

Versuchen wir es einmal mit einer neuen Definition des Begriffes „Motivieren“. Motivieren bedeutet „Macht teilen“, manchmal sogar „auf Macht verzichten“. Der Manager hat sich im Hintergrund zu halten. Seine oberste und vornehmste Aufgabe ist es, die Mitarbeiter zu entwickeln, zu fördern und zu stärken. So wird er unverzichtbar.

Dies hatte auch Machiavelli erkannt. Er schreibt sehr treffend:

„Der Fürst aber darf in gefahrvollen Zeiten nicht die absolute Macht an sich reißen, weil die Bürger und Untertanen, die gewohnt sind, den Magistratspersonen zu gehorchen, in der Bedrängnis nicht auf sein Gebot hören und es ihm in unsicheren Zeiten stets schwer ist, zuverlässige Leute zu finden. Solche Fürsten also dürfen sich nicht auf das verlassen, was sie in ruhigen Zeiten sehen, wenn die Bürger den Staat brauchen. Alsdann ist jeder diensteifrig, verspricht jeder, will jeder für ihn in den Tod gehen, solang die Gefahr fern ist. In den unglücklichen Zeiten jedoch, wenn der Staat die Bürger braucht, finden sich wenige bereit [...] Daher muss ein kluger Fürst dafür sorgen, dass seine Bürger unter allen Umständen und in allen Zeitläufen ihn und den Staat nötig haben: Dann werden sie ihm stets treu bleiben.“

Die Aussage Machiavellis macht – auf heute übertragen – mehr als klar, dass Mitarbeiter sich für das Unternehmen nur stark machen werden, wenn ihnen die Attraktivität des Unternehmens ausreichend erscheint. Unternehmen sollten in guten Zeiten, in den fetten Jahren, in ihre Mitarbeiter investieren, um sich in schlechten Zeiten, den mageren Jahren, von den Mitarbeitern verteidigen zu lassen. Voraussetzung ist gegenseitige Achtung. Können wir uns heute leisten, anders zu denken und zu handeln? Selbst Machiavelli dachte an die notwendige Unterstützung durch das Volk.

Auf eine ganz andere Art der Motivation macht uns Casanova aufmerksam.

Casanova war in seinem Metier der Verführung absoluter Meister. Er machte die folgende Entdeckung. Wenn er eine Novizin, deren moralische Prinzipien einer Verführung entgegenstanden, in Anwesenheit einer Freundin umgarnte, hatte er es einfacher. Er behauptete, dass die Schwächen der einen zum Fall der anderen führten: „Wenn eine Freundin sich, um nicht erröten zu müssen, eine ganz unbedeutende Gunst rauben lässt, wird sie die erste sein, die andere zu einer anzuspornen; und wenn der Verführer geschickt ist, hat sich die Unschuldige ahnungslos bereits zu weit vorgewagt, um noch zurückweichen zu können. Außerdem, je unschuldiger eine junge Person ist, umso weniger weiß sie von den Wegen und dem Ziel der Verführung. In ihrer Unkenntnis verfällt sie dem Reiz des Vergnügens; Neugier mischt sich ein und die Gelegenheit tut ein Übriges [...]"

Ich denke, auch ein Manager ist gut beraten, wenn er die Kunst von „Achtung und Verführung" beherrscht. Damit schafft er sich „Freunde" und ein Netzwerk gleichermaßen.

Machiavelli macht noch eine weitere für ihn typische Aussage:

„Gute Maßnahmen machen denjenigen, von dem man im vorhinein Schlechtes erwartet hat, populär."

Diese Einstellung ist menschlich, wenn auch bedauerlich und für den Manager in der Tat nachdenkenswert. Mitarbeiter werden die Anstrengungen eines „milden" Managers weniger honorieren als die eines „strengen" Vorgesetzten. Daher sollte der Vorgesetzte stets einen gewissen Abstand wahren und eine gewisse, wenn auch gerechte Strenge zeigen. Dabei ist es wichtig, dass er berechenbar ist und bleibt. Der Mitarbeiter muss sich darauf verlassen können, dass gute Leistungen belohnt, schlechte Ergebnisse getadelt werden. Für Manager gilt der Grundsatz, dass er durch gerechte, konsequente Behandlung von Mitarbeitern gute bis beste Leistung erreichen kann.

Beispiel aus der Geschichte: *Caesar motivierte seine Soldaten, indem er sich ihnen gegenüber ebenbürtig verhielt. Bei seinen Eil- und Gewaltmärschen, die seine Gegner oft überraschten und für seinen Erfolg ausschlaggebend waren, war er gegenüber seinen Soldaten ebenso unerbittlich, wie gegenüber sich selbst. Er schonte seinen Körper genauso wenig wie den seiner Legionäre, er teilte mit ihnen Nahrung und Schlafplatz.*

Auch Dschingis Khan hatte eine bestimmte Art der Motivation. Er pflegte, einen Jungen aus dem Volk, das er unterworfen oder vernichtet hatte, seiner Frau oder seiner Mutter zu schenken. Diese adoptierten das Kind, das gleichberechtigt mit den leiblichen Söhnen des Khans aufwuchs und zur Familie gezählt wurde. So wuchs im Zelt des Khans immer eine

Gruppe junger talentierter Männer heran, die dem Khan Dank und Loyalität schuldeten – ein großer Rückhalt für ihn. Auch Schigiqutuqu, aus dem Volk der Tataren, das der Khan nahezu ausgerottet hatte, war ein solcher Adoptivsohn. Eben diesen der Schrift kundigen jungen Mann wies Dschingis Khan an, Gesetze, Urteile und Entscheidungen niederzuschreiben, um Diebstähle, Morde und sonstige Vergehen zu regeln. Dieses „Blaubuch" sollte dann verbindlich sein und auch von den Nachkommen des Khans befolgt werden. So kam ein Tatarenjunge ohne Volk zu der Position des obersten Richters der Mongolen.

Der Manager erfährt Hilfe nur durch sein Netzwerk

Wer hilft einem Manager in der Not? Es wird nur sein Netzwerk sein. Manager erhalten über das Netzwerk schnell die notwendigen Informationen, werden dadurch bei Fehlern abgefedert und erhalten auch wieder neue Aufgaben. Innerhalb des Netzwerks können Manager schnell handeln und erfolgreich sein.

Zum Netzwerk gehört natürlich auch der eigene Vorgesetzte. Der Manager kann sich gegen den Vorgesetzten stellen oder mit ihm zusammenarbeiten. Er wird überprüfen müssen, was für ihn und vielleicht auch für das Unternehmen attraktiver ist. Entscheidet er sich für den Vorgesetzten, kann er sich möglicherweise einen Zugang zum Netzwerk seines Vorgesetzten verschaffen.

Beispiel: *So führte auch der Vater Karls des Großen, Pippin der Jüngere, einen wichtigen Krieg gegen die Langobarden. Der Papst fühlte sich von den Langobarden bedroht und rief um Hilfe. Im 8. Jahrhundert war der Papst die einzige moralische Autorität in Europa und für die weltlichen Herrscher war es wichtig, die Unterstützung des Papstes zu erhalten. Nach einigem Zögern bot Pippin dem Papst seine Hilfe an und besiegte die Langobarden in zwei Feldzügen. Daraufhin wurden Pippin und seine beiden Söhne vom Papst zu Schutzherren Roms ernannt und er verpflichtet die Franken, nie einen anderen König als einen aus dem Geschlecht Pippins zu wählen – damit hatten sich die Karolinger als neues Königsgeschlecht eindeutig durchgesetzt. Die Treue, die Hilfe für den Vorgesetzten hat sich für das Geschlecht des Pippin bezahlt gemacht.*

Zum Nachdenken

Keiner ist so vollkommen, dass er nicht zuzeiten fremder Erinnerung bedürfte: von unheilbarem Unverstand ist, wer niemanden anhören will.
Sogar der Überlegenste soll freundschaftlichem Rate Raum geben,
und selbst die königliche Macht
darf nicht die Lenksamkeit ausschließen.
Es gibt Leute, die rettungslos sind,
weil sie sich allem verschließen:
Sie stürzen sich ins Verderben,
weil keiner sich heranwagt, sie zurückzuhalten.
Auch der Vorzüglichste soll der Freundschaft eine Tür offen halten, und sie wird die der Hilfe werden.
Ein Freund muss Freiheit haben, ohne Zurückhaltung zu raten, ja zu tadeln. Diese Autorität muss ihm unsere Zufriedenheit und unsere Meinung von seiner Treue und Verständigkeit erworben haben.
Nicht allen soll man Berücksichtigung oder auch nur Glauben schenken:
Aber im geheimen Inneren seiner Vorsorge habe man einen treuen Spiegel
an einem Vertrauten, dem man Zurechtweisung und Zurückführung von Irrtümern verdanke und solche zu schätzen wisse.

BALTASAR GRACIÁN Y MORALES

Fazit

Auf Freunde sollte sich der Manager nicht verlassen, aber vielleicht auf sein Netzwerk. In dieses Netzwerk muss er jedoch investieren, es ist keine Einbahnstraße. Teile und herrsche, sagten die Römer. Es geht um Vertrauen, Freiheit und Anerkennung. Es geht um wechselseitige Beziehungen. Die Stärke liegt in der Gemeinsamkeit.

9.

Ein Manager, der sich auf seine Mitarbeiter verlassen kann, hat den Sieg schon fast errungen.

Machiavelli spricht vom Volksfürsten. Gibt es auch Mitarbeiter-Manager? Was zeichnet sie aus?

Welches Verhältnis zwischen Manager und Mitarbeiter sollte bestehen? Gibt es Kriterien, nach denen man es ausrichten kann?

Machiavelli spricht folgende Wahrheit gelassen aus:

„Es ist immer so, dass das Volk nicht von den Großen beherrscht und unterdrückt zu werden wünscht und dass die großen Herren über dem Volk seien und es knechten wollen. Aus dem Kampf dieser Richtungen entstehen in einer Stadt Alleinherrschaft, Freiheit oder Zügellosigkeit." Machiavelli, der sonst das Chaos des Volkes fürchtet, fährt fort: *„Außerdem kann man die Großen nicht in Ehren, und ohne den anderen Unrecht zu tun, zufriedenstellen, wohl aber das Volk; denn das Ziel des Volkes ist viel sittlicher als das der Großen: Diese wollen unterdrücken und jenes nicht nur unterdrückt werden."*

Machiavelli behauptet, dass ein Fürst ohne „die Großen", die Edlen, Herzöge und Senatoren durchaus regieren kann, denn er kann ja jeden Tag „Große" neu ernennen. Machiavelli unterteilt die Großen danach, ob sie für oder ob sie gegen den Fürsten sind. Bleibt die Frage, ob dies für alle gleichermaßen zu erkennen ist.

Woran erkennt man die Einstellung der Großen? Die Großen muss man unterschiedlich behandeln: Die, die gegen den Fürsten sind, muss man unter Umständen „benutzen", darüber hinaus aber als Feinde betrachten. Die, die für den Fürsten sind, sollte er fördern.

Ein Fürst der Großen muss sich die Freundschaft des Volkes erschleichen, aber ein Volksfürst muss Freundschaft mit dem Volk halten.

„Ich komme nun zu dem Schluss, dass ein Fürst mit seinem Volk befreundet sein muss; sonst hat er keine Hilfe im Unglück."

Ist das nun ein neuer Machiavelli? Ist dies der gleiche Autor, der noch eben von Grausamkeiten gesprochen hat, die man gegenüber Volk und mitstreitenden Untergebenen erbringen muss, um die Herrschaft abzusichern? Nun fordert eben dieser Machiavelli, dass der Fürst mit dem Volk befreundet sein soll.

Beispiel aus der Geschichte: *Eine Meisterin in diesem Fach war die „Kaiserin" von China. Sie wurde im siebten Jahrhundert zu Zeiten der sagenhaften Tang-Dynastie geboren. Ihre Familie war in die Verbannung geschickt worden, doch sie selbst kehrte zurück in den Königspalast, wurde Frau des Kaisers und übernahm schließlich zunächst im Namen ihres Mannes nach seinem Tod in aller Öffentlichkeit die Regierungsgeschäfte. Sie wurde zur „Kaiserin". Ihren Aufstieg hatte sie ihrem sensiblen Gefühl für Freunde und Feinde, für Unterstützer und Gegner zu verdanken. Sie setzte sie gleichermaßen ein. Als sie noch keine Macht hatte, instrumentalisierte sie unmerklich ihr Netzwerk, als sie die Macht hatte, dominierte sie das Netzwerk. Loyale Beamte halfen ihr und unterstützten sie. Informationen über Revolten erhielt sie frühzeitig und konnte darauf reagieren und ihre Herrschaft absichern.*

Fraternisierung zwischen Vorgesetzten und Mitarbeitern nutzt keiner Seite, aber ein gutes Klima der Zusammenarbeit bringt einen höheren Wirkungsgrad und überragende Effizienz.

Was ist für die Qualität der Zusammenarbeit notwendig?

Welche Elemente bestimmen Zusammenarbeit? Wie kann der Manager diese Elemente einbringen und benutzen? Zusammenarbeit ist natürlich immer eine beiderseitige Übereinkunft, aber der Manager kann die Voraussetzungen dafür schaffen. Folgende Elemente bestimmen die Zusammenarbeit:

- Arbeitsaufgabe
- Entlohnung
- Betroffenheit

Folgen wir dem Gedanken, dass Arbeitsleistung eingekauft werden kann, dann bedeutet dies zunächst einmal ein Geschäft. Der Unternehmer definiert eine bestimmte Arbeitsleistung. Er möchte, dass diese Arbeitsleistung erfüllt wird, und der Mitarbeiter ist bereit, diese Arbeitsleistung gegen ein gewisses Entgelt zu erbringen. Die beiden werden sich einig, schließen einen Arbeitsvertrag ab und die Arbeit kann aufgenommen werden.

Dies ist zunächst einmal ein ganz einfacher wirtschaftlicher Vorgang, der jeden Tag mehr als tausend Mal erfolgt. Dieser Vorgang ist aber noch nicht unbedingt erfolgreich. Dazu bedarf es mehr: Es bedarf einer Art von Betroffenheit. Diese Betroffenheit ist der Auslöser der guten, effizienten, erfolgreichen Zusammenarbeit.

Die Arbeitsaufgabe ist das Kernstück jeder Motivation

Ein Unternehmen besteht letztendlich aus vielen Arbeitsaufgaben, denn alle Teile, Mitarbeiter und Manager des Unternehmens haben jeweils ihre Arbeitsaufgaben. Da viele Menschen den größten Teil ihres Lebens in einem solchen Unternehmen verbringen, kann man durchaus auch behaupten, dass diese Arbeitsaufgabe wesentlicher Teil ihres Lebens ist. Das bedeutet natürlich, dass der Mitarbeiter eine möglichst attraktive Arbeitsaufgabe ausfüllen möchte. Diese Arbeitsaufgabe ist die Basis seiner Motivation. Die Arbeitsaufgaben müssen so gestaltet sein, dass der Mitarbeiter sie erfüllen kann. Anders ausgedrückt: Der Manager muss denjenigen Mitarbeiter finden, der für eine bestimmte Arbeitsaufgabe geeignet ist. Die beste Arbeitsaufgabe für einen Mitarbeiter ist die, für die er weder über- noch unterfordert ist.

Voraussetzung, um überhaupt auf die Mitarbeitersuche gehen zu können, ist, dass man die Arbeitsaufgabe beschreiben kann!

Welche Aufgaben hat zum Beispiel der Pförtner zu erledigen? Er hat morgens das Fabriktor aufzuschließen und abends wieder zuzuschließen. Was macht er in der Zeit dazwischen? Man kann eine solche Tätigkeit sicherlich beschreiben und die einzelnen Tätigkeiten aufzählen. Diese kann man dem Mitarbeiter vorlegen und der mag entscheiden, ob er diese Aufgabe motivierend findet oder nicht.

Viele andere Positionen sind wesentlich schwerer zu beschreiben. Was macht zum Beispiel ein Projektingenieur? Oder was macht ein Software-Entwickler? Nun ist kaum ein Manager gezwungen, alle Aufgaben eines Unternehmens neu zu beschreiben. Es gab bereits Mitarbeiter, die eine solche Arbeitsaufgabe ausgefüllt haben. Diese werden auch schnell eine Arbeitsbeschreibung ihrer subjektiv wahrgenommenen Aufgaben erstellen können. Der Manager kann diese Aufgaben dann in aller Ruhe überprüfen. Er kann letztendlich die Arbeitsaufgaben so definieren, dass sie dem Unternehmenszweck und -ziel bestmöglich entsprechen. Viele Mitarbeiter lassen sich auch dadurch motivieren, dass sie einen eigenen Gestaltungsspielraum in ihrer Arbeitsaufgabe haben. Andere benötigen feste Vorgaben. Es unterliegt dem Geschick des Managers, dies zu erkennen und dies zu gestalten.

In der Arbeitsaufgabe liegt die Wurzel der Motivation des Mitarbeiters. Stellt ein Mitarbeiter fest, dass ihn die vorgestellte Aufgabe nicht motiviert, sollte man die Zusammenarbeit gar nicht beginnen.

„Ohne Moos nix los“

Arbeitsleistung kostet Geld. Der Mitarbeiter erwartet für seine Arbeitsleistung eine Gegenleistung. Dies ist zunächst das Gehalt, das er für seine Arbeitsleistung regelmäßig erhält, Monat für Monat. Nun hat jeder Mitarbeiter natürlich ein eigenes Empfinden, welche Gehaltshöhe er für angemessen und ausreichend hält. Das Unternehmen wiederum hat auch gewisse Kriterien, an denen es die Höhe des Gehaltes ausrichtet. Und dann gibt es selbstverständlich auch noch den Markt, also sowohl andere Unternehmen, die ähnliche Aufgaben anbieten, wie auch andere Mitarbeiter, die sich für diese Aufgabe anbieten.

Personalabteilungen versuchen eine interne Gehaltsstruktur aufzubauen und zu erhalten, sodass zumindest innerhalb eines Unternehmens ähnliche Arbeitsaufgaben auch ähnlich bezahlt werden. Die beiden Vertragspartner haben die Möglichkeit, sich für oder gegen eine Zusammenarbeit zu entscheiden. Es ist wichtig für den Manager, Aufgaben gegen ein Gehalt anzubieten, das den Mitarbeiter gerne zusagen lässt. Das Gehaltsniveau sollte sich am Markt orientieren, weder wesentlich höher noch niedriger ausfallen. Dennoch muss immer ein gewisser Spielraum bestehen. Diesen kann der Manager entsprechend ausnutzen. Aufgabe und Gehalt sind die Fundamente der Motivation und der Zusammenarbeit. Sie sind es jedoch nicht alleine und sie führen auch nicht zu Höchstleistungen.

Betroffenheit führt zu Höchstleistungen

Was ist es, was Menschen zu Höchstleistungen führt? Wir haben es hier „Betroffenheit" genannt. Damit bezeichnen wir die persönliche Überzeugung eines Menschen, ein Ziel erfüllen zu wollen. Es ist sein Antrieb, eine Arbeitsaufgabe bestmöglich zu erledigen. Mit Betroffenheit meinen wir auch den Willen, Überdurchschnittliches zu leisten, und die Energie, mit der Aufgaben angepackt werden.

Wie kommt man zu dieser Betroffenheit? Dies ist die Kunst des Managers! Er nimmt sich Zeit für seine Mitarbeiter, leitet sie an, stellt sich ihren Fragen, ist offen für Vorschläge. Dabei lässt er das Ziel niemals aus den Augen und macht die Mitarbeiter immer wieder auf dieses Ziel aufmerksam. Er überzeugt sie davon, dass sie wichtige Aufgaben im Unternehmen zu erfüllen zu haben. Und er belohnt erfolgreiche Arbeitsschritte durch Lob und Aufmerksamkeit. Er begleitet seine Mitarbeiter. Eine solche Zusammenarbeit ist eng, sie ist gezeichnet von einem gemeinsamen Atem, von einer Art synchronem Arbeitsgefühl. Solche Betroffenheit führt zu Höchstleistungen.

Beispiel: *In der Fahrradfabrik AG gab es einen jungen Gruppenführer, der sich junge Mitarbeiter von der Universität gesucht und eingestellt hatte. Er verbrachte zunächst viel Zeit damit, sie auszubilden. Dann erklärte er ihnen ihre Aufgaben und ließ sie loslaufen. Sie kamen immer wieder zu ihm zurück, sprachen die Ergebnisse durch und korrigierten die Aufgabe leicht. Der Gruppenführer wusste Bescheid, was seine Mitarbeiter machten. Er konnte ihre Arbeitsleistung bestens beurteilen, somit konnte er auch Lob und Tadel angemessen und gerecht einsetzen. Nach kurzer Zeit hatte er eine Spitzenmannschaft aufgebaut. Das war im Unternehmen aufgefallen und schon nach kurzer Zeit musste er manche seiner Mitarbeiter abgeben in neue, anspruchsvollere Funktionen. Das freute und bestätigte ihn zunächst. Aber es gab in dem gesamten Unternehmen niemanden, der ihn, diesen Gruppenführer, ähnlich aufgebaut hätte. So verlor er seinen Elan. Er hatte nicht die Kraft, Jahr für Jahr neue Mitarbeiter mit der gleichen Intensität aufzubauen und so veränderte sich seine Motivation, seine Betroffenheit. Nach fünf Jahren hatte er zwar immer noch eine gute Gruppe, aber es war nicht mehr die absolute Spitzengruppe, die er früher einmal aufgebaut hatte. Dieser Gruppenführer hatte seine Grenzen erkannt. Er verfügte nicht über einen Vorgesetzten, der ihm seinerseits die notwendige Betroffenheit erhalten konnte.*

Fazit

Wenn ein Manager sich auf seine Mitarbeiter verlassen kann, hat er den Sieg schon so gut wie in der Tasche. Es ist die besondere Aufgabe und die besondere Herausforderung an den Manager, Mitarbeiter voller Betroffenheit um sich zu scharen. Diese Mitarbeiter werden sich als die Träger des Geschäfts entpuppen. Sie werden für die exzellente Arbeitsqualität dieser Gruppe stehen. Sie werden Arbeitsqualität als ihre persönliche Arbeitsaufgabe und als ihre persönliche Herausforderung verstehen.

10.

Wie viel Macht hat ein Manager? Hoffentlich kann er wenigstens eine Sekretärin „quälen“!

Macht haben ist kein Dauerzustand. Daher muss sich jeder machtvolle Manager rechtzeitig fragen, wie er seine Macht festigen kann. Die verfügbare Macht ist ein Messwert. Von welchen Einflüssen ist dieser Messwert abhängig?

Wie viel Macht ist gesund? Das wird sich irgendwann jeder Manager fragen. Zuviel Macht kappt die Beziehung zum eigenen Umfeld, der Manager verliert den Kontakt und „schwebt“ davon.

- Machiavelli betonte immer wieder, dass diejenigen Staaten, die aufgrund ihres Menschen- und Geldüberflusses ein zweckmäßiges Heer auszurüsten imstande waren, unabhängig blieben. Andere mussten ihre Stadt so gut wie möglich befestigen. Denn, so seine Erkenntnis, Angreifer lieben Unternehmungen nicht, bei denen sie Schwierigkeiten befürchten müssen, und ein vom Volke anerkannter Fürst, in einer gut befestigten Stadt, stellt eine solche Schwierigkeit dar.
- Außerdem meinte Machiavelli: Wenn das Volk aufsässig wird, da sein Besitz außerhalb der Stadt gebrandschatzt wird, kann ein mutiger Fürst durch geschicktes Handeln jedes Revoltieren vermeiden. Er muss dem Volk Hoffnung machen und gleichzeitig Angst vor der Grausamkeit des Feindes einflößen und sich unauffällig der Rädelsführer bemächtigen. Nach einiger Zeit wird

das Volk glauben, der Verlust ihrer Besitzungen wäre der Preis für ihren Schutz. Somit werden sie dem Fürsten Dankbarkeit zeigen.

Zum Nachdenken

Was kann angesichts einer bestimmten Sachlage
vernünftigerweise getan oder gesagt werden?
Was dies auch immer sein mag,
es steht in deiner Macht, es zu tun oder es zu sagen.
Darum suche nicht nach Ausflüchten,
als ob du daran gehindert würdest.

MARC AUREL

Zum Nachdenken

Es gibt einen Geist der Gemeinschaft,
der alle Menschen verbindet:
Daher hat er die niederen der höheren wegen geschaffen und die höheren zur Zusammenarbeit miteinander bestimmt. So ist überall zu erkennen, dass er die einen unterordnete und die anderen zusammenordnete, und wie er jedem einzelnen Wesen das ihm Zukommende verlieh und die Hervorragendsten unter ihnen zur Eintracht miteinander zusammenführte.

MARC AUREL

Wie viel Macht ist nötig?

Jeder Herrscher und jeder Manager benötigt Macht und er muss auch in der Lage sein, diese Macht einzusetzen. Die Frage ist nur, wie viel Macht er benötigt, um möglichst effizient arbeiten zu können.

Die Antwort ist einfach: Es ist gerade so viel Macht nötigt, dass er bestehen kann. Macht ist notwendig zur Eroberung, aber Macht ist fast noch notwendiger zur Erhaltung. Will ein Manager seine

Position halten, so benötigt er ein gesundes Fundament, vergleichbar einer trutzigen Burg. Machiavelli sieht das so:

„Und zwar: ob ein Fürst Staates genug hat, um sich im Notfall auf sich selber stützen zu können, oder ob immer er fremden Schutzes benötigt.“ Und weiter: *„Ein Fürst also, der seine Stadt gehörig fest, und sich nicht verhasst macht, kann nicht befehdet werden, und wenn ihn einer ja schon befehdete, würde er mit Schmach wieder abziehen müssen.“*

Wie sehen die Verteidigungsanlagen eines Managers aus? Dazu gehören zum einen die eigenen Mitarbeiter, zum anderen das Netzwerk. Die Mitarbeiter sind Verteidigungslinien, solange sie davon überzeugt sind, dass sie vom Verbleib des Managers profitieren können. Nichts geschieht aus Selbstzweck, alles geschieht aus Berechnung. Unter diesem Aspekt muss der Manager seine Mitarbeiter auswählen und führen.

- Mitarbeiterauswahl: Der Manager kann die Kriterien bestimmen, nach denen er seine Mitarbeiter auswählt.

Beispiel: *Die Kaiserin Sissi hatte eine Phase, in der sie sich aufs Wandern konzentrierte. Sie wollte lange Strecken laufen, bei Wind und Wetter, sogar in der Nacht, ohne Rast. Daher suchte sie ihre neuen Hofdamen nur nach einem einzigen Kriterium aus: gesunde Füße.*

- Mitarbeiterführung: Der Manager sollte darauf achten, nicht verhasst zu werden, und er sollte die aktive Unterstützung einiger Schlüsselpersonen genießen. Wie erreicht er das? Ganz einfach: Er legt ein Förderprogramm auf und verpflichtet junge, hungrige Mitarbeiter. Ihnen gibt er interessante Aufgaben, an denen sie ihr Können erproben können. Sie sollen von ihren eigenen Arbeitsergebnissen profitieren. Sie müssen immer wissen, dass sie gefördert werden. Und sie müssen sehr genau wissen, wem sie die Wohltaten verdanken!

Als nächstes ist das Netzwerk ein Machtfaktor des Managers. Der Manager muss hören, fühlen und erkennen, was geschieht. Er muss

Verbindungen haben, aus denen er drohendes Ungemach früh genug erfährt, um sich verteidigen zu können.

Wie baut er ein solches Netzwerk auf? Ein Netzwerk kann er nur mit Kollegen aufbauen, mit denen er nicht in einer Konkurrenzsituation steht. Es muss klar sein: Keiner wird sich um die Position des anderen bemühen. Ein Netzwerk besteht meisten aus „Gleichrangigen" und Menschen mit einer gemeinsamen Geschichte. Ein Netzwerk könnten in einem Konzern alle Brasilienheimkehrer haben, ein Netzwerk könnten alle Lehrlinge eines bestimmten Zeitraums bilden. Meistens ist eine bestimmte Gemeinsamkeit der Anstoß für ein Netzwerk; wie es sich endgültig ausprägt, kann auf Zufälligkeiten beruhen. Gut für die Schaffung eines Netzwerks ist auch ein gemeinsamer Feind, zum Beispiel „die Zentrale". Daraus entstehen Interessengemeinschaften. Jeder Manager muss sein Netzwerk knüpfen. Keiner darf denken, er komme ohne Netzwerk aus. Die Folgen wären für ihn fatal!

Deshalb prägen wir uns noch den folgenden Satz Machiavellis als Merksatz ein:

„Und es ist die Natur der Menschen, dass sie sich eben so durch die Wohltat, die sie erzeigen, als durch die, so sie empfangen, einander verpflichtet halten."

Kann der Manager auch zu viel Macht haben?

Diese Frage muss ich eindeutig mit Ja beantworten. Zu viel Macht kann den Manager zugrunde richten.

Beispiel aus der Geschichte: *Alexander der Große hatte von Dareios das Angebot erhalten, die eroberten persischen Gebiete zu behalten, dafür aber nicht weiter nach Osten vorzudringen. Alexander aber lehnte ab. Im Rückblick auf den geschichtlichen Verlauf könnte man behaupten, dass gerade die Eroberung von Persien bis Indien das griechische Kernland und damit auch Makedonien dem Niedergang auslieferte. Keiner von Alexanders Nachfolgern war in der Lage, das gewaltige Reich zu bewahren. Es fiel in den blutigen Diadochenkriegen auseinander und war nicht mehr regierbar: Die völlige Vernichtung der persischen Konkurrenten wirkte sich* *nun negativ auf die griechischen Städte und Staaten aus. Waren sie einst eine Wiege der Kultur, der Erfindung und Innovation und auch der militärischen Disziplin, verwahrlosten sie in der Folgezeit gewissermaßen. Die griechische Macht zerfiel, bis schließlich die Römer das Vakuum füllten. Vielleicht hätte Alexander besser daran getan, die von ihm eroberten Länder mit dem Schutz eines Friedensvertrages zu sichern. Dann hätte er allerdings auf den einen Teil der Macht und die göttliche Verehrung, die ihm zuteil wurde, verzichten müssen.*

Interessant ist die Frage, was Philipp, Alexanders Vater, getan hätte. Denn dieser hatte großes Geschick in der Politik bewiesen. Vielleicht hätte er es besser verstanden, das Eroberte durch Konzentration auf das Wesentliche zu erhalten.

Auch im Falle Napoleons kann man sich fragen, ob er irgendwann einfach „zu viel" Macht erlangte. Vielleicht war das der Zeitpunkt, als er sich am 2.12.1804 selbst zum Kaiser krönte. Napoleons Anspruch auf Hegemonie in Europa führte zu immer neuen Kriegen und schließlich zum Russlandfeldzug. Dieser markiert ja bekanntlich den Wendepunkt der Napoleonischen Herrschaft.

Wo befindet sich also das Ende der Macht? Zu welchem Zeitpunkt sollte man seine Macht auch freiwillig begrenzen? Eigentlich sollte der Manager selbst ein Gefühl für den Grad seiner Machtfülle und für die Machtausübung haben.

Manche, die bei ihrer Machtausübung über kein Korrektiv verfügen, verhalten sich in etwa so und würden Kollegen folgende Empfehlung für den Umgang mit Mitarbeitern geben:

Zumindest eine Sekretärin sollte der Manager haben, die er nach Lust und Laune quälen kann. So kann er Macht fühlen und erleben: Kommandieren Sie die Dame herum, hetzen Sie sie von einer Tätigkeit zur anderen. Geben Sie Acht, dass sie Ihnen immer zur Verfügung steht. Wehe, sie hat sich in der Mittagszeit nicht abgemeldet. Fehler macht grundsätzlich die Sekretärin, niemals Sie selbst. Wenn Sie einen solchen Tag hinter sich haben, können Sie sehr zufrieden sein. Sie haben etwas geschafft, Sie haben Macht ausgeübt, Sie haben die Sekretärin gequält.

Viele Manager vergessen sich und ihre Macht im Umgang mit ihrer Sekretärin tatsächlich. Sie duldet und schweigt. Vielleicht wäre eine

Sekretärin angebracht, die dem Manager die Grenzen seiner Macht aufzeigt. Solche Sekretärinnen sind manchem Manager zu wünschen – vielleicht als Erziehungskur.

> ***Zum Nachdenken***
>
> *Begeisterung ist immer ruhig, immer langsam*
> *und bleibt innig.*
> *Der plötzliche Ausbruch ist nicht Begeisterung und auch nicht*
> *aus ihr hervorgegangen,*
> *er kommt aus einem heftigen Zustand.*
> *Man soll auch die Begeisterung nicht mit dem Schwung*
> *verwechseln,*
> *der aufregt, während jene bewegt.*
>
> JOSEPH JOUBERT

Man kann Mitarbeiter auch „quälen“. Es gibt hierzu einige Methoden, die viele Manager – gar nicht einmal bewusst – anwenden. Hier eine kleine Liste der beliebtesten Unarten:

Eine Methode ist, ausgewählte Mitarbeiter zu bestimmten Besprechungen einzuladen und andere nicht. Je inkonsequenter man bei der Auswahl ist, umso besser. Jeder Mitarbeiter wird darüber nachdenken, warum er eingeladen wurde oder warum nicht. Keiner darf glauben, er wäre etwas Besonderes.

Man kann auch mehreren Mitarbeitern die gleiche Aufgabe erteilen, ohne ihnen dies mitzuteilen. So bekommen Sie ein gutes Gefühl über die Arbeitsqualität Ihrer Mitarbeiter. Erfahren die Mitarbeiter, dass sie am gleichen Thema arbeiten, ist dies auch nicht verkehrt. Das fördert nur den Wettbewerbsgedanken!

Macht kann auch darin bestehen, dass Mitarbeiter Sie nicht einschätzen können. Reden Sie mit Ihren Hilfs-Managern über die anderen Hilfs-Manager. Sagen Sie manchmal Freundlichkeiten, meistens aber Nachteiliges. Erwecken Sie den Eindruck, dass Sie hinter ihrem Rücken über sie sprechen. Die Mitarbeiter werden bald die notwendige Demut an den Tag legen!

Sehr fies ist auch, öffentliches Lob für den einen mit öffentlichem Tadel für den anderen zu verbinden. Sie loben die Arbeit von Herrn Huber und Sie erwähnen beiläufig, dass es dem Unternehmen viel besser gehen würde, wenn Herr Müller genauso gut arbeiten würde. Hier gilt auch: Seien Sie so unberechenbar wie möglich. Sie können einen gelobten Mitarbeiter zwei Tage später auch ohne alle Probleme in der Luft zerreißen. Dazu ist der Mitarbeiter da. Es ist Ihr Mitarbeiter und Sie haben die Macht über ihn!

Fazit

Macht ist für den Manager von größter Wichtigkeit. Er benötigt Macht, um seine Position zu erreichen und um diese Position zu erhalten. Es kann allerdings auch geschehen, dass er zu viel Macht in seinen Händen hält. Das wird ihm zuerst nicht auffallen, denn Macht korrumpiert, Macht lässt erblinden. Er sollte aber seine Macht nutzen, um seine Mitarbeiter zu stärken, um sich zum Mitarbeiter-Manager zu entwickeln. Nicht alle Manager beherzigen diese Erkenntnis.

11.

Kirchen und Gewerkschaften sind die schlimmsten Unternehmer. Das spüren auch die Mitarbeiter.

In Machiavellis Zeit hielten sich Kirchenstaaten aufgrund von Tradition und Gottesfurcht für ewig und unantastbar. Das trifft heute immer noch zu.

Es gibt die verschiedensten Formen von Unternehmen. Manche handeln wirtschaftlich professionell. Andere handeln missionarisch und lassen Professionalität vermissen.

„Nur sie [die Kirchenfürsten] sind Alleinherrscher im Staat und verteidigen ihn nicht; sie haben Untertanen und regieren sie nicht; und obwohl ihre Staaten ungeschützt sind, werden sie ihnen nicht genommen; und obwohl ihre Untertanen nicht regiert werden, kümmern sich diese nicht darum und denken nicht daran, sich ihnen zu entziehen; [...] denn da diese Fürstentümer von Gott errichtet und erhalten werden, würde es ein Zeichen von Anmaßung und Vermessenheit sein, darüber zu räsonieren."

Diese Aussage Machiavellis wirkt ein wenig spröde und sachlich. Zwischen den Zeilen wird aber seine Meinung sehr deutlich. Er hat sie zwar unauffällig verpackt, dennoch schimmert sein Zynismus durch. Von den sogenannten Kirchenstaaten hält er wenig. Sie sind nicht legitimiert wie die Fürsten- und Königtümer. Sie beruhen auf einer Mischung von religiösen und weltlichen Ansprüchen und werden keinem davon gerecht. Das Ergebnis ist Misswirtschaft. Machiavelli stellt aber auch fest, dass das Volk gar keinen Willen aufbringt, sich daraus zu befreien. Er kritisiert die Dummheit des Volkes, das aufgrund von Glauben und Tradition die Kirche weiter verehrt und die Patriarchen im Amt lässt. Zugegebenermaßen hatte Machiavelli in seiner Zeit keine besonders guten Erfahrungen mit Kirchenstaaten. Sie waren in der Tat schlecht geführt, es blühte die Misswirtschaft und sie lösten zudem nicht einmal ihren religiösen Anspruch ein.

Kirchen, Gewerkschaften, Vereine benötigen ganz gewiefte Manager

Wie sieht das heute aus? Verfügen Kirchenunternehmen und Gewerkschaftsunternehmen über ausreichend Professionalität. Es ist für Manager zweifelsohne schwierig, sich in diesem Umfeld zu bewegen, da sie neben wirtschaftlichen Aspekten noch viel mehr politische und moralische Aspekte berücksichtigen müssen.

Wie geht ein Christen-Manager mit seinen Mitarbeitern um, wenn er barmherzig sein muss? Wie geht ein Gewerkschafts-Manager mit seinen Mitarbeitern um, wenn die Macht den Arbeitern gehören soll? Agieren Manager von Kirchenunternehmen, wie Manager es tun sollten und wie Machiavelli es empfiehlt, werden sie schnell unchristlicher Motive verdächtigt. Handelt ein Manager eines Gewerkschaftsunternehmens; wie ein Manager sollte, befindet er sich schnell im Widerspruch zu den gewerkschaftlichen Thesen, die in der Öffentlichkeit vertreten werden. Und wie hat sich ein Manager eines Vereins zu verhalten? Welche Gesetze gelten für ihn?

Die wichtigste Herausforderung, der sich die Leitungen dieser Institutionen stellen müssen, ist die Konsistenz der Verlautbarungen nach außen und der Handlungen nach innen. Eigentlich ist diese Aussage recht einleuchtend: Predigt der Bischof Nächstenliebe, so muss diese Nächstenliebe auch für die Mitarbeiter der Kirche gelten. Wettert ein Gewerkschaftsfunktionär gegen Entlassungen, darf eine Gewerkschaft eigentlich nicht selbst Entlassungen vornehmen!

Kommt eine Gewerkschaft nach ihrem Verständnis als Unternehmen „Die Gewerkschaft" jedoch zu der Einsicht, Entlassungen vornehmen zu müssen, so müssen die Funktionäre auch in der öffentlichen Debatte die Möglichkeit von Entlassungen einräumen.

Kirchen und Gewerkschaften müssen Regeln aufstellen, die unternehmerisches Handeln zulassen und gleichzeitig auch moralische Werte beinhalten, die nach außen vertretbar sind.

Machiavelli hatte es recht einfach, denn die Kirchenfürsten seiner Zeit legten wenig Wert auf Moral. Sie waren einfach Machtpolitiker und setzten die Institution Kirche als eigenes Machtmittel für ihre persönlichen Ziele ein. In solch schönen Zeiten leben heute weder Kirchen- noch Gewerkschaftsfürsten!

Und wie steht es um die Manager von Vereinen? Die Manager von großen Fußballvereinen jonglieren mit Millionen. Sie sind abhängig von der Gunst des Publikums. Daher ist es ihre vornehme Aufgabe, das Publikum zu erfreuen und sich manchmal auch dem Druck des Publikums zu beugen. Auch in solchen „Unternehmen" ist es notwendig, geeignete Regeln aufzustellen, die man intern und extern gleichermaßen erfüllen und vertreten kann.

Beispiel: *Ein Bilderbuchbeispiel bietet die Gewerkschaft ver.di. Eigentlich ist sie der Hüter der Mitarbeiterrechte, des Arbeitsschutzes und der Mitbestimmung. Doch ihre Aktionen in der Öffentlichkeit stimmen nicht mit den intern vorgenommenen Maßnahmen überein. Das sind die Folgen, wenn die Gewerkschaft ein Unternehmen wird!*

Beim Berliner Gründungskongress im März 2001 schlossen sich ÖTV (Öffentliche Dienste, Transport und Verkehr), HBV (Handel, Banken und Versicherungen), IG Medien, DPG (Deutsche Postgewerkschaft) und DAG (Deutsche Angestellten-Gewerkschaft) zur Vereinigten Dienstleistungsgewerkschaft Verdi zusammen. Durch den Zusammenschluss der bisherigen Einzelgewerkschaften sollten Synergien erzeugt werden. Die Gewerkschaft wollte schlanker und effizienter werden und mit höherer Schlagkraft auftreten. Aber wie bei vielen Unternehmenszusammenschlüssen lief auch die Gewerkschaftsfusion nicht besonders erfolgreich. Das Gegenteil war der Fall: Über 250.000 Mitglieder verließen die Gewerkschaft. Da Mitglieder gleich Beitragszahler sind, sanken die Einnahmen schnell und kontinuierlich. Auf der anderen Seite stiegen die Kosten überproportional. Schuld waren neben den Strukturen auch die obersten Verdi-Manager. Nach einer Information des manager magazins genehmigte sich zunächst der Vorstand eine kräftige Gehaltserhöhung von bis zu 60 Prozent. Begründet wurde die Einkommenserhöhung mit dem

Argument, sie sei notwendig, um mit den Arbeitsgebern auf gleicher Augenhöhe verhandeln zu können.

Aber auch die neue Unternehmensstruktur hat viele Schwächen und Konstruktionsfehler. So gilt ver.di heute als eines der am schlechtesten gemanagten Unternehmen in Deutschland. Die Gewerkschaft verschrieb sich einen Umzug nach Berlin. Viele Mitarbeiter wollten dem jedoch nicht folgen und wechselten in die einzelnen Landesverbände. In Berlin musste man dagegen neue Mitarbeiter einstellen. So wurden die Landesverbände aufgebläht. Das bedeute: In Summe mehr Mitglieder führten zu höheren Kosten. In Berlin wurden teure Immobilien angemietet, in anderen Bundesländern stehen nicht mehr benötigte Immobilien zum Verkauf. Allerdings gibt es keine Käufer. So schwindet das Vermögen der Gewerkschaft. In solchen Fällen regiert die Unternehmensleitung wie auch in anderen Unternehmen mit Teilzeitregelungen, Pensionierungen und Auflösungsverträgen. Nun soll von allen Mitarbeitern ein Zwangsdarlehen eingefordert werden, fünf Prozent des Gehaltes!

Wie auch in anderen Unternehmen müssen die Mitarbeiter für die vielen Managementfehler büßen. Das Problem einer Gewerkschaft ist aber nur, dass sie solche Methoden bei anderen Unternehmen bekämpft. Sie selbst will aber sogar den gesetzlich geregelten Sozialplan für ihre Mitarbeiter aushebeln.

Benötigen Kirchen Berater?

Kirchen haben nicht so viel Geld, also können sie sich kaum Berater leisten. Hätten Kirchen Geld, könnten sie sich keine Berater leisten, weil sie dies wohl schlecht den Gläubigen, den Armen und Schwachen, also ihrer Klientel vermitteln könnten. So müssen Berater eben kostenlos für die Kirche arbeiten. Sie erhalten Gottes Lohn und einiges an Publicity.

Machiavelli lehnte Berater (zumindest bezahlte Söldner) ab. Das heißt aber nicht, dass man auf ihr Wissen verzichten sollte. Kirchen, um nur ein Beispiel zu nennen, benötigen keine Berater, aber sehr wohl Wissen von außen. Immer wenn ein Unternehmen nur im eigenen Saft gart, verliert es den realistischen Blick auf die Umwelt. Dieses dürfte heute das größte Problem von Kirchen und Gewerkschaften gleichermaßen sein. Kirchen werden von Pfarrern gemanagt und Gewerkschaften von Gewerkschaftlern. Manchmal täte in beiden Fällen Wissen von außen gut.

Zu Machiavellis Zeiten waren die Päpste mehr weltliche Herrscher als kirchliche, die das Intrigenspiel der Macht sehr gut beherrschten. So hat Machiavelli festgestellt, dass diese kirchlichen Herrscher sich in nichts von anderen Herrschern unterscheiden. Dem können wir uns anschließen und feststellen, dass die heutigen Manager von Kirchen und Gewerkschaften nichts von anderen Managern unterscheidet – es sei denn ihr Tunnelblick.

Fazit

Gewerkschaftliche und kirchliche Unternehmen haben es schwerer als normale Unternehmen, weil sie selbstverständlich von der Öffentlichkeit an den eigenen Kriterien gemessen werden. Ihre Manager müssen noch vorsichtiger agieren, ihre Maßnahmen müssen noch sorgfältiger überprüft werden. Die Erkenntnis, dass aber auch Gewerkschaften und kirchliche Unternehmen im Endeffekt auch nur normale Unternehmen sind, sollten die unternehmerisch Verantwortlichen von Anfang an in ihr Handeln aufnehmen.

12.

Der traditionelle Ansatz: Mitarbeiterführung durch Vorgabe und Kontrolle. Wie man seine Mitarbeiter in Spannung hält.

Grundlage jeder Macht sind Richtlinien und Revisionsabteilungen. Wie setzt der Manager die beiden Instrumente zielgerichtet ein? Externe Berater haben allerdings einen zweifelhaften Ruf.

Kontrolle ist heute ein Wort, das man nicht gerne hört. Man verwendet lieber den angelsächsischen Begriff „Controlling“. Das klingt harmloser, ist aber auch etwas anderes. Warum aber eigentlich? Kontrolle ist legitim. Man muss nur wissen, was man kontrollieren soll. Daher ist zuerst die Basis zu schaffen, dann die Kontrolle auszuüben.

Machiavelli war der Ansicht, dass ein Fürst gute Grundlagen haben müsse. Das Fundament alter wie neuer Staaten seien gute Gesetze und fähige Truppen. Söldnertruppen erschienen Machiavelli gefährlich, da sie sich auch gegen den Auftraggeber wenden könnten, *[...] denn sie sind uneinig, ehrgeizig, disziplinlos und untreu, überheblich den Freunden und feig dem Feind gegenüber; sie sind ohne Furcht vor Gott und ohne Treue gegen die Menschen.“*

Söldner sind käuflich. Sie kämpfen nur, weil sie Geld verdienen wollen. Der Grund ist ihnen gleichgültig.

„Rom und Sparta sind viele Jahrhunderte durch ihre [Volks]heere freigeblieben.“

Zum Nachdenken

Es werden mehr Menschen durch Übung tüchtig als durch ihre ursprüngliche Anlage.

DEMOKRIT

Was mich nicht umbringt, macht mich stärker.

FRIEDRICH NIETZSCHE

Es kann kein Fehler sein, dass Menschen ihre Stärke fühlen.

VAUVENARGUES

Der Mensch hat aber von Natur einen so großen Hang zur Freiheit,
dass wenn er erst eine Zeitlang an sie gewöhnt ist, er ihr alles aufopfert.
Eben daher muss denn die Disziplin auch, wie gesagt, sehr früh in Anwendung gebracht werden, denn wenn das nicht geschieht, so ist es schwer, den Menschen nachher zu ändern.
Er folgt dann jeder Laune.

IMMANUEL KANT

In der Tat, wer jedem das seine gibt, weil er den Galgen fürchtet, der handelt gezwungen
durch den Befehl eines andern und die Furcht vor einem angedrohten Übel, und kann nicht gerecht genannt werden.
Wer dagegen jedem das seine gibt, weil er den wahren Grund der Gesetze und ihre Notwendigkeit begreift, der handelt nach festem Entschlusse und aus eigenem, nicht fremden Antrieb und verdient daher gerecht genannt zu werden.

SPINOZA

Ehrgeizige Söldnerführer, so führt Machiavelli aus, trachten danach, Kriege zu verlängern, weil sie dann mehr Geld verdienen können. In manchen Fällen sind sie sogar bestrebt, die Herrschaft an sich zu reißen. Machiavelli verweist auf den Kampf um Venedig: Hier verlor man durch Söldnerheere an einem Tag, wofür man achthundert Jahre gekämpft hatte.

Machiavelli diktierte uns einen fundamentalen Satz in die Feder:

„Ein Fürst muss gute Grundlagen haben. Fundament alter, wie neuer Staaten sind gute Gesetze und fähige Truppen. Das eine setzt das andere voraus."

Der Manager kann Entsprechendes sagen: „Ein Manager muss gute Grundlagen haben. Fundament alter wie neuer Abteilungen und Unternehmen sind gute Richtlinien und engagierte Mitarbeiter."

Regeln und Mitarbeiter

So sollte die Reihenfolge sein: Der Manager muss zunächst ein Regelwerk schaffen. Ohne Regeln geht es nicht. Die modernsten, kreativsten Unternehmen benötigen Strukturen. So manche Neugründung eines Unternehmens hat kreative Ideen, aber keine tragfähigen Strukturen. Solche Neugründungen überleben nicht lange. So wird ein professionell agierender Manager als Erstes die Strukturen festlegen, ein Regelwerk erarbeiten und in Kraft setzen. Wichtig ist allerdings, dass das Regelwerk nicht so eng angelegt ist, dass es die Kreativität und das Engagement der Mitarbeiter einengt.

Große Unternehmen geben Millionen für Prozessgestaltung aus. Diese Beträge sind nicht immer gut angelegt, weil man mit diesen Beträgen Beratungsunternehmen beauftragt. Von ihnen lässt man sich die Prozessabläufe und die Regeln erstellen.

Diesem Vorgehen liegt ein entscheidender Irrtum zugrunde.

Die eigenen Mitarbeiter müssen die Prozesse definieren und die Regeln bestimmen. Sie kennen ihr Geschäft besser als die Berater. Sie sind die Insider. Der Manager muss diese Arbeit der Mitarbeiter begleiten. Er darf sich nicht zu schade sein, die Prozesse zu durchdenken. Beratungsunternehmen werden in den meisten Fällen eingeschaltet, weil die Auftraggeber, die Top-Manager selbst unsicher sind, wie die Prozesse richtig zu gestalten sind. Sie trauen sich und den eigenen Mitarbeitern nicht und rufen aus diesem Grund die modernen Söldner um Hilfe. Nicht nur die Bundesagentur für Arbeit hat Großaufträge an Beratungsunternehmen gegeben, auch große und kleine Unternehmen machen dies. Berater beruhigen das Gewissen mancher Top-Manager.

Gute Prozesse sind gute Gesetze. Die Wirksamkeit der Prozesse ist abhängig von der Akzeptanz bei den Mitarbeitern. Man kann viele Prozesse beschreiben und verabschieden. Wenn sie nicht die Erfordernisse der Praxis abdecken, werden sie Makulatur bleiben. Die Söldner haben dann gut verdient und werden zum nächsten Unternehmen weiterziehen.

Nur wenn sich jeder einzelne Mitarbeiter in den Prozessen wiederfindet, wird er auch entsprechend arbeiten. Nur wenn die Mitarbeiter auch beteiligt sind, werden sie ihre Verbesserungsvorschläge einbringen, die zu einer Prozessbeschleunigung führen. Mitarbeiter werden die Prozesse dann leben, wenn sie sie verstanden und als „richtig" empfunden haben. Barrieren befinden sich immer dort, wo Prozesse nicht ausreichend geklärt sind, wo sich Fehler eingeschlichen haben, wo sie widersprüchlich sind.

Beispiel: *In der Fahrradfabrik AG wurden die Prozesse neu definiert und beschrieben. Zufälligerweise fand eine solche Aktion fast zeitgleich in Deutschland und in den USA statt. In den USA beauftragte man einen Berater, die Prozesse zu modellieren. Er befand sich zwei Monate im Unternehmen, untersuchte die Prozesse und modellierte sie neu. Dann wurden sie der Unternehmensleitung vorgestellt. Die war erfreut über das Ergebnis. Mit einem Rundschreiben wurden die Prozesse veröffentlicht und jeder Mitarbeiter gebeten, sich entsprechend zu verhalten.*

In Deutschland stellte man aus eigenen Mitarbeitern ein Prozessteam zusammen. Dieses veranstaltete Workshops mit vielen Mitarbeitern, nahm die Anregungen von vielen Mitarbeitern auf und modellierte gemeinsam mit interessierten Mitarbeitern die Prozesse. Anschließend wurden sie in jeder Abteilung durchgesprochen und noch leicht verändert, wenn es Probleme gab. In jeder Abteilung wurde ein Mitarbeiter eingesetzt, der die Einhaltung der Prozesse zu überwachen hatte und dem

Prozessteam neue Vorschläge und Verbesserungen aus der praktischen Handhabung mitteilen sollte. Diese Arbeit dauerte zwar fast ein halbes Jahr, aber nach Einführung arbeiteten fast alle Mitarbeiter nach diesen neuen Prozessen. Die Organisation wurde dadurch schlagkräftiger.

In den USA konnte sich schon nach zwei Wochen niemand mehr an die Arbeitsanweisung erinnern. Also arbeitete man weiterhin so, wie man es gewohnt war.

Die Meinung Machiavellis hierzu ist eindeutig:

„Die Hauptgrundlagen, die alle Staaten, neue wie alte oder gemischte, haben können, sind gute Gesetze und gute Waffen. Und weil, wo nicht gute Waffen sind, auch nicht gute Gesetze sein können, und wo gute Waffen sind, die Gesetze notwendig gut sein müssen."

Gute Prozesse fördern die Qualität der Mitarbeiter, weil sie schneller und fehlerfreier arbeiten. Gute Mitarbeiter schaffen umgekehrt gute Prozesse. Machiavelli hatte Recht!

Prozesse muss man also selbst mit den eigenen Mitarbeitern erstellen. Und auch der Manager darf sich nicht zu fein sein, die Prozesse zu verstehen, zu verinnerlichen und zu akzeptieren. Das Verstehen der Prozesse kann er nicht delegieren und die Prozessgestaltung darf er nicht externen Beratungsfirmen überlassen. Ich zitiere Machiavelli:

„Die Hilfswaffen [das sind für uns die externen Beratungsfirmen] sind unnütz und gefährlich, und wer seinen Staat auf gemietete Waffen gründet, wird niemals sicher noch fest stehen; [...] und man kommt so lange nicht zu Schaden mit ihnen, als es zu keinem Treffen kommt."

Beratungsfirmen sind die Söldner des modernen Wirtschaftslebens. Ihr Vorgehen ist immer das Gleiche: Ein Manager bekommt die Verantwortung für einen Bereich. Der Manager ist nur kurze Zeit im Amt und selbstverständlich kennt er seinen Verantwortungsbereich nur rudimentär. Aber er hat nicht so viel Zeit, vielleicht auch keine Lust, seinen Bereich im Detail kennenzulernen. So beauftragt er ein Beratungsunternehmen, seinen Bereich zu analysieren und Maßnahmen für eine Ergebnisverbesserung zu erarbeiten. Dies nennt man „Screening". Der Berater nimmt sich die Zeit – immerhin wird er dafür ja auch fürstlich entlohnt –, den Bereich zu erforschen. Er unterhält sich mit vielen Mitarbeitern, nimmt Meinungen und Verbesserungsvorschläge auf, bringt alles in eine professionelle Form und stellt das Ergebnis dem Auftraggeber vor. Alle Maßnahmen sind konkret beschrieben. Vor allem wird eine Kostensenkung von dreißig Prozent versprochen. Umsetzen müssten die Maßnahmen selbstverständlich die Mitarbeiter, so der Berater. Wenn dann die Ergebnisverbesserung unter dem Strich letztlich doch nicht herauskommt – dann lag das am Markt und am Wetter!

Über den Sinn und Unsinn von Beratern streitet man sich selbst unter Managern leidenschaftlich. Beim Autohersteller BMW, dessen Chef der ehemalige McKinsey-Mann Helmut Panke ist, gehen Berater ein und aus. BMW gilt (trotzdem) als einer der profitabelsten Autohersteller der Welt. Die Continental AG, eines der bestgeführten Dax-Unternehmen, Hersteller von Reifen und Autoteilen, verzichtet auf fremde Hilfe. Dieses Unternehmen vertritt die Auffassung, dass Berater zu teuer sind. Sie bekämen eine Menge Geld für viel zu viel Theorie und Allgemeinplätze.

McKinsey ist weltweit Marktführer der Berater. Das Unternehmen hat 11.000 Mitarbeiter und Büros in 45 Ländern der Welt. In den USA sind die Berater von McKinsey in 300 der 500 größten US-Firmen tätig. In Deutschland sind seine Berater in 45 der 100 größten Unternehmen aktiv und machen über eine halbe Milliarde Umsatz. Und trotzdem konnten auch die McKinseys den Abschwung nicht aufhalten, haben ihn möglicherweise höchstens beschleunigt. Jeder ihrer Auftritte geht konsequenterweise mit einem Arbeitsplatzabbau einher, was dem Unternehmen nur bedingt nützt, aber die Nachfrage am Binnenmarkt verringert.

Das Image der Berater ist mittlerweile so schlecht, dass die Berater möglicherweise selbst Berater benötigen. Vielleicht genügt es aber auch, wenn sie sich Rolf Hochhuts Drama „McKinsey kommt" ansehen!

Es gibt nur eine Lösung für Unternehmen: Die eigenen Mitarbeiter modulieren die Prozesse selbst. Gute Mitarbeiter machen gute Prozesse, „Söldner", die modernen Consultants, „wollen nur des Solds wegen Deine Soldaten sein". Das Ergebnis ist ihnen gleichgültig, von der Umsetzung wollen sie gar nichts hören. Machiavelli hat es uns ins Stammbuch geschrieben:

„Der Fürst muss in Person mitgehen und selbst das Amt des Feldherrn versehen; die Republik hat ihre Bürger zu schicken, und wenn sie einen geschickt hat, der sich nicht tüchtig zeigt, muss sie ihn ablösen oder nötigenfalls durch die Gesetze im Zügel halten, damit er die Grenzen nicht überschreite."

Der Fürst, unser Manager, muss mitgehen und bei der Prozesserarbeitung dabei sein; die Bürger, seine Mitarbeiter, müssen die Arbeit selbst leisten. Viele Manager geben Prozesse in Auftrag, aber kümmern sich nicht darum. Sie hätten sich dann im Grunde den Auftrag sparen können und dieses Geld lieber in die Spardose gesteckt. Prozesse sind Führungsaufgabe!

Beispiele aus der Geschichte: *Eine bemerkenswerte Leistung erbrachte Dschingis Khan. Er vermittelte den Mongolen die Schrift und damit das Schreiben und Lesen und gab seinem Volk eine Verfassung. Das war ein absolutes Novum. Tatatonga verfasste auf Befehl des Khans Lehrsätze (die Biliks) und vor allem die Gesetze und Befehle (Jassa). Diese beiden Gesetzeswerke gaben den Kriegern und dem Volk verbindliche Weisungen, wie sie sich etwa bei Streitigkeiten um Eigentum oder im Kampf zu verhalten hatten. Damit schaffte es Dschingis Khan, den Gehorsam und die Disziplin, wie sie im Heer herrschten, auch im einfachen Volke zu verankern. Schigiqutuqu, sein Adoptivsohn, hatte die Aufgabe, Gesetze, Urteile und Entscheidungen niederzuschreiben, um Diebstähle, Mord und sonstige Vergehen zu regeln. Dieses „Blaubuch" sollte dann verbindlich sein und auch von den Nachkommen des Khans befolgt werden.*

Ein anderer, der sich auf die Einsetzung solcher grundsätzlichen Regeln bestens verstand, war Napoleon. 1804 setzte er den „Code civil" in Kraft. Dieses erste moderne, bürgerliche Gesetzbuch bildete den Hauptpfeiler der napoleonischen Macht. Es umfasst 2281 Artikel, die sich insbesondere mit dem Stellenwert der Familie, dem Vater als Oberhaupt und mit dem Recht auf Eigentum befassten.

Richtlinien und Prozesse bedürfen der ständigen Überwachung

Nun sind Gesetze, Richtlinien und Prozesse nur dann etwas wert, wenn sie eingehalten werden. Das werden sie im Allgemeinen nicht, indem man nur an den guten Willen appelliert. Eine schlagkräftige Revisionsabteilung kann den Prozess der Einhaltung gut unterstützen. Dabei geht es aber nicht so sehr um die Beurteilung von Mitarbeitern, sondern um das Erkennen von Verbesserungen. Prozesse werden gelebt, wenn sie sinnvoll sind. Prozesse werden nicht gelebt, wenn sie unsinnig sind. Dies ist zu überprüfen.

Wie beurteilt man Mitarbeiter?

Die Traditionalisten sagen: „Lasst uns betrachten, wie sie die Prozesse leben!", nehmen also einen Soll-Ist-Vergleich vor. Die Patriarchen sagen: „Ich habe so große Menschenkenntnis, dass ich das auf einen Blick sehe. Ich kann einen Mitarbeiter beurteilen und erkennen, wie gut er arbeitet."

Nun gibt es aber noch eine ganz andere, sozusagen todsichere Methode: die „360-Grad-Methode". Im Rahmen dieser Beurteilungsmethode lässt man einen Mitarbeiter nicht nur vom direkten Vorgesetzten beurteilen, sondern auch von Untergebenen, Kollegen und anderen Vorgesetzten, manchmal sogar von Kunden und Lieferanten. Das hat den Vorteil, dass man ein umfassendes Bild dieses Menschen erhält. So hält man die Mitarbeiter auch in Spannung und bei Laune. Jeder weiß, dass er von jedem beurteilt wird, und wird sich entsprechend benehmen. Er wird zu allen freundlich und hilfsbereit sein, den Chef und seine Prozesse loben, Acht geben, ob andere die Prozesse und Regeln verletzen, denn auch er darf andere beurteilen. So wird alles bestens laufen – bis alles zum Mittelmaß verkommen ist. Aber das ist für den Manager gut, denn das Mittelmaß hält die Spielregeln bestens ein. Als Manager muss man nur Acht geben, dass man selbst nicht von diesem Beurteilungsunsinn belästigt wird.

Ein guter Manager sollte von zu vielen Beurteilungssystemen Abstand halten und lieber seiner Arbeits- und Menschenkenntnis vertrauen. Manager, die weder die Arbeitsabläufe noch ihre Mitarbeiter und deren Aufgaben kennen, müssen sich natürlich auf Urteile anderer verlassen. Doch stellen sie sich damit letztendlich selbst ein Armutszeugnis aus. Jeder Manager sollte nur das beurteilen, was er auch beurteilen kann. Und er sollte die Größe haben zuzugeben, wenn er etwas nicht beurteilen kann. Manager, die es geschafft haben, Mitarbeiter aufzubauen, zu integrieren, zu fördern und auf ihre Aufgaben einzuschwören, können sehr wohl die Arbeitsleistung dieser Mitarbeiter beurteilen. Nicht zuletzt gehört es zur Aufgabe jedes einzelnen Managers, *selbst* zu urteilen und *selbst* zu beurteilen. Diese Aufgabe kann er nicht delegieren – schon gar nicht an Berater-Söldner.

Fazit

Die großen Herrscher haben in der Vergangenheit erkannt, dass Gesetze, Richtlinien und Prozesse die Grundlagen ihrer Macht sind. Solche Dinge sind daher mit Sorgfalt zu erstellen. Der Herrscher muss die aufgestellten Richtlinien kennen, denn seine Macht beruht darauf. Je besser der Ablauf der Prozesse und die Einhaltung der Regeln funktioniert, desto besser und effizienter agiert das Unternehmen. Dies beeinflusst auch die Macht und den Status des Managers.

13.

Zur Ausübung von Macht gehören auch die notwendigen Mittel. Nur eine eigene Exekutivmacht wirkt …

Wissen und Innovationskraft sind Grundlage der Machtausübung. Daher muss man beides in der eigenen Verfügungsgewalt haben.

Ohne eigene Heerscharen kann man keinen Krieg gewinnen. Denn Söldner helfen dem Herrscher nicht. Mit Leasingkräften und virtuellen Arbeitsgruppen wird man heute auch keine Aufgabe erledigen können. Der Manager muss sich also genau darüber im Klaren sein, welches eigene Wissen und welche Kernkompetenzen er in der unmittelbaren Verfügungsgewalt behalten muss, um zu bestehen.

Machiavelli war der Ansicht, dass Söldner und Hilfstruppen dem Fürsten nicht nützlich seien. „Ihre Niederlage zerstört dich, ihr Sieg liefert dich ihnen aus", so etwa hätte er es gesagt. Bei Söldnern ist die Feigheit und bei Hilfstruppen ist die Tapferkeit gefährlicher.

„Kurz, fremde Waffen fallen von dir ab, erdrücken oder erdrosseln dich."

Insgesamt kann man sagen, wer in einer Herrschaft das Übel nicht an der Wurzel erkennt (gemeint sind die „Hilfstruppen"), der ist nicht wirklich weise … Machiavelli führt die Geschichte als Zeugin an: Der Anfang des römischen Untergangs begann mit dem Einsatz gotischer Söldnertruppen.

Zum Nachdenken

Große Männer unternehmen große Dinge, weil sie groß sind;
Die Narren, weil sie sie für leicht halten.

VAUVENARGUES

Zum Nachdenken

Das eine steht in unserer Macht, das andere nicht.
In unserer Macht stehen: Annehmen und Auffassen, Handeln-wollen, Begehren und Ablehnen – alles, was wir selbst in Gang setzen und zu verantworten haben.
Nicht in unserer Macht stehen: Unser Körper, unser Besitz, unser gesellschaftliches Ansehen, unsere Stellung – kurz alles, was wir selbst nicht in Gang setzen und zu verantworten haben.

EPIKTET

Welche Ressourcen benötigt ein Manager für die Erfüllung seiner Aufgabe?

Auf dem Weg in die Kantine hörte ich neben mir eine Frau zu einer Kollegin sagen: „Diese Aufgabe können wir nicht erledigen. Wir haben weder die Kapazität noch die Kompetenz dafür." Manche Manager aber und auch manche Unternehmen überschätzen sich schlichtweg. Toll Collect unterschrieb einen Vertrag und hatte für die Umsetzung weder Kapazität noch Kompetenz. Mancher Vertriebsmanager unterschreibt Verträge in dem Wissen, dass das Unternehmen solche Leistungen gar nicht erbringen kann.

Nicht gerade selten kommt es vor, dass der Manager nicht genügend Mitarbeiter, nicht genügend Wissen und nicht genügend Kompetenz hat, um seine Aufgabe mit Macht zu erfüllen. Er ist auf fremde Unterstützung angewiesen. Ein Fürst hatte die Möglichkeit, Hilfstruppen und Söldner einzustellen. Der Manager hat die Möglichkeit, Stabsabteilungen um Unterstützung zu bitten und Leasingkräfte einzustellen. Machiavelli hat sich auch über Hilfstruppen und Söldner seine Gedanken gemacht und große Vorbehalte entwickelt:

„Diese Truppen können nützlich und gut an sich selbst sein; aber für den, der sie beruft, sind sie immer schädlich, weil, wenn du verlierst, du vernichtet bist, und wenn du siegst, ihr Gefangener bleibst."

Manche Manager sehen dies ähnlich. Haben sie Recht? Sie haben Recht, wenn sie keine eigene Steuerungskompetenz und keine Vergabekompetenz haben. Deshalb muss ein Manager sich genau überlegen, welche Kompetenzen er benötigt und welche Kompetenzen er sich einkaufen kann. In diesem Zusammenhang spricht man von Kernkompetenzen.

Kein Manager, der für eine Vertriebsabteilung verantwortlich ist, wird sich überlegen, ob er eine Buchhaltung aufbauen will. Schon eher wird er darüber nachdenken, ob Funktionen wie Technik, Qualität, Einkauf, Logistik in seiner Hand sein müssen. Haben Stabsabteilungen einmal eine Funktion belegt, so institutionalisieren sie diese, und je nach Machtverhältnis im Unternehmen okkupieren sie diese Funktion in alle Ewigkeit. Hat eine Division ihren Einkauf einmal in einen zentralen Einkauf ausgelagert, wird es nur sehr schwer sein, diesen Einkauf wieder zu dezentralisieren.

Nach Machiavelli wäre jeder Manager gut beraten, wenn er so viele Funktionen wie möglich selbst behält und dafür eigene Mitarbeiter einsetzt. Es ist im modernen Industriegeschäft jedoch zu bedenken, ob die Synergien in zusammengefassten Funktionen die Nachteile der fehlenden sofortigen Verfügbarkeit nicht aufwiegen. Je bessere Managementkompetenz jedoch in einer Abteilung vorhanden ist, desto leichter kann man Leistungen, in welcher Form auch immer, zukaufen. Die Kernkompetenz besteht aus dem Wissen, das benötigt wird, um Aufgaben zu beschreiben, zu vergeben und die Leistungserbringung zu überwachen. An Hilfstruppen oder interne Dienstleister gibt man komplette Aufgabenpakete ab, beispielsweise eine Konstruktionsleistung. Bei sogenannten Arbeitnehmerüberlassungsunternehmen „kauft" man einzelne Mitarbeiter ein, die Arbeiten unterstützen. In beiden Fällen muss jemand aus der eigenen Mannschaft (siehe Kernkompetenzen) die Führungsfunktion übernehmen. In manchen Projekten arbeiten bis zu 80 Prozent Leasingkräfte. Dies macht nur Sinn, wenn das Unternehmen in der Lage ist, diese Ressourcen entsprechend auszusteuern.

Söldner sind gegen Bezahlung (Sold) angeworbene, zeitlich befristet dienende und meist durch Vertrag gebundene Soldaten. Das Söldnerwesen war bereits in der Antike bekannt. Es prägte vom Mittelalter bis zur Französischen Revolution das europäische Militärwesen und verschwand erst mit der Einführung stehender Heere und der allgemeinen Wehrpflicht. Solche Söldner hat man heute noch in der Wirtschaft. Man nennt sie Leasingkräfte.

Auch der Einsatz von Söldnern und Leasingkräften kann schief gehen, wie die Geschichte, die Machiavelli hier wieder als Beispiel heranzieht, beweist:

„Der Kaiser von Konstantinopel schickte, um seinen Nachbarn zu unterstützen, 10.000 Türken nach Griechenland, die nach Beendigung des Krieges nicht zurückkehren wollten, welches der Ursprung der Sklaverei von Griechenland unter den Ungläubigen war."

Nun kann man natürlich heute Leasingkräfte leicht wieder nach Hause schicken und eigentlich können sie sich nicht in einem Unternehmen einnisten – wenn man aufpasst. In der Praxis setzen viele Großunternehmen gern Leasingkräfte ein, weil sie nicht in den *Headcount*, die Kopfzählung, eingehen. So arbeiten zwar Menschen in der Abteilung, aber ihre „Köpfe" zählen nicht und man hat keinen Ärger beim Vorstand.

Dieses unsinnige Verfahren führt sogar dazu, dass Leasingkräfte in wissenssensiblen Bereichen eingesetzt werden. So werden sie mit ihren Kompetenzen und mit ihrem Wissen schließlich für das Unternehmen unentbehrlich. Damit wird das Unternehmen erpressbar und zur Geißel der Leasingkräfte.

Machiavelli rät deshalb:

„Weise Fürsten haben darum diese Truppen immer verschmäht, und sich an die eignen gehalten, und lieber mit den ihrigen verlieren, als mit fremden siegen wollen: Sie hielten den Sieg für keinen wahren Sieg, den sie mit anderer Waffen erwürben."

Beispiel: *In der Fahrradfabrik AG gab es eine Projektabteilung, die Großprojekte abwickelte. Diese Gruppe besaß relativ wenig Mitarbeiter, dafür aber hoch qualifizierte Projektleiter. Die Philosophie in dieser*

Abteilung besagte, dass man sich auf Kernkompetenzen beschränken wolle. Die Kernkompetenz war „Projektmanagement". Das Projektteam bestand aus dem Projektleiter, einem Kaufmann und einer Assistenzkraft. Alle weiteren Funktionen wurden an Fachabteilungen (Buchhaltung, Qualität, Engineering, Einkauf, Konstruktion) abgegeben, beziehungsweise deren Zuarbeit wurde, wie es für das Projekt notwendig war, abgefordert. Diese Abteilung arbeitete vollkommen effizient. Die Aufgabe und die Stärke der Projektleitung lag darin, dass sie alle Tätigkeiten, die sie von unterstützenden Abteilungen anfordern wollte, auch beschreiben konnte und dass sie die Umsetzung dieser Tätigkeiten auch konsequent kontrollierte. So konnte das Projekt ganzheitlich geführt und abgewickelt werden.

Machiavelli führt ein Beispiel aus der Bibel an:

„Ich will hier noch an eine Figur aus dem alten Testamente erinnern, die sich zu diesem Zwecke schickt. Als David gegen Saul sich erbot, mit dem Philister Goliath zu schlagen, legte Saul, um ihm Muth zu machen, ihm seine Rüstung an, die David, sowie er sie an sich hatte, zurückwies und sagte, er könne in ihr sich nicht behaben, und wolle darum den Feind mit seiner Schleuder und seinem Messer treffen. Mit einem Wort: die fremden Waffen fallen dir entweder vom Leibe, oder sie lasten auf dir, oder sie klemmen dich."

Und auch ich zitiere einmal die Bibel: Bei Johannes 10,11 steht:

„Ich bin der gute Hirte [...] Jemand, dem die Schafe nicht selbst gehören, ist kein richtiger Hirt. Darum lässt er sie im Stich, wenn er den Wolf kommen sieht und läuft davon. Dann stürzt sich der Wolf auf die Schafe und jagt sie auseinander. Wer die Schafe nur gegen Lohn hütet, läuft davon, denn die Schafe sind ihm gleichgültig."

Diese Worte der Bibel sind wahr. Sie decken sich mit so mancher Lebenserfahrung. Der Manager ist also gut beraten, wenn er seine Kernkompetenzen definiert und eigene Mitarbeiter vorhält. Sie sind sein Kapital!

Beispiel aus der Geschichte: *Dem makedonischen Heer unter Führung Alexanders des Großen gelang es in Rekordzeit, das gewaltige und übermächtige persische Reich nicht nur zu besiegen, sondern zu unterwer-*

fen. Alexander stützte sich in seiner Armee vor allem auf die makedonischen Kerntruppen, denn die zu diesen Zeiten üblichen Söldner hatte er sich anfangs gar nicht leisten können, da die Staatskasse leer war. Außerdem organisierten die Griechen einen Aufstand gegen ihn, sodass er ohnehin auf griechische Hilfstruppen verzichten musste. Er nahm also weder „Leasingkräfte" noch „Stabsabteilungen" in Anspruch und eroberte mit seinen eigenen „Mitarbeitern" das gesamte Persische Reich.

Fazit

Auf Leasingkräfte und Stabsabteilungen kann der Manager nicht verzichten. Aber er darf von ihnen nicht abhängig werden. Denn – wie heißt es so schön –, wenn man ihnen den kleinen Finger reicht, nehmen sie gleich die ganze Hand! Die wichtigen Aufgaben müssen immer bei den eigenen Mitarbeitern liegen. Dies sind meistens Managementaufgaben. Hat man diese Kompetenzen in der eigenen Verfügungsgewalt, kann man selbstverständlich Dienstleister, Stabsabteilungen und Leasingkräfte einsetzen, um die Effizienz zu erhöhen. Kernkompetenzen jedoch darf man nie von einem anderen abdecken lassen.

14.

Was ein „Fürst“ im Kriegswesen zu beachten hat: Managen besteht aus Nachdenken und Handeln.

Von einem Manager erwartet man nichts anderes, als dass er managt. Die zugrunde liegenden Maßstäbe sind nur Insidern bekannt.

Was versteht man unter „managen“? Wie äußert es sich? Hat es ein Erscheinungsbild? Der Manager ist eingebettet in ein System und er kann nur innerhalb des Systems agieren und reagieren. Im Allgemeinen merken auch nur Insider innerhalb des Systems, auf welche Art er managt. Manche Ergebnisse wirken für Außenstehende im ersten Augenschein sogar negativ. Erst im Nachhinein, mit einem gewissen Zeitverzug, kann man das wirkliche Ergebnis erkennen.

Machiavelli sagt:

„Die Kriegsführung ist die einzige Kunst, die man von Befehlenden (Fürsten) erwartet. [...] Erster Grund für den Verlust eines Landes ist die Vernachlässigung der Kriegskunst, erste Voraussetzung für den Neuerwerb eines Landes ist die Perfektion der Kriegskunst.“

„Weil Francesco Sforza gerüstet war, wurde er, der Privatmann, zum Herzog von Mailand; seine Söhne, die Herzöge waren, wurden Privatleute, weil sie Waffenübungen scheuten.“

Machiavelli weiter:

„Ein unbewaffneter Fürst wird von Nachbarstaaten verachtet und kann sich niemals sicher fühlen. Denn auf der einen Seite besteht Misstrauen, auf der anderen Verachtung. Ein Fürst, der von der Kriegsführung nichts versteht, wird zudem von den eigenen Soldaten verachtet.“

Nach Machiavelli kann man auf zwei Arten dafür sorgen, dass das Kriegshandwerk nicht vernachlässigt wird.

Erstens durch Taten:
Das Heer muss in Ordnung und in Übung gehalten werden. Der Fürst muss auf die Jagd gehen, um sich selbst fit zu halten und das Terrain seines Landes kennenzulernen. So lernt er auch taktisch wichtige Landeseigenarten kennen und im Falle des Falles nutzen. Solche Gebietskenntnis ist für den Kriegsherren unerlässlich, um den Gegner aufzuspüren, Lager aufzuschlagen und taktisch geschickte Entscheidungen zu treffen.

Zweitens durch Nachdenken:
„Ein Fürst muss durch Nachdenken, also Bildung, die Kriegskunst erlernen. Er muss die Geschichte studieren und die Handlungen großer Männer. Er muss die Gründe für ihre Siege und für ihre Niederlagen kennen, um erstere zu wiederholen und letztere zu vermeiden.

Außerdem sollte ein Fürst einen älteren Heerführer nachahmen, der seinerseits einen älteren Heerführer nachahmte und dabei ebenso erfolgreich war. Der Fürst darf auch im Frieden nie müßig sein, damit er in Unglückszeiten Widerstand leisten kann."

Was ist die Kunst des Managers?

Machiavelli gab uns bereits die Antwort. Diese zeigt sich, wenn wir uns den Originaltext des Machiavelli von der vorherigen Seite noch einmal vornehmen und nur einige wenige Wörter austauschen:

„Das Managen ist die einzige Kunst, die man vom Manager erwartet. So ist es auch zu erklären, wie andere, die diese Kunst nicht beherrschen, ihre Position verlieren können. Erster Grund für den Verlust eines Projektes ist die Vernachlässigung der Managementkunst, erste Voraussetzung für den Gewinn eines Projektes ist die Perfektion der Managementkunst. Ein inkompetenter Manager wird von den Konkurrenten verachtet und kann sich niemals sicher fühlen. Denn auf der einen Seite besteht Misstrauen, auf der anderen Verachtung. Ein Manager, der nicht managen kann, wird zudem von den eigenen Mitarbeitern verachtet."

Das Managen darf auf zwei Arten nicht vernachlässigt werden:

Erstens durch Taten:
Die Mitarbeiter müssen in Ordnung und in Übung gehalten werden. Der Manager muss seine Mitarbeiter begleiten, um sich selbst fit zu halten und das Terrain seiner Aufgaben kennenzulernen. So lernt er auch taktisch wichtige Eigenarten seiner Organisation kennen und im Falle des Falles nutzen. Solches Insiderwissen ist für den Manager unerlässlich, um den Konkurrenten aufzuspüren, sich zu positionieren und taktisch geschickte Entscheidungen zu treffen.

Zweitens durch Nachdenken:
Ein Manager muss durch Nachdenken, also Bildung, die Managementkunst erlernen. Er muss die Geschichte studieren und die Handlungen großer Männer. Er muss die Gründe für ihre Siege und für ihre Niederlagen kennen, um erstere zu wiederholen und letztere zu vermeiden.

Außerdem sollte ein Manager einen älteren Manager nachahmen, der seinerseits einen älteren Manager nachahmte und dabei ebenso erfolgreich war. Der Manager darf auch im Frieden nie müßig sein, damit er in Unglückszeiten Widerstand leisten kann.

Dies ist, mit Hilfe Machiavellis, eine vorbildlich exakte Beschreibung der Aufgaben eines Managers.

- Er soll sein eigenes Wissen und seine eigenen Fertigkeiten auf einem guten und anspruchsvollen Stand halten.
- Er soll selbst anpacken.
- Er soll seine Mitarbeiter unterstützen und fördern.
- Er soll nachdenken und handeln gleichermaßen.
- Er soll sich nach erfahrenen Vorbildern ausrichten.

Wir Manager können uns nur fragen: Machen wir dies auch? Wo sind wir nachlässig geworden? Was bedeuten uns insbesondere Vorbilder?

Zum Nachdenken

Der Handelnde muss sich nach den Erfordernissen des Augenblicks richten, wie der Arzt, wie der Steuermann.

ARISTOTELES

Handeln, das ist es, wozu wir da sind.

JOHANN GOTTLIEB FICHTE

Die Denkfertigkeit bleibt nicht gleich rege,
wenn man sich gehen lässt:
Infolge von Untätigkeit nimmt sie allmählich ab
an Spannkraft und Bestand,
indem es immer einer gewissen Nachhilfe
durch den Verstand bedarf,
um das Vermögen zu denken und zu handeln
wach und rein zu
erhalten.

PLUTARCH

Wer weiß schon, was ein Manager tut?

Managen ist die einzige Kunst, die man vom Manager erwartet. Was bitte erwartet man also vom Manager? Was tut ein Manager eigentlich?

Ein kleiner Junge hat die Arbeit seines Vaters, der Manager in einem großen Unternehmen war, folgendermaßen beschrieben: „Er ist ein Angeber. Er sagt den Leuten, was sie machen sollen." Die Aussage ist treffend und trotzdem stimmt sie auch wieder nicht. Ein Manager gibt den Rahmen vor und setzt die entsprechenden Impulse. In diesem Sinne *gibt er an*. Er fördert die Arbeit seiner Mitarbeiter, indem er darauf achtet, dass sie alle zielgerichtet in die gleiche Richtung arbeiten. In diesem Sinne sagt er den Leuten, *was sie machen sollen*.

Noch einmal die Frage: Was machen all die Manager?

Ein Area-Sales-Manager verantwortet die Schlüsselmärkte eines Unternehmens und setzt Marketing- und Vertriebskonzeptionen um. Ein Brandmarketing-Manager sorgt für die Einführung, Pflege und Förderung einer Wort- oder Produktmarke durch Verkaufs-, Werbe- und Marketingmaßnahmen. Ein Business-Development-Manager akquiriert Neukunden oder neue Geschäftspartner. Ein Change-Manager koordiniert Entwicklungsprozesse in Unternehmen zum Beispiel bei der Einführung neuer Technologien oder Abläufe. Ein Callcenter-Manager konzeptioniert und implementiert die Telefonie-Abteilungen in Unternehmen, legt Qualitätsstandards fest und organisiert Controlling und Schulung der Telefonagenten. Ein Customer-Relationship-Manager ist zuständig für die individuelle Betreuung der Kunden und die Verstärkung der Kundenbindung. Ein Data-Manager analysiert und pflegt Hard- und Softwarekomponenten. Ein E-Commerce-Manager verantwortet Inhalt und Aufbau von Websites, entscheidet über die Schaltung digitaler Anzeigen und organisiert den elektronischen Zahlungsverkehr. Ein Einkaufs-Manager beschafft Produkte und steuert die entsprechende Logistik. Ein Facility-Manager verantwortet die wirtschaftliche und technische Bewirtschaftung eines Gebäudekomplexes und kümmert sich um Verträge mit Versicherungen oder Reinigungsunternehmen. Ein Finance-Manager stellt die Liquiditäts- und Budgetplanung eines Unternehmens auf; entwickelt Finanzplanungssysteme und Electronic-Banking-Anwendungen. Ein Key-Account-Manager betreut die Topkunden eines Unternehmens, akquiriert neue Großkunden und leitet entsprechende Vertriebsgruppen. Ein Personell-Manager verantwortet die Personalentwicklung eines Unternehmens, führt Einstellungsgespräche, entscheidet über Beförderungen, Versetzungen und Kündigungen. Ein Qualitäts-Manager kümmert sich um die Qualitätsverbesserung von Produkten und Leistungen und sorgt für die Effektivität von Fertigungs- und Dienstleistungsprozessen. Ein Supply-Chain-Manager stellt Wochenproduktions- und Liefervorgaben für Fertigungslinien von Massenprodukten auf und verantwortet das Bestandscontrolling. Ein Trade-Marketing-Manager betreut alle Marketingaktivitäten eines Unternehmens, häufig auch international. Ein Wissens-Manager koordiniert Termine und Projekte für

Teams und organisiert die Verteilung des Wissens an alle Teammitglieder.

Die Manageraufgaben sind also sehr vielfältig! Es gibt keine einheitlichen Aufgabenbeschreibungen und auch keine objektiven Maßstäbe über die Effizienz des Managens. Auf diese Art kommen also nicht weiter bei der Beantwortung der Frage, was all die Manager eigentlich machen. Vielleicht sollten wir die Frage einmal anders herum stellen:

Was passiert, wenn ein Manager nichts tut?

Das ist eine interessante Frage!

Wie wäre es, wenn ein Manager gerade dies zu seiner Arbeitsstrategie entwickelte. Er macht nichts. Wie könnte das aussehen?

Selbstverständlich nimmt der Manager zunächst noch an Sitzungen teil. Aber er lässt einen Mitarbeiter diese Sitzungen organisieren, moderieren und protokollieren. Es ist selbstverständlich, dass ihm im Protokoll keine Tätigkeiten zugewiesen werden. Zunächst bestimmte er in den Sitzungen noch, wer welche Arbeitspakete übernehmen wird. Später ist auch dies nicht mehr nötig. Er lässt sich nur noch über den Fortgang der Arbeiten berichten, aber auch dies delegiert er bald an einen Mitarbeiter. Nun kümmert er sich nur noch um ausgewählte Aktivitäten, denn diese haben einen hohen Ergebnisbeitrag und einen hohen Öffentlichkeitswert. Er nimmt an Tagungen nur zeitweise teil und übernimmt nur Einleitungen und Schlussworte.

Später stellt der Manager auch die Präsentation ein und delegiert die Vorstellung von Konzepten, Programmen und Ideen an seine Mitarbeiter, die diese Ideen auch erarbeitet haben. Er beschränkt sich lediglich auf die einleitenden Worte.

Wenn er es so macht, muss der Manager tatsächlich nicht mehr arbeiten, sondern nur noch anwesend sein. Am Ende hat er die notwendige Zeit für die Mitarbeiterführung und erkennt schließlich auch seine absolute Kernkompetenz: das Führen von exzellenten Mitarbeitern.

Wir kommen zu folgendem Schluss:

- Der Manager wird sein Wissen und seine Fertigkeiten auf einem guten und anspruchsvollen Stand halten, denn seine Erfahrungen sind sein Kapital.
- Er wird selbst nur noch im Notfall anpacken und zwar immer dann, wenn er als Vorbild agieren muss. Aber er wird anleiten, seinen Mitarbeitern mit Rat und Tat zur Seite stehen.
- Er wird seine Mitarbeiter unterstützen und fördern. Das heißt, er wird für seine Mitarbeiter die notwendige Zeit haben.
- Er wird nachdenken und gleichermaßen Entscheidungen treffen. Dies heißt im Umkehrschluss, er wird nicht leichtfertig entscheiden.
- Er wird sich an erfahrenen Vorbildern ausrichten und sich bemühen, die eigenen Erfahrungen, verbunden mit den Lehren seiner Vorbilder, in seine Handlungen zu integrieren.

Er muss nun nicht mehr in das hektische Tagesgeschäft eingreifen; das überlässt er seinen exzellenten Mitarbeitern. Allerdings kümmert er sich um deren Brillanz und sorgt dafür, dass seine Mitarbeiter wie Diamanten leuchten.

In der Praxis kann man durchaus, wie Machiavelli, zwischen einer robusten und einer zerbrechlichen Führungssituation differenzieren. In einer robusten Führungssituation wird der Manager von seinen Mitarbeitern geachtet, geliebt und gefürchtet gleichermaßen. In dieser Situation steht die Zusammenarbeit im Vordergrund und der Manager kümmert sich mit Inbrunst um die ihm anvertrauten Mitarbeiter. In solch einer Situation kann er sich sogar Fehler erlauben. Diese Situation erlaubt ihm, ohne Befürchtungen nachzudenken und zu handeln, wie es Machiavelli empfiehlt:

„Es darf daher ein Fürst keinen andern Gegenstand noch Gedanken haben, noch irgend zu seinem Handwerk was andres wählen, außer den Krieg und die Ordnung und Disziplin desselben, weil dieses das einzige Handwerk ist, das dem Befehlenden geziemt [...] Er darf daher die Gedanken niemals von dieser Übung des Krieges wenden, und muss sich im Frieden darinnen mehr als im Kriege üben: was er auf zweyerlei Art thun kann: erstens mit Werken, und dann im Geiste.“

Nachdenken ziemt sich für einen Manager! Bill Gates ist ein gutes Beispiel für jemanden, der nachdenkt und handelt und dies auch noch auf Kosten anderer:

Beispiel: *William Gates hat die Computerwelt verändert wie kein Zweiter. Dabei stammte keine revolutionäre Idee von ihm selbst. Es gibt nichts, wovon Microsoft behaupten könnte, es als Erstes gemacht zu haben. Aber Gates war immer ein Meister darin, gute Ideen frühzeitig zu erkennen und sie auf seine Weise umzusetzen. Da er dabei die Fehler der Pioniere vermied, war meistens er derjenige, der erstmals aus einer neuen Idee Kapital schlug. Diese Entwicklung hat sich bis heute fortgesetzt und es gibt keine Anzeichen, dass sich daran so schnell etwas ändern könnte. Zweifelsohne, nachdenken, erkennen, handeln ist die größte Managementleistung, die man erbringen kann. Und Bill Gates gehört zu den größten.*

In einer zerbrechlichen Führungssituation ist man dem Tagesgeschäft ausgeliefert. Der Manager ist der oberste *trouble shooter*. Er hat keine Zeit, sich um seine Mitarbeiter zu kümmern, sondern überlässt diese weitgehend sich selbst. Fehler häufen sich, können aber nicht sofort korrigiert werden und verursachen neue Fehler. Alle Mitarbeiter sind damit beschäftigt, sich um die Konsequenzen aus diesen Fehlern zu kümmern, und niemand hat mehr Zeit, an die Zukunft zu denken. Ist dieser Kreislauf erst einmal erreicht, wird ein Fehler nach dem anderen generiert.

Ein Manager darf sich nicht in den Niederungen des täglichen Lebens verstricken

Machiavelli ist ein Gegner der Verstrickungs-Strategie. Auch ein Manager, der sich zu sehr ins Tagesgeschäft zerren lässt, wird die Freiheit des Denkens und Handelns verlieren. Er wird nicht mehr agieren, sondern nur noch reagieren.

Machiavelli ist der Ansicht, dass der Manager nachdenken und handeln muss. Der Manager muss wissen, dass sich die Welt heute verändert. Fusionen werden durchgeführt, Firmen gehen Pleite,

Manager rauben ihre Firma aus und agieren mit Bilanzfälschungen. Internetfirmen und ihre Inhabermillionäre machen die Börse verrückt und stürzen ins Nichts ab. Es entwickelt sich eine Ellenbogengesellschaft, die mit Stalins Aussage beschrieben werden kann: „Eine Revolution lässt sich nicht mit Seidenhandschuhen veranstalten."

Nachdem alle ihre Seidenhandschuhe ausgezogen haben, muss auch der nachdenkliche Manager sich von ihnen trennen, wenn er jetzt handelt. Machiavelli machte unmissverständlich deutlich, was er unter „handeln" verstand:

„Und was die Werke betrifft, so muss er, außer dass er die Seinigen in guter Ordnung und Übung erhält, immer ein fleißiger Jäger sein, und mittelst dessen den Körper an die Strapazen gewöhnen, und nebenher die Natur des Bodens erlernen, merken, wie die Berge sich erheben, wie die Täler ausgehen, wie die Ebenen sich flächen, die Natur der Flüsse und Sümpfe einsehen, und hierauf die größte Sorge verwenden."

Nachdenken und danach handeln, bedeutet immer sich auch zu positionieren.

Beispiel aus der Geschichte: *Als Nero ungefähr dreißig Jahre alt war, verschenkte er Geld, gab Essenseinladungen, hielt gefühlvolle Lobreden auf seine Vorgänger und wurde der beliebteste Barsänger in Rom. Er nahm die Menschen für sich ein. Er handelte und baute sich damit ein Netzwerk aus Günstlingen auf. Nur zwei Jahre später ging er nachts ins Freie, um unschuldige Bürger auszurauben und zu ermorden, vergnügte sich mit allen Huren der Stadt, zwang adelige Damen, Bordellbesitzerinnen zu spielen, und seine Freunde, ihn zu großzügigen Festen einzuladen. Niemand weiß heute, ob er diese Persönlichkeitsveränderung bewusst vollzog. Aber Nero „positionierte" sich durch Geschenke und Wohltaten, gewann dadurch an Macht und nutzte diese Macht anschließend schamlos aus.*

Wir haben dieses Beispiel von Nero hier angeführt, weil auch Machiavelli schreibt:

„Was aber die Übung des Geistes anlangt, so muss der Fürst die Geschichten lesen, und in denselben die Handlungen der trefflichen Männer betrachten; muss sehen, wie sie in Kriegen verfahren sind, die

Gründe ihrer Siege und Verluste prüfen, um diese zu fliehen, jene nachzuahmen [...] muss überhaupt tun, wie so mancher treffliche Mann der Vergangenheit getan, die, wenn vor ihnen einer belobt und berühmt war, ihn zum Muster nahmen und dessen Taten und Handlungen immer bei sich führten; sowie man sagt, dass Alexander der Große Achillen, Caesar den Alexander, Scipio den Cyrus nachgeahmt habe. Und jeder, der das von Xenophon beschriebene Leben des Cyrus liest, erkennt darauf im Leben des Scipio, wie sehr ihm diese Nachahmung zum Ruhme gereicht, und wie sehr sich Scipio in Keuschheit, Menschlichkeit, Leutseligkeit und Großmut jenen durch Xenophon am Cyrus gepriesenen Eigenschaften genähert hat."

Nachdenken und Handeln

Der Manager darf sich nicht in die Niederungen der täglichen Arbeit verstricken, um sich den Freiraum für Nachdenken und Handeln zu bewahren.

Viele Manager denken nicht ausreichend nach und kompensieren dann durch besonderen Einsatz. Zwar nötigt der persönliche Einsatz von vielen Managern uns durchaus Respekt ab, aber sie schaffen es nicht, eine Linie beizubehalten und eine verlässliche Grundlagen zu schaffen, sodass sie entbehrlich werden.

Wie reagieren Manager unter Druck?

Viele denken unter Druck nicht mehr nach, sondern brechen in hektische Aktivitäten aus. Plötzlich bevölkern Berater das Unternehmen und es wird eine Arbeitsgruppe nach der anderen gegründet und zahlreiche Gruppen arbeiten an gegensätzlichen und sich widersprechenden Themen. Das Ergebnis ist für viele Mitarbeiter: mehr arbeiten, hektisch agieren. Wenn dabei letztendlich nichts herauskommt, bleibt nur noch als letzte Lösung: Kosten runter, Mitarbeiter entlassen!

Ratschläge für Entlassungen – ein „missbrauchter" Machiavelli:

- Ältere Mitarbeiter kann man leicht in den Vorruhestand schicken. Außerdem arbeiten sie auch viel zu langsam. Ihr Wissen und ihre Erfahrungen sind von gestern.
- Sehr junge Menschen bieten sich auch an als Entlassungskandidaten, denn sie sind häufig zu ehrgeizig. Wer weiß, wann sie einem selbst zur Konkurrenz werden! Außerdem erfüllt man damit die Sozialpläne. Junge Leute kann man auch schnell wieder einstellen. Es gibt sie wie Sand am Meer.
- Direktoren zu entlassen ist zu teuer. Ihre Arbeit kann man verteilen auf die nächste Hierarchieebene. Das fällt gar nicht auf. Und wenn die Zusammenarbeit nicht mehr so gut funktioniert, fällt das nicht weiter ins Gewicht.
- Verlierer-Typen gibt es überall. Schmeißen Sie sie hinaus! Im neuen Unternehmen sollen nur die Sieger zurückbleiben, diejenigen die sich trotz Gemetzel noch motiviert zeigen.
- Sekretärinnen sollte man niemals hinausschmeißen. Diese sind ihren Chefs meistens ergeben. Sie, als Manager, können sie schikanieren und sie kochen Ihnen immer noch den Kaffee.

Kann man solchen Ratschlägen Glauben schenken? Jeder Mitarbeiter ist wichtig. Machiavelli weiß zwar, dass auf dem Weg aus dem Chaos heraus der eine oder andere Bürger verloren geht. Aber wenn der Herrscher wieder Boden unter den Füßen gefunden hat, wenn er daran geht, mit Gesetzen und Regeln die Ordnung herzustellen, dann benötigt er wieder die besten Bürger, denn sie sichern den Staat und die Zukunft. Auf sie kann kein Herrscher verzichten. Nicht anders geht es dem Manager mit seinen Mitarbeitern!

Beispiel: *Die Fahrradfabrik AG erlebte überraschend einen großen Markteinbruch. Das verwirrte die Manager besonders stark. Warum waren sie nicht gewarnt worden? Sie setzten sich im kleinsten Kreis zusammen und analysierten, warum sie in eine solche Situation geraten waren. Nachdem sie sich die Meinungen von einigen wichtigen Mitarbeitern eingeholt hatten, formulierten sie ein Ziel, verabschiedeten einige* *grundlegende Maßnahmen und beauftragten eine Gruppe, die Prozesse zu überprüfen. Ein anderes Team wurde beauftragt, das Portfolio für die Zukunft zu definieren. Das Management hatte sich entschlossen, zuerst „nachdenken zu lassen".*

Zum Nachdenken

Das Tun der denkenden Hand nennen wir alle Tat.

OSWALD SPENGLER

Beispiele aus der Geschichte: *Die persischen Satrapen unter Mithradates, einem Schwiegersohn Dareios', trafen im Mai 334 v. Chr. am Flüsschen Granikos auf Alexander den Großen. Anstatt aber die erfahrenen griechischen Söldner unter Memnon in die erste Reihe zu stellen, was die militärische Etikette verbot, stellte sich die persische Adeligenreiterei im Vertrauen auf ihre Unbesiegbarkeit in vorderster Front auf. Alexander handelte. Dazu gehörte gar nicht viel Geschick. Er griff sich die persischen Anführer und tötete sie, das Heer geriet in Auflösung. In einem brutalen Scharmützel töteten die Sieger die meisten Perser. Die nun führerlose Armee konnte leicht besiegt werden.*

Bei Issos traf Alexander auf ein Heer, das ihm mit 40.000 Soldaten weit überlegen war. Wieder handelte er kurz entschlossen und führte seine Hetairen gegen Dareios und seine Leibwache. Der persische Gottkönig ergriff die Flucht, obwohl die Schlacht für die Perser zu diesem Zeitpunkt noch keineswegs verloren gewesen war. Alexander vollbrachte kein militärisches Kunststück, er handelte einfach.

Auch die Fahrradfabrik handelte: Als das Management der Fahrradfabrik AG die Ergebnisse aus der Denkphase vorliegen hatte, wurden die entsprechenden organisatorischen Entscheidungen getroffen. Man war bereit, die Organisation analog zu den Idealprozessen zu verändern. Die Übermacht der Projekte wurde abgebaut und wieder mehr Gewicht auf die Linienstruktur gelegt. Nach nur wenigen Wochen hatte man den Umbau abgeschlossen, Mitarbeiter versetzt und neu ausgerichtet und kümmerte sich dann mit frischem Elan erfolgreich um den Markt.

Beispiel aus der Geschichte: *Hannibal regierte nach all seinen Kriegen als weiser Staatsmann in Karthago: Er führte derartig viele Reformen zum Wohle und Nutzen Karthagos durch, dass er sowohl den Römern erneut suspekt wurde als auch der reichen Oberschicht Karthagos, zu deren Lasten die staatsdienlichen Reformen größtenteils gingen. Hannibal bekämpfte die Korruption, entlastete den Finanzhaushalt und reformierte die Verfassung. So wurden die Senatsmitglieder von da an nicht mehr auf Lebzeiten, sondern nur noch auf ein Jahr gewählt. Der Ämterkauf wurde verboten.*

Hannibal machte sich damit aber jede Menge Feinde, die ihn später aus dem Amt jagten: Vielleicht sollte man manchmal nicht zu viel handeln. Bisweilen kann Nichtstun gesünder sein.

Fazit

Es gehört zu den Aufgaben des Managers gründlich nachzudenken. Nur mit gründlichem Durchdenken kann er die unterschiedlichen Handlungsalternativen abwägen. Nun sollte der Manager aber Machiavelli folgen und seine Handlungsabsicht auch gegen Widerstände durchsetzen. Je schneller und entschlossener er agiert, desto mehr Erfolg wird er haben. Der größte Fehler, den er machen könnte, ist nicht zu handeln. Denn die Fehler, die möglicherweise geschehen können, wenn er die Initiative ergreift, werden immer geringer sein als der Fehler, in völliger Untätigkeit zu verharren. Der Manager muss bewusst ein gewisses Risiko eingehen. Aber siegen ist schön!

15.

Was Lob und Tadel bedeuten und ob man sich darum als Manager kümmern muss.

Eigentlich hat der Manager keine schlechten Eigenschaften, denn eine seiner Begabungen ist, seine schlechten Fähigkeiten bestens zu verkaufen.

Machiavelli hat dieses Kapitel seines „Fürsten“ betitelt: „Wodurch die Menschen und besonders die Fürsten Lob und Tadel erwerben“. Und er versichert, die nützliche Wahrheit zu schreiben:

„Aber da es meine Absicht ist, etwas nützliches für den zu schreiben, der es versteht, scheint es mir angemessener, der wirklichen Wahrheit der Tatsachen nachzugehen, als den Warngebilden jener Leute.“

Machiavelli geht es um die Realität im Leben. Der Fürst muss sich ihr stellen und erkennen, dass selbst ein guter Mensch, wenn er von einer Vielzahl schlechter Menschen umgeben ist, untergehen wird. Daraus leitet Machiavelli ab, dass ein Fürst auch schlecht sein muss, ja lernen muss, schlecht zu sein, und dass er davon je nach Bedarf, Gebrauch machen soll. Auch Fürsten sind Menschen, die über gute und schlechte Eigenschaften verfügen. So muss ein Fürst in der Lage sein, seine schlechten Eigenschaften zwar einzusetzen, aber seine guten Eigenschaften so in den Vordergrund zu stellen, dass man die schlechten Eigenschaften nicht wahrnimmt. Schafft er dies, kann er seine schlechten Eigenschaften, die er zum Herrschen benötigt, ungehindert ausleben.

„Denn betrachtet man das Ganze, so wird man finden, dass es scheinbare Tugenden gibt, bei deren Ausübung man zugrunde geht, und scheinbare Laster, bei denen Sicherheit und Besitz gewährleistet sind.“

Zum Nachdenken

Gute Taten wollen ins Licht gesetzt sein.

CICERO

Zum Nachdenken

Es gibt keinen zuverlässigeren Beweis von Geistesgröße, als wenn man sich durch nichts, was begegnen kann, in Aufruhr bringen lässt. In der oberen und mehr geordneten Region, in der Nähe der Gestirne, bilden sich weder Wolken, noch werden Stürme erregt oder Wirbelwinde; sie erfährt keinen Aufruhr, nur in den niedrigeren Regionen blitzt es.

SENECA

Genügt es, wenn ein „schlecht" arbeitender Manager sich gut in Szene setzt?

Wenden wir wieder Machiavelli auf unsere heutige Situation an:

- Die erste Erkenntnis nach Machiavelli ist, dass die Mitarbeiter grundsätzlich schlecht sind.
- Die zweite Erkenntnis besteht darin, dass „schlechtes" Handeln in der Öffentlichkeit besser dargestellt werden kann. Das „Schlechte" muss nicht gleich für jeden Betrachter offenkundig werden.
- Die dritte Erkenntnis schließlich ist, dass der Manager, werden seine schlechten Eigenschaften erst einmal entdeckt – was eigentlich nicht geschehen sollte –, sich von nun an keinerlei Zwang auferlegen muss. Einmal erkannt, kann er seinen verwerflichen Trieben mit Überzeugung und Freude folgen.

Viele Manager haben anscheinend nicht begriffen, um was es im Manager-Spiel geht. Das oberste Ziel ist, die Herrschaft und die Führung zu übernehmen. Manager, die mit ihrer Aufgabe zufrieden sind und nicht nach „mehr" streben, sind „Memmen".

Natürlich gibt es diese Feiglinge auch heute noch und sie sind die Stützen des Unternehmens. Aber sie werden niemals die Top-Führungsetagen erreichen.

Es geht also im Moment nicht darum, anständig zu führen, die Mitarbeiter zu motivieren, ein Produkt oder eine Dienstleistung anzubieten und loyal zu sein. Es geht auch nicht um Qualität. Es geht einzig und allein darum, die Macht so einzusetzen, dass das Ziel erreicht wird. Für den Herrscher war es das Ziel, die Herrschaft zu erringen. Für den Manager ist das eigene Ziel, das Unternehmen zu vergrößern, das Ergebnis zu verbessern, um das eigene Einkommen zu optimieren und den Chefsessel zu übernehmen. Und irgendwie geht es selbstverständlich um den Börsenwert. Dieser Wert muss steigen!

Nun kann man nicht erwarten, dass man jedes Jahr zweistellige Wachstumsraten ausweisen kann, und auch der Gewinn kann nicht ständig steigen. Dennoch wird der Manager mit solchen Erwartungshaltungen konfrontiert. Und je bessere Vorlagen er gibt, desto anspruchsvoller werden die Erwartungen für die Zukunft. Wie kann ein Manager dieses Anspruchsdenken erfüllen? Und kein Manager darf sich etwas vormachen: Immer wieder wird er auf Situationen im Großen und auch im Kleinen stoßen, in denen er mit unrealistischen Forderungen konfrontiert wird.

Es gibt viele Möglichkeiten, wie der Manager damit umgehen kann:

- Man prügelt auf die Mitarbeiter ein. Druck, Drohungen, Entlassungen zeigen durchaus kurzfristige Erfolge.
- Man schafft neue Strukturen und entgeht damit der Vergleichbarkeit. Zum Beispiel kauft man eine Firma und gliedert sie ein. Man kann auch zwei Bereiche des eigenen Unternehmens zusammenlegen oder einen Bereich in zwei aufteilen. Wie auch immer – man organisiert um.
- Man wälzt die Schuld auf andere ab, auf den Markt, die Terroristen, auf das Wetter. Damit dies gelingt, braucht man eine gute PR-Gruppe.
- Oder man fälscht ganz einfach die Bilanzen. Es gibt viele Tricks, die zunächst nicht auffallen, früher oder später aber doch ans Licht kommen. Dann ist man aber möglicherweise nicht mehr in Amt und Würden.

In der Praxis hat sich folgende Kombination gut bewährt: Der Manager gibt Fehler der vorherigen Leitung zu, auch der Markt und die Konjunktur haben nicht mitgespielt. Die Lösung liegt in einer vom Manager angestrebten großen Umorganisation, die noch einige Zeit der Umsetzung benötigt. Die daraus resultierenden Unsicherheiten und Wechsel forcieren den Druck auf die Mitarbeiter. Sie sollen nun noch mehr (was aber eigentlich?) leisten. Die Krönung dieser Strategie wäre, wenn man auch noch einen Dritten gewinnen könnte, der Ergebnisse, die erwartungsgemäß nicht so guten sein werden, gut verkauft.

Nach dem Lehrbuch sollen Umorganisationen Synergien ergeben. Das ist aber selten nachweisbar. Meist führen Umorganisationen zu anderen Strukturen, die man mit dem vorherigen Zustand nicht mehr vergleichen kann.

Es gibt viele Beispiele über kapitale Fehler, die Manager bei Firmenkäufen und Umorganisationen gemacht haben. In den wenigsten Fällen hat es Konsequenzen gegeben, jedenfalls nicht bei den Managern. Dabei kann man die Fehler den Managern nicht einmal vorwerfen. Im Allgemeinen haben sie keine Erfahrung, solche Projekte anzugehen, denn sie sind keine Profis in der Durchführung von Umorganisationen. So werden eben Fehler gemacht. Es kommt aber darauf an, wie der Manager Fehler präsentiert.

Beispiele: *BMW hatte Rover 1994 von British Aerospace gekauft. Nach sechs Jahren und Milliardenverlusten, zuletzt drei Millionen Euro pro Tag, versuchte BMW das englische Unternehmen wieder loszuwerden. Am 9. Mai 2000 übernahm das Phoenix-Konsortium den Zuschlag für zehn Pfund, ungefähr 15 Euro. BMW schenkte dem Konsortium darüber hinaus unverkaufte Autos in Höhe von 750.000 Euro und gewährte einen zinslosen Kredit in Höhe von 640 Millionen Euro, rückzahlbar bis 2049. De facto war dies ein Geschenk; BMW schrieb den Kredit auch umgehend ab. Wie konnte nun das Phoenix-Konsortium unter dem Manager Towers aus dem Unternehmen Gewinn erwirtschaften? Konnte es natürlich nicht. Rover schreibt nach wie vor rote Zahlen. Welche Interessen hat nun ein Management, solch ein Unternehmen zu führen? Die Manager genehmigten sich zunächst großzügige Gehälter und einen Pensionsfonds* *von 20 Millionen Euro. Es mag zwar das Ziel der Manager sein, das Unternehmen zu sanieren. Es ist aber auch ihr Ziel, persönlich zu profitieren. Natürlich macht auch das neue Management Fehler. Wer ist Schuld, wie wird die Situation präsentiert? Oder kann man den Kampf gar nicht gewinnen? Wann muss man dies verkünden? Kann jemand Rover retten? Gibt es solch ein Manager-Genie? Die Zeit brachte die Antwort: Nein.*

In der Fahrradfabrik AG initiierte ein neuer Vorstand eine Umorganisation. Dabei stand eine Bereinigung des Portfolios im Vordergrund. Man stellte fest, dass man mit einer ganzen Reihe von Geschäftssegmenten Verluste machte. Als strategischer Vorschlag wurde herausgearbeitet, dass man sich von diesen Segmenten und insgesamt 7.000 Mitarbeitern trennen wolle. Diese Geschäftsbereiche mochte man gerne verkaufen.

Der Vorstand, ein recht sympathischer Mensch, verkündete dies auf einer Betriebsratsversammlung und verkaufte den Mitarbeitern mit Ernst und gleichzeitigem Bedauern diese Entscheidung. Ja, das seien schwierige Einschnitte, aber nur so könne man den Bestand des Bereiches bewahren. Auf eine entsprechende Frage einer Mitarbeiterin versicherte er, dass er von dieser Strategie überzeugt sei. Aber natürlich könne man den Erfolg nicht garantieren. Man werde erst in zwei Jahren sehen, ob diese Strategie erfolgreich sein werde.

Nach zwei Jahren war die Strategie anscheinend nicht aufgegangen, denn man hatte weder die Verlustgeschäftssegmente verkaufen noch die Mitarbeiter abbauen können. Die Mitarbeiter wurden so verunsichert, dass die Geschäftsentwicklung sich noch weiter verschlechterte.

Beispiel aus der Geschichte: *Allen ist Nostradamus bekannt. Es schrieb die „Centurien", die „Jahrhundertprophezeiungen". Viel wurde darüber geschrieben und hineininterpretiert – schon zu Lebzeiten Nostradamus'. Richtig verstanden hat seine Visionen wohl niemand. Hat Nostradamus sie selbst verstanden? Warum beschreibt er die Zukunft so verschlungen? Oder wollte er einfach sein Halbwissen kaschieren? Die Zeitgenossen Nostradamus' meinten, sein poetisches Talent sei unzulänglich. Vielleicht waren bei dieser Beurteilung Neid und Missgunst mit im Spiel, aber Kritiker sprachen von „miserablen Versen". Und tatsächlich wimmeln die Texte – die Literaturforschung hat dies bewiesen – von grammatikalischen Fehlern und Syntaxfehlern. Vielleicht war seine undurchsichtige Sprache* *nur ein Täuschungsmanöver, um seine Fehler zu kaschieren und die Unzulänglichkeit als Botschaft zu verkaufen.*

Können wir von Nostradamus lernen? Möglicherweise sollte man einen solchen Stil für Rundschreiben einführen. Manche Manager haben bereits von Nostradamus gelernt. Sie versuchen mit düsteren Visionen die Mitarbeiter gefügig zu machen.

Positives verkünden, Negatives verschweigen

Kein Manager ist fehlerfrei, aber manche erscheinen fehlerfreier als andere. Manche haben ein besseres Image als andere. Wie kann man zu den Besseren gehören? Hier einige Empfehlungen, die man auch leicht umsetzen kann:

- Halten Sie sich immer Bewunderer. Sie brauchen einige Menschen, die ständig Ihr Loblied singen. Das Loblied darf nicht gekünstelt erscheinen. Es muss echt sein. Die Mitarbeiter müssen in der Tat von Ihnen überzeugt sein. Wie erreichen Sie das? Indem Sie in eine ausgewählte Schar von Mitarbeitern investieren, sie konsequent fordern und fördern und sie vor anderen bevorzugen. Es gibt in jedem Unternehmen immer wieder solche Ansätze. Es gibt Programme, die großen Potenziale zu entdecken und die Hoffnungsträger zu finden. Indem man solche Mitarbeiter auswählt und ihnen das Bewusstsein des Auserwähltseins einflößt, *werden* sie zu Auserwählten. Das ist ganz einfach. Diese Strategie kann jeder Manager in seinem mehr oder weniger großen Verantwortungsbereich umsetzen. Diese Mitarbeiter werden schließlich für den Manager auch Position beziehen.

Beispiel aus der Geschichte: *Caesar feierte berühmte und berüchtigte Orgien und empfing Speichellecker und politische Trittbrettfahrer, mit denen er gemeinsame Sache machte. Er bediente sie und machte sie sich gleichzeitig zu Diensten, um sie anschließend für sich auszunutzen. Sie mussten ihn loben und hochleben lassen. Caesar handelte sich mit diesem Vorgehen natürlich auch eine Menge Kritik ein, insbesondere bei der herrschenden Führungsschicht. Aber das Volk liebte die Show. Das Volk* *wollte immer mehr über den klugen und weisen Caesar wissen und erfahren und bejubelte ihn. So wurde ihm auch mancher Fehler verziehen. Populismus nennt man das. Um seinen Ruhm beim einfachen Volk zu vermehren, veranstaltete er gewaltige Fechterspiele, wofür er sich sogar in hohe Schulden stürzte. Er verstand es, sich bejubeln zu lassen, und präsentierte sich in der Öffentlichkeit als schillernde Figur. Caesar war ein Meister der Psychologie und der Public Relations.*

Zum Nachdenken

Du wirst finden, dass in allen Dingen Ruhm und Bewunderung denen zuteil werden, die die besten Fachkenntnisse haben, Schande und Verachtung dagegen die Unfähigen trifft. Strebst du danach, in deiner Stadt gerühmt und bewundert zu werden, so versuche dir für die Aufgaben, die du übernehmen willst, die besten Kenntnisse zu erarbeiten.

SOKRATES

Nach Machiavelli machen Fürsten nie Fehler – und somit unsere Manager auch nicht –, weil das, was sie tun, dem großen Ziel der Machterhaltung und der Überwindung des Chaos dient. Deshalb müssen diese Herrschenden sich auch nicht entschuldigen. Sie haben einfach und immer Recht. Das sollte man als Manager ausdrücklich verinnerlichen: Der Manager hat Recht, was immer geschieht! Deshalb darf er sich gar nicht die Blöße geben, sich zu entschuldigen. Hat er diese Einstellung verinnerlicht, dann wird es ihm Spaß machen, damit zu leben. Selbstzweifel und die permanente Gewissheit, Fehler machen zu können, deprimieren dagegen!

Beispiel: *Eine Legende ist bereits der CEO Al Dunlop. Er wirkte in den USA in den unterschiedlichsten Firmen und entließ dort Zehntausende von Menschen. Er hatte keine Zweifel an dieser Arbeit. Fehler machte er nicht, niemals. Er tat nur das, was eben getan werden musste. Das Wort „Umstrukturierung“ hielt er für unschön und irreführend dazu. Er wollte eher „Rettungsaktion“ sagen. Denn Arbeitnehmer zu entlassen bedeutet Arbeitnehmer zu retten.*

Zum Nachdenken

*Welche Gemütsruhe gewinnt der Mensch,
der sich nicht darum kümmert, was andere sagen, tun oder denken, sondern nur, was er selber tut.
Es entspricht doch wirklich nicht dem Wesen eines guten Menschen,
nach den schwarzen Stellen im Charakter anderer zu suchen;
vielmehr muss er geradewegs auf sein eigenes Ziel losgehen,
ohne nach rechts und links zu schauen.*

MARC AUREL

Das sollte sich jeder Manager merken: Hat ein Wort einen negativen Inhalt und Beigeschmack, sollte er das Wort nicht mehr benutzen und lieber ein anderes Wort einführen, das positive Assoziationen auslöst!

Dieser Al Dunlop entließ bei der Firma Sunbeam in kürzester Zeit 6.000 Mitarbeiter. Daraufhin stiegen die Aktienkurse in höhere Sphären. Zuletzt „krachte die Firma aber an die Wand". Außer „entlassen" fielen ihm keine weiteren Maßnahmen ein. Dunlop erhielt schließlich eine Abfindung von 35 Millionen US Dollar. Als Gegenleistung ging er und ließ das Unternehmen in Ruhe.

Beispiel aus der Geschichte: *Ein anderer bekannter Spieler in der Politik war der Große Kurfürst. Aber er ist einer der am meisten überschätzten Persönlichkeiten der Geschichte. Seine Politik war durchtrieben und mitunter verräterisch, brachte aber nur geringen Erfolg. Der Große Kurfürst lebte in einer Zeit, in der man Erfolg am Flächengewinn maß. In diesem Spiel „Flächenzuwachs" war er nicht erfolgreicher als sein Sohn. Dennoch wurde er lange Zeit bewundert und verehrt, während sein Sohn nur Spott erntete. Wie konnte dies geschehen? Es lag an der Präsentation der eigenen Leistung, an der guten Verkleidung der Fehler durch den Großen Kurfürsten.*

Was ist noch besser als Claqueure einzusetzen?

Am besten ist natürlich die persönliche Größe und die eigene Überzeugung in sich selbst, sodass man Bewunderer nicht mehr braucht. Agiert man auf diese Art und Weise und kümmert man sich um alle Mitarbeiter gleichermaßen, dann kann man zielgerichtet und unaufgeregt arbeiten. Hat man das notwendige Wissen und weiß es überzeugend einzusetzen, dann stellen sich die Bewunderer ganz von selbst ein.

Fazit

Natürlich macht der Manager auch Fehler. Aber es gibt die alte Weisheit, dass man aus Fehlern lernen kann, man sollte nur nicht den gleichen Fehler zweimal machen. Der Manager muss sich von der Vorstellung freimachen, dass er keine Fehler macht. Und im Gegensatz zu Machiavellis Meinung rechtfertigt das Ziel auch nicht jede Dummheit. Wenn aber ein Fehler vorkommt, muss man selbstverständlich nicht offensiv darüber berichten. Wenn man aus Fehlern lernt, können diese sogar in die Lösung integriert werden. Agiert man mit persönlicher Glaubwürdigkeit, stellen sich die Bewunderer bald von selbst ein. Diese Bewunderer sind mehr wert als alle bestellten Claqueure.

16.

Lieber knausern und ab und zu durch Großzügigkeit überraschen als umgekehrt.

Mitarbeiter sollte man niemals verwöhnen: Sparsamkeit ist besser als Großzügigkeit.

Großzügigkeit wird häufig falsch ausgelegt. Viele Mitarbeiter empfinden sie nicht als einen einmaligen, motivierenden Akt, sondern gehen automatisch davon aus, dass dieser Akt wiederholt wird. Und es fallen bereits kritische Bemerkungen, wenn die Großzügigkeit nachlässt. Hat sich ein Unternehmen oder ein Manager dagegen der Sparsamkeit verschrieben, akzeptiert dies jeder. Unerwartete Großzügigkeit wird dann aufmerksam zur Kenntnis genommen.

- Machiavelli war der Ansicht, dass es prinzipiell gut sei, als freigiebig zu gelten. Großzügigkeiten, die vom Volk jedoch nicht als solche erkannt werden, seien kontraproduktiv. Um seinen Ruf der Freigiebigkeit zu erhalten, müsste der Fürst dem Volk viele Geschenke zukommen lassen. Dies werde jedoch früher oder später zur Erhöhung der Steuern und Abgaben führen. Dadurch mache er sich bei seinen Untertanen verhasst und gerate selbst in Armut. So enttäusche die Freigiebigkeit mehr, als dass sie aufbaue, da die Untertanen sich dann an die Freigiebigkeit gewöhnt hätten. Wenn der Fürst die Freigiebigkeit beenden müsse, gelte der Fürst bald als geizig. Machiavelli schlussfolgert daraus: Da man also offensichtlich nicht ausreichend freigiebig sein kann, da man die Freigiebigkeit nicht immer weiter steigern kann, um im Volk als freigiebig zu gelten, soll der Fürst sich nicht scheuen, als geizig zu gelten. Denn im Laufe der Zeit wird seine Freigiebigkeit erkannt, wenn das Volk bemerkt, dass seine Sparsamkeit nicht belastet, da keine höheren Steuern erhoben werden, *„[...] dass er sich im Kriege verteidigen und angreifen kann, ohne sein Volk zu belasten."* So profitiert das Volk von der Sparsamkeit und achtet sie als Freigiebigkeit.

- Ein Fürst sollte seinen Ruf als Geizhals als Ehrentitel tragen, wenn es ihm durch seinen Geiz gelingt, seine Untertanen nicht zu belasten, sich selbst zu verteidigen und nicht zu verarmen, und er so verhindert, doch noch zum Ausbeuter zu werden. Geiz kann eine Herrschaft absichern und belastbar machen. Geiz kann man sich allerdings erst dann leisten, wenn man bereits Fürst und Herrscher ist. Strebt man die Fürstenwürde jedoch erst an, ist es besser, den Ruf der Freizügigkeit zu haben. Den Ruf der Freizügigkeit kann man am besten mit dem Geld anderer, seiner Feinde, aufbauen.

Machiavelli führt als Beispiel Fürsten an, die mit ihren Heeren große Siege errangen und dann freigiebig waren. Ihre Freigiebigkeit finanzierten sie aus den Schatzkammern der Besiegten. Dieses Vorgehen ist nach Machiavelli ganz legitim. Er führt aus, dass der Herrscher nicht so freigiebig sein soll, wenn er das Geld aus der eigenen Kasse nimmt; hat er jedoch Beute gemacht, sollte er sich großzügig zeigen. In solch einem Fall muss er es sogar sein, weil ihm seine Soldaten sonst nicht mehr folgen würden, denn sie sind auf Beute aus. Hat der Fürst jedoch keine Beute gemacht, soll er auch auf die Freigiebigkeit verzichten.

„[...] denn indem du [Freigiebigkeit] übst, verlierst du die Kraft dazu; du wirst entweder arm oder verachtet, oder, um der Armut zu entgehen, räuberisch und verhasst. Aber vor allem muss sich ein Fürst hüten, verachtet und verhasst zu werden; und die Freigiebigkeit führt zu beidem."

Der Fürst ist gut beraten, wenn er als geizig gilt, denn dies führt lediglich zu Murren, aber nicht zu Hass.

Geiz ist geil

Machiavelli beschreibt nur die Zustände der Menschheit seiner Zeit und speziell seines Landes. Aber sind uns seine Ratschläge und

Aussagen so fremd? Sind wir von dieser Einstellung so weit entfernt, wenn uns bereits in der Werbung ein Spruch wie „Geiz ist geil" entgegen geschmettert wird. Machiavelli ist nicht nur unbeteiligter Beobachter ohne moralische Bedenken, sondern vielmehr ein desillusionierter Idealist, der zwar alle guten Eigenschaften begrüßt und für wünschenswert hält, sie aber Kampf ums Überleben in seiner Welt unterordnet.

Geiz und Freizügigkeit stehen für ihn in einer engen Verbindung. Er stellt hierzu folgende Überlegungen auf: Es ist gut, freizügig zu sein, aber wenn dies nicht ohne Weiteres machbar ist, dann sollte man lieber geizig bleiben.

„[Ich] behaupte, dass es gut ist für freigebig zu gelten. Aber die Freigebigkeit, die du übst und die nicht anerkannt ist, ist dir schädlich."

„So hat er mit seiner Freigebigkeit sehr viele beleidigt und nur wenige beglückt."

Freizügigkeit muss sichtbar sein

Freizügigkeit macht nur dann Sinn, wenn sie im Volk auch verstanden wird. Wenn das Volk die Freizügigkeit des Herrschers nicht erkennt, war sie vergebene Mühe und führt nur zu negativen Konsequenzen.

„Gleichwohl, wenn du die Freigebigkeit so ausübst, dass man dich nicht dafür hält, so schadet sie dir; weil, wenn dieselbe tugendhaft, und so wie es sein soll, ausgeübt wird, sie unbekannt bleibt, und du den Schimpf ihres Gegenteils nicht los wirst. Mithin ist man genötigt, wenn man sich unter den Menschen einen freigebigen Namen erhalten will, kein Erfordernis des Aufwands zu sparen: also, dass immer ein solcher Fürst mit dergleichen Werken sein ganzes Vermögen erschöpfen, und endlich gezwungen sein wird, das Volk außerordentlich zu beschweren, fiskalisch zu Werke zu gehen, und alle Mittel hervorzusuchen, wodurch man Geld erpresst. Dies fängt ihn an bei den Untertanen verhasst, und sonst überall gering geschätzt zu machen [...]"

Es gibt wenige Kapitel in „Il Principe", in denen Machiavelli so eindeutig Position bezieht. Natürlich, so sagt er, wäre es gut, für großzügig gehalten zu werden. Wer will schon nicht geliebt werden in seinem Leben? Wenn man aber freigiebig ist, dann muss man so agieren, dass dies für alle sichtbar wird. Großzügigkeit, die das Volk, die die meisten Mitarbeiter nicht sehen, nicht erkennen, nicht wahrnehmen, ist sinnlos. Sie macht dort Sinn, wo sie erlebt wird. Der Slogan „Geiz ist geil" endet für jeden Mitarbeiter an exakt der Stelle, an der der Geiz ihn ganz persönlich trifft. Wie weit kann Freigiebigkeit gehen? Auf keinen Fall so weit, dass die notwendigen unternehmerischen Maßnahmen nicht mehr getätigt werden können. Das ist für jeden Manager klar und unstrittig. Man kann den Mitarbeitern gegenüber nicht so großzügig sein, dass man notwendige Investitionen nicht mehr tätigen kann und man damit die Sicherung der Zukunft aufs Spiel setzt. Machiavelli begründet dies mit historischen Beispielen:

„Papst Julius der Zweyte, sobald er sich seines Rufes der Freigebigkeit zu Vergrößerung des Papsttums bedient, dachte darnach nicht weiter daran, ihn sich zu erhalten, um gegen den König von Frankreich den Krieg bestreiten zu können; und hat so viele Kriege geführt ohne Einführung außerordentlicher Steuern neben den alten, weil seine lange Sparsamkeit den Zuwachs des überflüssigen Aufwands gedeckt hatte."

„Wenn der gegenwärtige König von Spanien für freigebig gehalten worden wäre, er würde so viele Unternehmen nicht angefangen noch durchgesetzt haben. Um also die Untertanen nicht berauben zu müssen, um nicht arm und verächtlich zu werden, indem er sich nicht will nötigen lassen ein Räuber zu sein, darf es ein Fürst nur wenig achten, ob er den Namen des Kargen sich zuzieht, weil dieses eines der Laster ist, die ihn herrschen machen."

Mit dem Geld der anderen kann man großzügig sein

Machiavelli plädiert dafür, mit dem eigenen Geld sparsam zu sein, während man mit dem Geld anderer durchaus großzügiger umgehen könne. Das haben sich vermutlich auch die Manager der Commerzbank gesagt, als sie für ihre Mitarbeiter die Pensionszusagen kürzten und im Gegenzug dazu selbst erhöhte Erfolgsbeteiligungen einsackten. Sie wollten sparsam mit dem eigenen Geld umgehen, das Geld ihrer Mitarbeiter war ihnen nicht so wichtig. Als dieser Fall öffentlich wurde, kam das nicht so gut an.

Manager sind durchaus großzügig, wenn sie die Einlagen der Aktionäre für ihre eigenen Gehälter einsetzen. Besonders amerikanische Manager verdienen mehr als reichlich. Nach einer Aufstellung der New York Times erhielt beispielsweise der Verwaltungsratsvorsitzende der Citigroup, Sanford Weill, insgesamt 44,7 Millionen US-Dollar. Die weltgrößte Bank hat in dem betreffenden Jahr allerdings auch 17,9 Milliarden US-Dollar Gewinn verbucht. Der Chef der Investmentbank Bear Stearns, James Cayne, hatte Gesamtbezüge in Höhe von 26,8 Millionen US-Dollar. Seine Bank verdiente „nur“ 1,2 Milliarden Dollar. Merrill-Lynch-Chef Stanley O'Neal heimste 28 Millionen Dollar ein. Sein Unternehmen kam auf einen Gewinn von vier Milliarden Dollar, nicht zuletzt deswegen, weil man 20.000 Arbeitsplätze abbaute. Rekordgewinne wurden in der amerikanischen Industrie in erster Linie durch den Abbau von Arbeitsplätzen eingefahren, was dann wieder zu den hohen Managementgehältern führte.

Für den Manager ist es gar keine Frage, mit wessen Geld sie umgehen. Den meisten Managern gehört ihr Unternehmen nicht und sie arbeiten also immer mit fremdem Geld. In der spätmittelalterlichen Welt von Machiavelli galt die folgende Empfehlung: Der Fürst soll sein Geld behalten und bewahren, aber an der Beute soll er seine Soldaten partizipieren lassen.

Was heißt das übersetzt für die heutigen Manager? Der Unternehmenswert ist selbstverständlich nicht gefährdet, aber an dem erwirtschafteten Ergebnis sollen auch die Mitarbeiter partizipieren. Aus diesem Grund führen Unternehmen Beteiligungsmodelle ein. Manchmal greifen sie diese Modellen zu einem Zeitpunkt auf, an dem die Geschäftsentwicklung einen Einbruch erleidet oder der Aufwärtstrend abbricht.

Dazu Machiavelli:

„Es sind viele Fürsten gewesen, und haben mit ihren Heeren große Dinge getan, die doch für höchst freigebig gehalten wurden; antworte ich dir: Entweder vertut der Fürst sein eignes und seiner Untertanen Vermögen, oder fremdes. Im ersten Fall muss er sparsam seyn: im andern darf er

an keinem Stücke der Freigebigkeit es fehlen lassen. Auch ist einem Fürsten, der mit Heeren einherzieht, sich von Beute, Plünderung und Steuern nährt und mit fremden Gute schaltet, diese Freigebigkeit unerlässlich, weil ihm sonst die Soldaten nicht folgen würden; und was nicht dein, noch deiner Untertanen ist, davon kannst du reichlicher spenden, wie Cyrus, Caesar und Alexander taten: weil das Vertun des fremden Gutes kein Ansehen dir raubt, vielmehr es vergrößert.“

Zum Nachdenken

Sparen und Hungern kann von nutzen sein;
bei Gelegenheit aber auch das Ausgeben.
Den rechten Augenblick dafür zu erkennen,
zeigt den tüchtigen Mann.

FRIEDRICH SCHLEGEL

Empfehlungen für den Manager

Freizügigkeit muss sichtbar sein:
In Deutschland sprechen wir nicht gern über das Gehalt, dazu sind wir zu vornehm! Damit verzichten wir aber auch auf einen gewissen Anreiz. Welcher Mitarbeiter verdient am besten? Die Besserverdienenden haben doch irgendwie die Verpflichtung, sich besonders engagiert einzusetzen, besonders gute Ergebnisse zu erwirtschaften. Sind die Besserverdienenden bekannt, können die einzelnen Mitarbeiter ihre Leistung beurteilen und die „Wenigerverdienenden“ daraus ein Ziel ableiten.

Leider sind Gehaltsstrukturen aber nicht so leicht vergleichbar. Gehälter und Mitarbeiter haben eine individuelle Entwicklungsgeschichte. Rückstufungen erfolgen in den seltensten Fällen. Möglicherweise funktioniert der direkte Vergleich in unserer Wirtschaftskultur doch nicht.

Ein Anreiz ist die Messung der Gehaltserhöhung am Durchschnitt. Dies ist auch in Deutschland zumindest bei übertariflichen Mitarbeitern möglich. So kann man dem Mitarbeiter sehr gut klarmachen, wo er steht, wie er beurteilt wird und wie seine Entwicklungschancen aussehen.

Viele Unternehmen haben in den letzten Jahren die Aktienoptionen entdeckt. Zunächst kosten sie das Unternehmen nicht viel, wirken aber „richtig modern" und aufgeschlossen. Als solche Programme in großen Unternehmen eingeführt wurden, war dies über Monate das Gesprächsthema in der Firma und schuf eine Zweiklassengesellschaft: die „mit Optionen" und die „ohne Optionen". Leider war die ganze Aufregung umsonst, weil anschließend die Aktienkurse in den Keller gingen und ohnehin niemand Freude an seinen Optionen hatte.

Mit dem Geld der anderen kann man großzügig sein.
Viele Manager entwickeln diesbezüglich eine große Fantasie. Zu dieser Freigiebigkeit gehört zum Beispiel ein Firmenwagen. Man schließt einen vernünftigen Vertrag mit einer Leasingfirma. Allein über die Stückzahl des Großabnehmers kann man dem Mitarbeiter einen Vorteil zukommen lassen, der ihn erfreut und das Unternehmen keinen Cent kostet. Lassen Sie einfach Ihren Einkauf arbeiten. Auch diese Freigiebigkeit muss der Manager natürlich gut vermarkten. Machiavelli sagt:

„Mithin ist man genötigt, wenn man sich unter den Menschen einen freigebigen Namen erhalten will, kein Erfordernis des Aufwands zu sparen."

Geiz ist nur geil, wenn man selber nicht betroffen ist

Machiavelli unterscheidet die Ausgangsposition: *„Entweder bist du schon ein Fürst, dann ist diese Freigebigkeit nachteilig"*, will man aber erst Fürst werden *„tut es schon Not, für freigebig zu gelten."*

Dies trifft selbstverständlich für jeden Manager zu. Schickt man sich an, eine Abteilung zu erobern, sollte man sich ein Image als toller, fördernder Vorgesetzter verschaffen. Es ist gut, wenn die eigenen Mitarbeiter ein solches Image unterstützen und mithelfen es aufzubauen. Dann werden auch die neuen und die potenziellen

Mitarbeiter mit Freuden zu einem halten und der neuen Führung mit Hoffnung entgegensehen. Machiavelli führt Caesar als Beispiel an: *„Und Caesar war einer von diesen, denn er wollte zum Fürstentum über Rom gelangen.“* Also übte er sich in Großzügigkeit, er verteilte Geschenke, ja man kann wohl sagen, er korrumpierte. Als er dann allerdings an der Macht war, stellte er dieses „alberne Getue“ sofort ein. Es wurde ihm zu teuer: *„Hätte er aber, nachdem er dazu gelangt war, weiter gelebt und jenen Aufwand nicht ermäßigt, so würde er jenes Regiment zerrüttet haben.“*

Wenn man als Manager also sein Ziel erreicht hat, sollte man sparsamer werden. Denn je mehr Zugeständnisse man macht, desto mehr gewöhnen sich die Mitarbeiter daran, und plötzlich schätzen sie die Freigiebigkeit überhaupt nicht mehr. Daher kann es sich der Manager hinter die Ohren schreiben, wenn er einmal die höhere Position erreicht hat, kann er die Freizügigkeit ruhig einstellen. Die Mitarbeiter haben ihm geholfen, das Ziel zu erreichen. Machiavelli sagt:

„Es gibt nichts, das sich so sehr selbst aufzehrt, als die Freigebigkeit, weil, indem du sie übst, du die Mittel, sie zu üben, verlierst und dich entweder arm oder schlecht machst.“

Da jeder Top-Manager am Ergebnis gemessen wird, kann er bei den Mitarbeitern wohl sparen, denn jeder eingesparte Euro wirkt sich ein klein bisschen auf seine Erfolgsbeteiligung aus.

Machiavelli sagt aber auch, dass man fremde Güter sehr wohl großzügig verschenken dürfe und solle:

„Auch ist einem Fürsten, der mit Heeren einherzieht, sich von Beute, Plünderung und Steuern nährt und mit fremdem Gute schaltet, diese Freigebigkeit unerlässlich, weil ihm sonst die Soldaten nicht folgen.“

Wie soll man das heute als Manager verstehen? Da liegt doch ein Widerspruch? Machiavelli empfiehlt, wenn ich das hier wieder übersetze, dass man das zusätzliche Ergebnis (Einkaufserfolge, gute Projektabwicklung, lukrative Vertriebsabschlüsse) sehr wohl mit den Mitarbeitern teilen soll. Warum? Weil das die Mitarbeiter noch mehr anstachelt! Sie werden in der Folgezeit die Preise noch vehementer drücken, die Kunden verführen, schneller und effizienter zu arbeiten. Gut so!

Ist man knauserig und achtet auf die Kosten, werden es die meisten Mitarbeiter verstehen und sich daran gewöhnen. Wenn sie dann ab und zu belohnt werden, nehmen sie es dankbar hin. Machiavelli behauptet, dass generelle Freigiebigkeit sogar zur Geringschätzung führen kann. Denn die Mitarbeiter haben sich daran gewöhnt und registrieren kritisch, wenn die jährliche Gehaltserhöhung einmal ausbleibt.

Kritisch wird es aber natürlich, wenn sich gerade in kargen Jahren die Vorstandgehälter im zweistelligen Prozentbereich erhöhen. Deutschlands Top-Manager haben es gelernt, „ordentlich hinzulangen". Ihre Bescheidenheit ist zu Ende. Lauschen wir noch einmal den Erkenntnissen Machiavellis:

„Und unter allem, wovor ein Fürst sich hüten muss, stehen oben an: die Geringschätzung und der Hass; zu beiden führt dich aber die Freigebigkeit. Darum ist es mehr Weisheit, den Namen des Kargen, der einen Schimpf ohne Hass gebiert, zu behalten, als, den Namen des Freigebigen zu erwerben."

Beispiel: *In der Fahrradfabrik AG hatte es sich eingebürgert, dass man jedes Jahr mit einer Gehaltserhöhung rechnen konnte. Dann wurde ein neues Entlohnungssystem eingeführt. Die Mitarbeiter sollten am Unternehmenserfolg beteiligt werden. Als Gegenposten wurden die jährlichen Gehaltserhöhungen minimiert. Was ganz modern und aufbauend geplant war, wurde aber gerade in einer wirtschaftlichen Schwächephase umgesetzt. Die Mitarbeiter erhielten ihre Einkommenserhöhung nicht mehr, konnten aber auch noch nicht aus der Beteiligung profitieren. So gab es einigen Ärger. Aber nach nur einem Jahr hatten die Mitarbeiter das System akzeptiert. Und sie freuten sich über eine individuelle Gehaltserhöhung oder Prämie mehr als je zuvor.*

Beispiele aus der Geschichte: *Von Alexander dem Großen berichtet man, dass er ebenso großzügig wie grausam sein konnte und seine Soldaten so reichlich beschenkte, dass sie als wohlhabende Männer in die Heimat zurückkehrten. Auch Familienangehörige gefallener Krieger wurden reich entlohnt. Das ist sicherlich eine der Methoden Alexanders, mit denen er am Anfang seine Mitarbeiter für sich gewann. Später wurden Grausamkeit und Wohltat gleichermaßen zu seiner Gewohnheit. Das* *eine schreckte nicht mehr, das andere reizte nicht mehr. So verpuffte aber auch die Produktivität und die Innovationskraft seiner Mannschaft.*

Ein anderes Beispiel sind Hannibal und Scipio. Ihre Persönlichkeiten und ihre Führungsstile waren sehr unterschiedlich. Scipio war ein arroganter und eingebildeter Snob, seine Truppen meuterten ab und an gegen ihn und er konnte sie nur mit massiven Solderhöhungen bei der Stange halten, wie das damals üblich war.

Hannibal dagegen verhielt sich grundlegend anders. Auch er stammte aus einer Adelsfamilie, war sich aber niemals zu schade, mit einfachen Soldaten zu verkehren, seine Mahlzeit mit ihnen zu teilen, ihr Leid auf sich zu nehmen oder die Verwundeten zu besuchen. Er belohnte seine Soldaten aus der Beute. Sonst gab es keine Solderhöhungen und die Soldaten waren damit zufrieden.

Scipio ging zwar schließlich aus dem einzigen Aufeinandertreffen der beiden genialsten Feldherren ihrer Epoche als Sieger hervor, aber dies lässt keinen Rückschluss auf ihre unterschiedlichen Fähigkeiten als Kriegs-Manager zu.

Fazit

Wer möchte nicht geliebt und geehrt werden? Aber mit Geschenken kann man sich das nicht erkaufen. Wenn man eine neue Abteilung übernehmen will, ist ein guter Ruf natürlich nicht zu verachten. Wenn man aber sein Ziel erreicht hat, kann man die Großzügigkeit wieder einstellen. Auch Wahlgeschenke werden versprochen – und meistens nicht gehalten. Als Manager sollte man die politischen Parteien nicht unbedingt nachahmen. Aber der Manager muss wissen, dass zu große Versprechen bald zu Enttäuschung, zu große Freigiebigkeit zu Respektlosigkeit der Mitarbeiter führen werden. Beides kann sich kein Manager leisten.

17.

Der Manager sollte gleichermaßen geliebt und gefürchtet werden.

Der Manager hat keine einfache Aufgabe, denn er soll gefürchtet und geliebt werden. Nur die besten Manager schaffen es, gleichzeitig „gemein" und sehr erfolgreich zu sein. Wie geht diese Gleichung auf?

Der Manager ist eine Persönlichkeit. Dem wird jeder zustimmen können. Wenn die Persönlichkeit jedoch ein grauer Bürokrat ist, handelt er sich nur Ärger ein. Man billigt ihm keine Freiheiten zu. Wenn er jedoch ein „Paradiesvogel" ist, kann er noch so widersprüchlich agieren: Er wird geliebt und gleichzeitig gefürchtet.

Machiavelli wusste, *„[...] dass jeder Fürst danach streben muss, für mitleidig und nicht für grausam zu gelten"*.

Aber er weist darauf hin, dass gerade Mitleid vorsichtig angewendet werden sollte. Als Beispiel dient ihm wieder Cesare Borgia, der als grausam galt und dennoch die Romagna wiederherstellen konnte. Ein Fürst brauche sich nicht vor der Nachrede der Grausamkeit zu schützen, wenn er dadurch seine Untertanen vereine und ihm gegenüber zur Treue verpflichte. Denn wenn man durch wenige Grausamkeiten Ordnung halte, sei es besser, als wenn man durch sein Mitleid Mord und Gesetzlosigkeit hervorrufe.

Der Fürst, der einen Staat neu aufbaut, kommt nicht umhin, Grausamkeiten zu begehen:

„Hierzu zwingt mich die Not und die Jugend des geschaffenen Reiches, seine weiten Grenzen zu schützen, mit bewaffneter Wehr."

Dennoch muss ein Fürst, so Machiavelli, mit aller gebotener Vorsicht und Menschlichkeit vorgehen. Ein Fürst solle ebenso geliebt wie gefürchtet werden:

„Daher kommt die Streitfrage, ob es besser sei, geliebt als gefürchtet zu werden oder umgekehrt. Ich antworte: Man sollte beides sein."

Da sich dies aber kaum vereinen lässt, empfiehlt Machiavelli, wenn er schon nicht Liebe und Hass kombinieren könne, lieber gehasst zu werden. Machiavelli nennt auch den Grund:

„Die Menschen im Allgemeinen sind undankbar, wankelmütig, heuchlerisch, feige und gierig. Sie dienen ohne Wenn und Aber, doch nur, solange die Not fern ist. Ist die Not aber erst da, so wird der Fürst, der sich auf ihr Wort verlassen hat, untergehen. Denn Treue, die nicht durch Persönlichkeit oder Charakter entstanden ist (also nur auf vager Zuneigung basiert), existiert zwar, bewährt sich aber nie."

Machiavelli geht noch einen Schritt weiter und vertritt die Ansicht, dass die Menschen weniger Angst haben, einen beliebten Fürsten anzugreifen. Liebe ist an Dankbarkeit gebunden, die in der Not aber leicht verschwindet. Grausamkeit aber ist ein Ruf, der sich lange erhält.

„[...] denn die Liebe wird von der Fessel der Dankbarkeit zusammengehalten, die, wie die Menschen leider sind, sofort zerbricht, wenn der Eigennutz im Spiele ist; aber die Furcht erhält sich durch die Angst bestraft zu werden, die niemals aufhört."

Nach Machiavelli ist „gefürchtet werden" akzeptabel, aber der Fürst soll versuchen, dem Hass zu entgehen. Ideal sei gefürchtet zu werden, ohne Hass hervorzurufen. Machiavelli weiß, wie Hass entsteht: Wenn man sich am Eigentum oder den Weibern der Bürger vergreift:

„[...] denn die Menschen vergessen schneller den Tod ihres Vaters als den Verlust des väterlichen Erbes."

Im Krieg darf der Fürst nach Machiavelli durchaus als grausam gelten, da sein Heer sonst meutern oder desertieren könnte. Als Beispiel führt er Hannibal an, der seine großen Taten mit seinem aus etlichen Völkern gemischtem Heer nicht hätte vollbringen können, hätte er bei seinen Soldaten nicht als grausam gegolten.

„Die unbedachtsamen Schriftsteller gleichwohl bewundern auf der einen Seite diese seine Handlungen, und auf der andern verdammen sie die wesentlichste Ursache derselben. Und wie wahr es sey, dass seine übrigen Tugenden ihm nicht ausgereicht hätten, lehrt Scipio, einer der Seltensten, nicht bloß in seinen Tagen, sondern im ganzen Angedenken der Dinge, von denen man etwas weiß. Wider diesen empörte sich seine Armee in Spanien, woran nichts andres Schuld war als seine zu große Güte, die den Soldaten mehr Freiheit zugestanden hatte, als mit der Kriegszucht sich vertrug. Fabius Maximus warf ihm dies im Senate vor, und nannte ihn den Verderber der römischen Miliz [...] Ich schließe also, um wieder auf Furcht und Liebe zu kommen, dass, da die Menschen nach ihrem Willen lieben, und nach dem Willen des Fürsten fürchten, sich ein weiser Fürst auf das, was sein, nicht auf das, was der Andern ist, stützen muss. Bloß, wie gesagt, den Hass zu meiden muss er sich befleißigen."

Zum Nachdenken

*Kein Tadel ist empfindlicher als der,
welchen man einem gutgemeinten, aber übertriebenen Lobe
gleich an die Seite stellt.*

GOTTHOLD EPHRAIM LESSING

Zum Nachdenken

Solange man dich lobt, glaube nur immer, dass du noch nicht auf deiner eigenen Bahn, sondern auf der eines anderen bist.

FRIEDRICH NIETZSCHE

Über Grausamkeit und Milde oder ob es besser ist, geliebt oder gefürchtet zu werden

Wir kommen zu ganz zentralen Gedanken Machiavellis. Er beschäftigt sich mit dem Aufbau und der Führung des Staates. Machiavelli empfiehl allen Herrschern, lieber *„im Ruf der Milde und nicht in dem der Grausamkeit zu stehen"*. Aber gleich anschließend jedoch warnt er vor dem Missbrauch der Milde und legitimiert die Grausamkeit. Wieder zieht er Cesare Borgia als Beispiel heran und stellt die These auf, dass die Grausamkeit Cesare Borgias die Romagna einte und ihr „Frieden und Ergebenheit“ brachte. Eine dosierte Grausamkeit sei „viel barmherziger“ als das Geschehen in Florenz. In Florenz regierte ein vom Volk gewählter Rat. Dieser oder das Volk habe es nicht verstanden, den Parteistreitigkeiten ein Ende zu machen und damit Grausamkeiten zu verhindern.

Machiavelli vertritt den Standpunkt, dass sich ein Herrscher nicht um den Vorwurf der Grausamkeit kümmern solle, wenn diese der Erhaltung der Einigkeit und Ergebenheit der Untertanen diene. Abschreckende Beispiele seien barmherziger als allzu große Milde, die Mord und Plünderung provoziere.

„Diese treffen [...] die Allgemeinheit, Exekutionen, die vom Herrscher ausgehen, treffen nur Einzelne.“

So mancher Manager kann davon berichten, dass er nicht mit dem Samthandschuh regieren kann, wenn er Ordnung in das Chaos bringen muss. Er wird hart durchgreifen müssen, er hat seinen Worten, seinen Anweisungen Gehör zu verschaffen. Im Idealfall, so Machiavelli, sollte der „Manager“ beides, geliebt und gefürchtet werden:

Stellen wir uns nun die Frage, ob dies überhaupt möglich ist. Gerade zu Beginn einer neuen Herrschaft erscheint es Machiavelli unmöglich, den Ruf der Grausamkeit zu vermeiden, da eine neue Herrschaft vielen Gefahren ausgesetzt ist. Er warnt den Herrscher davor, allzu leichtgläubig und beeinflussbar zu sein, und empfiehlt, maßvoll, klug und menschenfreundlich zu handeln. Lieber solle er auf Beliebtheit verzichten. Er begründet dies mit seiner Sicht des Menschen als *„undankbar, wankelmütig, verlogen, heuchlerisch, ängstlich und raffgierig“*. Solange sie Vorteile erhielten, seien sie ergeben und treu; in der Not würden sie sich jedoch abwenden.

Eines ist sicher: Auch ein Manager sollte kein „Softi“ sein. Derjenige, der die Macht hat, sollte die Macht auch durchsetzen. Persönlichkeiten sind gesucht, die auch Nein sagen können. Jeder Manager weiß, dass man Großes nicht erreichen kann, wenn man auf alle Befindlichkeiten Rücksicht nimmt.

Beispiel: *Eine schillernde Person war sicherlich auch der Infineon Chef Ulrich Schumacher. Im Jahr 2000 übernahm er die von Siemens ausgegliederte Halbleitersparte und führte das Unternehmen im Boom, wo der Aktienkurs von 35 Euro auf über 90 Euro stieg. Auch in dieser Zeit war er bei der Belegschaft nicht unbedingt geliebt, aber doch zumindest geachtet. Dann aber erwischte der Abwärtszyklus das Unternehmen. Der einzige Fehler, den man dem Management dabei hätte vorwerfen können, war, dies nicht ausreichend erkannt zu haben. Schumacher reagierte mit eiserner Hand. Er entließ 5.000 der 35.000 Mitarbeiter und wurde damit zu einem gehassten Chef. Auch das Verhältnis zur Mutter Siemens war nicht gerade bestens. In jüngster Zeit machte Schumann von sich reden, weil er den Konzern ins Ausland verlegen wollte. Schumann hatte um sich einen Zirkel von Vertrauten aufgebaut, mit denen er sich absprach, andere blieben ausgeschlossen. Die sogenannten Corporate Center (Strategie, Personal, Investor Relation, Kommunikation) wurden nach und nach von Getreuen besetzt. Intern nannte man diese Gruppe „Schumacher's Stasi". Mit Druck, einseitiger Bevorzugung und persönlicher Herrschsucht agierte Schumacher, wie es Machiavelli empfohlen hatte. Er vergaß nur, nachdem er die Herrschaft erobert hatte, auch die Mitarbeiter und Kollegen partizipieren zu lassen. Schließlich stürzten ihn die eigenen Vorstandskollegen.*

Der Manager muss konsequent und schnell handeln. Nachdem die Entscheidung bei Infineon getroffen war, das Unternehmen ins Ausland zu verlegen, hätte man dies sofort umsetzen müssen. So aber wurde die Ankündigung zu einem „Rohrkrepierer", der Ulrich Schumacher die Macht kostete. Ein Manager muss handeln und zwar unmissverständlich, „koste es, was es wolle", weil jede Verzögerung teuer und immer teurer wird, materiell und immateriell gleichermaßen. Dabei wird der Manager nicht daran vorbei kommen, einen gewissen Zwang einzusetzen. Irgendwann muss der Manager aber auch diese Phase als beendet erklären und die Mitarbeiter wieder „mitnehmen".

Der Manager muss sich über Eines im Klaren sein: In Krisenzeiten unterstützen die Mitarbeiter nicht den geliebten Manager, sondern eher den gefürchteten Manager. Warum? Weil sie diesen fürchten und durch Wohlverhalten gnädig stimmen wollen. Der geliebte Manager findet weniger Unterstützung. Er wirkt auf die Mitarbeiter nicht bedrohlich. Machiavelli hat das so ausgedrückt:

„Und die Menschen nehmen weniger Anstand, Einen, der sich lieben macht; weil die Liebe an einem Bande hängt, das, da die Menschen schlimm sind, auf jeden Anlass des eignen Nutzens zerrissen wird; hingegen die Furcht hängt fest an einem Schrecken vor Strafe, welches dich niemals verlässt.“

Das heißt, Mitarbeiter wollen ihren Chef eher fürchten. Er kann „Grausamkeiten“ begehen und wird gefürchtet. Machiavelli beruft sich gern auf Hannibal:

„Unter die staunenswürdigen Taten des Hannibal wird auch die gezählt, dass in dem ungeheueren Heere, welches er, aus unzähligen Menschen-Arten gemischt, in ein fremdes Land zu Führung des Krieges geleitet hatte, sich niemals, weder unter ihnen noch gegen den Fürsten, ein Zwiespalt erhub, sowohl in seinem schlimmen Glück, als auch im Guten: Wovon nichts andres der Grund sein konnte, als diese seine unmenschliche Grausamkeit, die, nebst seinen unzähligen Tugenden, ihn immer ehrwürdig und furchtbar in den Augen seiner Leute erhielt, und ohne die seine anderen Tugenden jene Wirkung hervorzubringen nicht ausgereicht hätten.“

Auch andere Quellen berichten über Hannibal: Seine Soldaten liebten und vergötterten ihn, denn er teilte all ihre Leiden und Strapazen. Wenn sie unter freiem Himmel in den Bergen oder Sümpfen schlafen mussten, so tat er es auch, sofern er überhaupt schlief, denn sein geringes Schlafpensum war unglaublich! Manchmal schlief er mitten unter den Soldaten der Wachmannschaften seinen unruhigen Schlaf. Zudem scheint er ein geschickter Psychologe und Demagoge gewesen zu sein, der vor jeder Schlacht in mehreren Sprachen anfeuernd zu seinen Männer sprach. Aber daneben konnte er auch grausam sein. Wenn ein Soldat nicht gehorchte, wurde er geköpft. Wenn ein Krieger erkrankte, wurde er getötet. Seine Soldaten fürchteten und liebten ihn tatsächlich in einem Atemzug.

Machiavelli fasst sein Kapitel folgendermaßen zusammen:

„Da es vom Belieben der Menschen abhängt, ob sie Zuneigung empfinden, und vom Willen des Herrschers, ob sie Furcht empfinden, darf ein kluger Herrscher sich nur auf das verlassen, worüber er zu bestimmen hat, und nicht auf das, worüber andere bestimmen.“

Wenn Grausamkeit zur Tugend wird

Machiavelli hat in diesem Kapitel 17 seines Buches nur ein Ziel, den Herrscher zu unterweisen im Gebrauch restriktiver und brutaler Maßnahmen zur Machterhaltung. Er kommt zum wahren Kern seiner Botschaft und begründet, warum eine Herrschaft der harten Hand, Furcht und Grausamkeit ein sehr effektives Mittel ist. Im Kommentar des konservativen preußischen Geschichtsschreibers Leopold von Ranke (1795 bis 1886) heißt es: „Machiavelli suchte die Heilung Italiens, doch der Zustand desselben schien ihm so verzweifelt, dass er kühn genug war, ihm Gift zu verschreiben.“ Ranke definiert und bringt die Philosophie Machiavellis auf den Punkt: Er hat als oberstes Ziel die Einheit des Staates im Visier, dem er alle Mittel unterordnet. Wenn er den Einsatz von „Grausamkeit“ in dosiertem Maße empfiehlt, dann nur, um das Volk ruhig zu halten und Unruhen zu vermeiden. Als Einwohner des mittelalterlichen Italiens waren für ihn die inneren Streitigkeiten und Auseinandersetzungen eine viel gefährlichere Quelle von Unrecht und Leid als die strafende und dadurch lenkende Hand des Herrschers. Er unterstellt diesem natürlich, dass er im Grunde seines Wesens intelligent, gutartig und charismatisch sei, ohne die bloße Lust an der Grausamkeit und ohne den Willen, sich durch tyrannische Methoden persönlich zu bereichern oder zu ergötzen.

An dieser Stelle versagt unsere Transformation Machiavellis ins Wirtschaftsleben. Selbstverständlich gibt es in vielen Unternehmen Situationen, in denen eine starke Hand gefragt ist. Nur eine „starke Hand“ allein wird in einer komplexen Welt der Wirtschaft Probleme nicht lösen können. Es wird bei jeder Lösung auf das Zusammenspiel von vielen Kräften ankommen. Eine Kraft sind in unserem Wirtschaftsleben zweifelsohne die Mitarbeiter. Der Manager ist also besser beraten, die Mitarbeiter einzubeziehen, als sie unvorbereitet mit Grausamkeiten zu konfrontieren. Viele Mitarbeiter sind bereit, „Grausamkeiten" zu ertragen, wenn sie diese selbst mit beschlossen oder zumindest anerkannt haben.

Viele Manager sind schwierigen Zeiten nicht gewachsen, weil sie keine gefestigten Persönlichkeiten sind. Woran erkennt man das?

- Wenn sie brüllen. Es ist nicht unüblich, dass Manager ihre Mitarbeiter anbrüllen, und auch durchaus erfolgreiche Manager tun dies.
- Wenn sie in Hektik ausbrechen. Manager unter Druck neigen zu hektischen und ziellosen Arbeitseinsätzen. Ihre Anweisungen sind häufig widersprüchlich.
- Wenn sie Anzeichen von Panik erkennen lassen. Sie selbst sind nicht mehr in der Lage, ihre Mitarbeiter zu beruhigen. Ihre Anweisungen und Aufgaben beunruhigen die Mitarbeiter eher.

Aus solchem Verhalten erwächst das Image des Managers, das sich mit Lichtgeschwindigkeit herumspricht. Solch ein Image lässt sich nur schwer korrigieren!

Welche Auswirkungen haben „Grausamkeiten" auf das Image des Managers? Begeht der Manager Grausamkeiten, die von den Mitarbeitern als gerecht empfunden werden, kann er damit sein Image noch verbessern. Werden die Grausamkeiten aber als unmotiviert, nicht zielgerichtet und sinnlos erachtet, dann ist der Manager dabei, ohne es selbst zu wissen, seinen Abgang vorzubereiten.

Beispiel: *Ein Manager in der Fahrradfabrik AG hat dieses Vorgehen überprüft. Er erwartete einen Brief, aber der kam nicht an. Selbstverständlich war niemand daran schuld (möglicherweise die Post), aber auf keinen Fall seine Sekretärin. Aber er brüllte nun die Sekretärin an. Man sollte meinen, dass ein Brief dadurch auch nicht schneller befördert wird. Aber das war ein Irrtum. Die Sekretärin ließ alles stehen und liegen, rief in der Poststation des Unternehmens an, machte irgendwo den Brief tatsächlich ausfindig, holte ihn persönlich ab und lieferte ihn bei dem Manager ab. Er antwortete darauf: „Warum nicht gleich so? Warum muss ich nur schreien?"*

Machiavelli fordert eine Art „gerechte“ Grausamkeit, eine durch staatliche Zwänge und durch die operative Notwendigkeit legitimierte Verfolgung herrschaftlicher Interessen. Die eingesetzten Mittel waren brutal, aber damals waren sie durchaus legitim: Folter und Todesstrafe.

An dieser Stelle kann man gar nicht häufig genug darauf hinweisen, dass Machiavelli auf dem Hintergrund seiner persönlichen Erlebnisse argumentiert. Er hatte die Erfahrung gemacht, dass es vorteilhafter war, eine zentralistische Macht mit allen Befugnissen und Handlungsfähigkeiten zu haben, als eine Unzahl von einflussreichen Familien, Fürsten und ausländischen Größen, die das damalige Italien permanent neu verteilten und das Land mit Kriegen und ihrer Machtgier beutelten. Dies trifft auch für die Unternehmen zu. Es ist besser, in einem straff hierarchisch ausgerichteten Unternehmen zu arbeiten als in einem Unternehmen mit undurchsichtigen Herrschaftsstrukturen. Mitarbeiter sind bereit, für eine gewisse Ruhe und Konstanz in einem Unternehmen auch gewisse „Grausamkeiten“ zu erdulden.

Die Grundüberzeugung Machiavellis war es, dem Herrscher ein permanentes Handlungsmonopol zu sichern und seine Position innenpolitisch zu festigen, um auch außenpolitisch gewappnet zu sein. Dies sah er am ehesten durch eine unangefochtene Machtposition des Oberhauptes im Staate gewährleistet, der sich Respekt, Ehrfurcht und Ergebenheit notfalls auch durch kontrollierte Härte verschaffen sollte, ohne jedoch die Lebensqualität oder das Eigentum der Massen einzuschränken.

Die Ereignisse des 20. Jahrhunderts haben Machiavelli auch heute noch Recht gegeben. Die Entwicklungen im ehemaligen Jugoslawien, in Uganda oder der ehemaligen Sowjetunion zeigen, dass die Reduktion oder das Verschwinden der allmächtigen Staatsmacht in einem ehemals zentralistisch geführten Land zum Aufbrechen alter und neuer ethnischer, religiöser oder wirtschaftlicher Konflikte führt. Diese werden mit einer scheinbar anachronistischen Grausamkeit ausgetragen, die sie wie Relikte einer vergangenen Zeit wirken lassen. Diese Erfahrungen bestätigen die Prophezeiungen Machiavellis, dass das Fehlen einer zentralen Machtinstanz Unruhen, Chaos und Anarchie hervorbringe, da das eigentliche Wesen der Menschen hervortrete, das nicht mehr durch die Furcht vor Strafe oder Nachteile in Schach gehalten werde.

Kann der erfolgreiche Manager den Ruf der Grausamkeit vermeiden? Sowohl nein als auch ja. In vielen Unternehmen agieren die meisten Mitarbeiter leistungsorientiert. Sie arbeiten für den Erfolg ihres Unternehmens und für die Sicherheit ihrer Arbeitsplätze gleichermaßen. Sie bilden damit mit dem Management eine Einheit. „Grausamkeiten" sind in einer solchen Einheit nicht notwendig. Aber dennoch wird man auch diesen Mitarbeitern in Krisenzeiten höhere Leistungsvorgaben machen. Das können durchaus „Grausamkeiten" sein. Sie werden aber von diesen Mitarbeitern nicht als Grausamkeiten empfunden.

Machiavelli warnt den Herrscher davor, allzu leichtgläubig und beeinflussbar zu sein, und empfiehlt ihm, maßvoll, klug und menschenfreundlich zu handeln und gleichermaßen geliebt und gefürchtet zu werden. Sollte man sich aber entscheiden müssen, empfiehlt Machiavelli auf die Beliebtheit zu verzichten.

Dies aber scheint mir ein Widerspruch zu der Situation der heutigen Unternehmenswelt zu sein. Denn der Manager trifft keine einsamen Entscheidungen und seine Mitarbeiter sind nicht „verlogen und heuchlerisch". Aber die Glaubwürdigkeit eines Managers ist sein höchstes persönliches Gut. Danach wird sich die Einstellung seiner Mitarbeiter richten.

Machiavelli empfiehlt, gefürchtet zu werden, aber nicht verhasst zu sein.

Beispiel: *Bei der Fahrradfabrik AG gab es einen Manager, der dafür bekannt war, dass er seine Mitarbeiter streng und teilweise reichlich willkürlich führte. Zu seinem Führungsrepertoire gehörten auch Gehaltskürzungen. Doch er handelte sich damit auch reichlich Ärger ein. Mitarbeiter, Betriebsrat und auch Firmenleitung wurden involviert. Er setzte sich letztendlich durch, aber das Engagement seiner Mitarbeiter blieb auf das Notwendigste beschränkt.*

Auch andere Mitarbeiter hatten mit diesem Vorgesetzten ihre Probleme. Der Manager war leicht erregbar und beschimpfte dann seine Mitarbeiter mit Vulgärausdrücken. Es gab Mitarbeiter, an denen solche Äußerungen abprallten. Es gab andere Mitarbeiter, die deswegen nächte-

lang nicht schlafen konnten. Sie waren verletzt und gekränkt. Die einen ignorierten ihren Chef, die anderen verachteten ihn. Die Effizienz der Abteilung sank rapide.

Machiavelli betont, dass ein Feldherr den Ruf haben sollte, ein grausamer Mensch zu sein. Nur auf diese Art und Weise könne er die „Geschlossenheit und Schlagkraft" eines Heeres aufrechterhalten.

Beispiel aus der Geschichte: *Der chinesische Kaiser sah einmal von einem Berg herab und stellte dabei fest, welch großes Gefolge sein Kanzler hatte, und äußerte sich recht abfällig darüber. Einer der Eunuchen berichtete das dem Kanzler, der sofort, im vorauseilenden Gehorsam, sein Gefolge verkleinerte. Das bemerkte wiederum der Kaiser und ärgerte sich darüber, dass jemand geplaudert hatte. Keiner seiner Eunuchen gestand dies jedoch ein und so ließ er kurzerhand alle Eunuchen, die ihn zu diesem Zeitpunkt begleitet hatten, festnehmen und töten. Zweifelsohne erwarb er sich somit einen gewissen Ruf und eine gehörige Portion Achtung.*

Ein Manager sollte sich hüten, ein solches Image aufzubauen. Es wäre sein Untergang! Ein Manager, der nicht ausreichend geliebt wird, kann sich auch selbst Trost und Aufmunterung zusprechen. Er hält mit sich selbst den folgenden kritischen Dialog:

- „Ich habe der Firma wieder viel Geld eingespart. Allein meine bloße Anwesenheit sichert der Firma das Ergebnis."
- „Dafür verdiene ich eigentlich zu wenig. Ich sollte meinen Chef um eine Gehaltserhöhung angehen."
- „Schließlich belaufen sich die Einsparungen aufgrund meiner Initiativen auf Millionen."
- „Gestern habe ich fast bis Mitternacht gearbeitet. Ich leiste viel für die Firma."
- „Ich werde mich jetzt auch belohnen. Ich gehe jetzt in das beste Restaurant der Stadt und esse gepflegt zu Mittag und hinterher gehe ich Golf spielen."
- „Schließlich bin ich auch auf dem Golfplatz für meine Firma unterwegs."

Fazit

Lieber geliebt sein als gefürchtet, heißt die Devise, am besten aber beides – notfalls aber mehr gehasst als geliebt! Erste Pflicht des Managers ist es, seine Aufgabe zu erfüllen. Dazu muss er manchmal hart und unsentimental durchgreifen. Man kann nicht erwarten, dass jeder Mitarbeiter solch hartes Durchgreifen akzeptiert und den Manager dann auch noch dafür liebt. Die Erfahrung zeigt aber, dass die Mitarbeiter einem gefürchteten und gerechten Chef mehr Aufmerksamkeit entgegenbringen als einem unverbindlichen. Das ist sicherlich gut so!

Als Manager sollte man daraus konkrete Konsequenzen für sein Verhalten ableiten: Es ist immer gut, eine gewisse Distanz zu seinen Mitarbeitern zu wahren. Der Abstand hält die Balance zwischen „geliebt" und „gefürchtet" werden. Der Abstand kann sich darin äußern, dass man mit dem Mitarbeiter nicht per Du verkehrt, und auch Familienkontakte sollten unterbleiben. Das Privatleben gehört nicht in das Büro. Als Vorgesetzter muss man immer wieder einmal Kritik üben. Sie kann durchaus streng, muss aber auch gerecht sein. Der Mitarbeiter muss wissen, dass der Manager über Kompetenz und Anerkennung in seinem Netzwerk verfügt. So kann sich der Mitarbeiter darauf verlassen, dass sein Vorgesetzter die politische Richtung des Unternehmens kennt und seine Abteilung richtig führt.

18.

Die Unberechenbarkeit eines Managers kann wichtiger sein als die Einhaltung eines Ehrenworts. Ob man ein Ehrenwort auch brechen kann?

Der Manager ist ein Ehrenmann (oder eine Ehrenfrau), doch manchmal ist es besser, wenn er sein Wort bricht.

Manager sollten eigentlich berechenbar sein. Doch es gibt Situationen, da wird dieser altbekannte Lehrsatz umgedreht. Machiavelli spricht in diesen Fällen von „Schläue“ und „Gerissenheit“.

Machiavelli meinte, dass es lobenswert sei, wenn ein Fürst sein Wort halte. Dennoch hätten viele Fürsten durch Wortbruch viel vollbracht. Der Fürst hat nach ihm zwei Möglichkeiten, wie er agieren kann: durch das Gesetz oder durch die Gewalt. Wenn das Gesetz keine Wirkung zeigt, muss der Fürst zur Gewalt greifen.

Ein Fürst muss dann wortbrüchig werden, wenn die Einhaltung der Versprechen, die er gab, für ihn zum Nachteil werden und wenn die Gründe, warum er sie gegeben hat, wegfallen.

„Wenn alle Menschen Engel wären, wäre dieser Vorschlag nicht gut; aber sie sind es leider nicht und würden dir nicht Wort halten; daher brauchst du es ihnen auch nicht halten.“

Machiavelli weiter: Natürlich kann man als Fürst viele Gründe finden, die einen Vertragsbruch rechtfertigen. Ein Fürst braucht nicht alle guten Eigenschaften zu haben, er sollte sie bloß vortäuschen können. Alle guten Eigenschaften sind dann schädlich, wenn man sich streng an sie hält. Also sollte man sie nur solange praktizieren, bis die Not schlechte Eigenschaften fordert. Diese müssen in Notzeiten vorhanden und anwendbar sein. Ein Fürst muss, vor allem in neugegründeten Staaten, oft gegen die Menschlichkeit, Milde, Treue, Aufrichtigkeit und Frömmigkeit verstoßen, um den Staat am Leben zu erhalten.

„Daher muss er einen Geist besitzen, der sich nach dem Wind und nach dem Wechsel des Schicksals drehen kann, und der, falls es möglich ist, nicht vom Wege des Guten abweicht, aber in Zwangslagen auch das Böse zu tun vermag."

Anders ausgedrückt, er muss bauernschlau sein!

Nach Machiavelli urteilen die Menschen meist eher mit ihren Augen als mit ihren Gefühlen. Deshalb muss der Fürst den Anschein der absoluten Tugendhaftigkeit erwecken. Nur wenige werden dein wahres Ich erkennen, *„und jene werden nicht handeln können, da sie nicht gegen die Masse anzutreten wagen"*. Beurteilt wird ein Fürst nur nach den Ergebnissen, die er erzielt, danach, ob er siegreich war und ob er den Staat erhalten konnte. Denn jede schlechte Tat wird scheinbar gut, wenn der Pöbel die Tat als Erfolg bewertet. Die klugen Leute kommen nur dann zur Geltung, wenn der Pöbel ratlos ist und die Klugen um Hilfe bittet.

Zum Nachdenken

Das Wahre und das Falsche
gehört zu den bestimmten Gedanken,
die bewegungslos für eigene Wesen gelten,
deren eines drüben, das andere hüben
ohne Gemeinschaft mit dem anderen isoliert und fest steht.
Dagegen muss behauptet werden, dass die Wahrheit
nicht eine ausgeprägte Münze sei, die fertig gegeben
und so eingestrichen werden kann.

Friedrich Hegel

Zum Nachdenken

Die Wahrheit entzieht sich dem Verstand, wie sich die Tatsachen dem Gedächtnis entziehen. Ein reger Geist sieht die Dinge immer wieder von einem anderen Standpunkt an, sodass er dieselben Meinungen bald widerruft, bald wieder annimmt.

VAUVENARGUES

Es ist gut, eine Sache sofort doppelt auszudrücken und ihr einen rechten und einen linken Fuß zu geben. Auf einem Bein kann die Wahrheit zwar stehen, mit zweien aber wird sie gehen und herumkommen.

FRIEDRICH NIETZSCHE

Zum Nachdenken

Beleidigungen sind die Argumente derer, die Unrecht haben.

JEAN-JACQUES ROUSSEAU

Nicht an den anderen denken, alles strengstens um seiner selbst willen tun, ist auch eine hohe Moralität. Der Mensch hat soviel für sich zu tun, dass er immer fahrlässig wird, wenn er etwas für andere tut. Weil soviel für andere getan wird, deshalb sieht die Welt so unvollkommen aus.

FRIEDRICH NIETZSCHE

Wie viel zählt das Wort eines Managers?

Auch für den Manager gibt es Gesetze, Richtlinien und Arbeitsanweisungen. Der Manager wird nun nicht in der Lage sein, die Gesetze zu beeinflussen, aber sehr wohl interne Arbeitsrichtlinien. Ist der Manager aber daran gebunden?

Natürlich steht der Manager nicht über den Gesetzen und schon gar nicht über den eigenen Arbeitsrichtlinien, wenn er ernst genommen werden will. Warum stelle ich also diese Frage?

Machiavelli sät diese Zweifel und regt uns zumindest zum Nachdenken an. Was meint Machiavelli?

Machiavelli beschreibt die Situation folgendermaßen:

„Ihr müsst daher wissen, dass es zwey Arten des Kampfes gibt, die eine durch die Gesetze, die andre durch die Gewalt. Jene erste Art ist den Menschen eigen, die andre den Tieren. Weil aber die erste öfters nicht ausreicht, muss man die Zuflucht zur zweyten nehmen [...]" Und er begründet dies auch noch: *„[...] weil sie aber schlimm sind und ihre Treue dir nicht halten würden, so hast Du sie ihnen auch nicht zu halten. Und niemals werden einem Fürsten gesetzliche Gründe zu Beschönigung des Nichthaltens fehlen."*

Machiavelli geht von einer Gesellschaft aus, in der Wortbruch üblich ist, und fordert den Fürsten auf, sich anzupassen. Machiavelli behauptet, man kommt in dem Kampf um die Herrschaft mit den Gesetzen allein nicht aus, sondern muss auch Gewalt anwenden, weil das so üblich ist. In diesem Sinne und unter diesen Voraussetzungen fordert er den Fürsten auf, Wortbruch zu begehen, wenn es erforderlich ist.

Inwieweit trifft solch ein Verhalten, solch eine Notwendigkeit heute auf unser politisches und unternehmerisches Geschehen zu? Wir können uns an so manche Wahlkampfrede, manches Wahlkampfversprechen erinnern, das zeigt, wie wahr diese Aussage Machiavellis ist. Der Kandidat hat sein Programm entworfen und dem Wähler mitgeteilt: „Für dieses Programm stehe ich ein. Wenn Ihr, liebe Wähler, dieses für richtig haltet, dann macht ein Kreuz bei meinem Namen." Sobald der Kandidat gewählt ist, wird er mit den Tatsachen der Gesellschaft und der Politik konfrontiert – waren ihm diese Tatsachen vorher nicht bekannt? – und er bricht sein Wort ohne sich auch nur mit einem Wort zu entschuldigen. Solch ein Vorgehen ist in unserer Gesellschaft weitgehend üblich, sodass sich niemand sonderlich darüber aufregt. Auch wenn „Wahrheits-Kommissionen" eingesetzt werden, verkommt diese doch meist zu einem politischen Showdown, da die andere Fraktion genauso handeln würde oder bereits genauso gehandelt hat.

Was bedeutet dieser Tatbestand für den Manager? Soll er seine Verträge, Zusagen und Versprechungen brechen? Das wäre wohl reichlich gefährlich. Hat es sich erst einmal herumgesprochen, dass jemand nicht berechenbar ist, dass jemand Verträge bricht, dass jemand nicht verlässlich ist, dann hat er schnell seine Glaubwürdigkeit verloren. Im Geschäftsleben setzt man eine gewisse Berechenbarkeit voraus. Das Verhältnis mit den Kunden oder den Lieferanten muss berechenbar sein, und das Verhältnis mit den Mitarbeitern sollte von einer Art professionellen Vertrauens gekennzeichnet sein.

Dennoch sind im Wirtschaftsleben viele hoch bezahlte Mitarbeiter damit beschäftigt, gebrochene, nicht erfüllte Verträge zu analysieren und über die Konsequenzen nachzudenken. Täglich sind die Arbeitsgerichte damit beschäftigt, Streitfälle zwischen Unternehmen und Mitarbeitern zu klären, in denen es um Wortbrüche geht. Man kann daher durchaus feststellen, dass Wort- und Vertragsbruch im Geschäftsleben üblich sind. Vielleicht kann man es auch so ausdrücken: Viele Mitarbeiter beschäftigen sich mit „unterschiedlichen Interpretationen" von Sachverhalten.

Bei vielen angelsächsischen Firmen ist es üblich, Verträge so zu gestalten, dass über professionelles Claim-Management Mehrforderungen realisiert werden können. Nun ist dies kein Wortbruch nach dem geschriebenen Wort, es sind Usancen in einem Geschäftssegment, das man kennen muss und mit dem man sich auseinandersetzen muss.

Verträge sollten nicht leichtfertig geschlossen und Versprechungen nicht voreilig gegeben werden, wenn man damit rechnet, dass sie ohnehin nicht eingehalten werden können. Sehr wohl sollten Verträge aber so gestaltet sein, dass man sie bei gewissen Vorkommnissen kündigen kann. Nachdem Toll collect entsprechende Leistungen wie das Mautsystem nicht erbracht hatte, kündigte die Regierung den Vertrag. Dies war rechtlich einwandfrei und trotzdem dem Geiste nach ein Vertragsbruch – und wurde aus diesem Grund so auch nicht realisiert.

Jeder Manager kommt in die Situation, in der er Zusagen gegenüber seinen Mitarbeitern machen muss, sei es über ihre Entwicklung, ihre Karrierechancen oder ihre Gehaltsentwicklung. Solche Zusagen sind entweder mit gewissen Vorbehalten zu treffen (wer kennt schon die Entwicklung in der Zukunft!) oder einzuhalten. Das Vertrauen der Mitarbeiter ist das wichtigste Kapital für einen Manager. Er darf keine Wortbrüche gegenüber Mitarbeitern begehen und Veränderungen der Umfeldbedingungen müssen den Mitarbeitern rechtzeitig kommuniziert werden. Wenn man einem Mitarbeiter eine Perspektive aufzeigt, muss man ihn auch auf dem Weg zur Zielerreichung begleiten und mit dem Mitarbeiter darüber sprechen, ob er die einzelnen Meilensteine erreicht hat oder ob sich gewisse Rahmenbedingungen geändert haben. Unter Umständen muss man die Perspektive auch verändern. Dabei bleibt der Manager aber immer noch berechenbar und sich und seiner Grundaussage treu. Gehaltszusagen sind zum einen von der Leistung des Mitarbeiters, zum anderen vom Erfolg des Unternehmens abhängig. Ändern sich die beiden Parameter, kann sich auch das Ziel ändern. Der Mitarbeiter sollte dies aber rechtzeitig erfahren.

Machiavelli gibt uns ein Beispiel eines Betrügers:

„Ich will von den frischen Beispielen Eines nicht verschweigen: Alexander der Sechste tat nie etwas andres als Menschen betrügen, noch dachte er je auf andres, und fand auch immer die Gegenstände dafür. Es hat niemals einen Menschen gegeben, der größeren Ernst im Betheuern gezeigt, mit höheren Schwüren etwas bestärkt, und es weniger gehalten hätte. Nichtsdestoweniger gelangen ihm immer seine Betrüge nach Wunsch, weil er diesen Teil der Welt wohl kannte."

Machiavelli geht von systematischem Betrügen aus. In der ganzen Welt wird betrogen, also muss auch der Fürst betrügen. Er stellt sich aber – zumindest nach unserer heutigen Sicht – die Frage, ob es nicht gerade die Aufgabe des Fürsten wäre, diese Gewohnheiten des Volkes zu ändern.

Ein begabter Spieler des Betrugs und Wortbruchs war Cortés.

Beispiel aus der Geschichte: *Als seine Absicht, Tenochtitlan einzunehmen, unter seiner Truppe bekannt wurde, breitete sich große Unzufriedenheit aus. Durch seine Überzeugungskunst gelang es Cortés, die Menge zu beruhigen und sogar Verbündete, in Form der Totonaken, die schon lange von Montezuma unterdrückt wurden, zu finden. Mit einer genialen Hinterhältigkeit, nämlich aztekische Beamte durch die Totonaken gefangen zu nehmen und diese von spanischen Soldaten befreien zu lassen,* *waren einerseits die Totonaken enger an Cortés gebunden, andererseits hatte er sich das Vertrauen Montezumas gesichert. Um am spanischen Hof Eindruck zu schinden, schickte er eine Galeere, beladen mit Gold, in Richtung Spanien. Gouverneur Velázquez versuchte sie abzufangen, aber dieses Unternehmen scheiterte. Bischof Juan Rodríguez de Fosca bescherte den Abgesandten in Spanien Schwierigkeiten. Mit Hilfe von Cortés' Vater wurde jener allerdings beiseite geschafft. Die Geschenke waren bei König Karl ein voller Erfolg und er sandte Cortés drei Schiffe als Unterstützung. Den Velázquez-Anhängern unter Cortés' Truppe gefiel das gar nicht. So machten sich Verräter auf, ihrem Gouverneur zu berichten, was im Gange war. Sie wurden aber ihrerseits verraten. Um solchen Maßnahmen vorzubeugen, ließ Cortés die Deserteure hängen und seine gesamte Flotte im Hafen versenken. Alle Wege nach Kuba waren somit versperrt.*

Das Beispiel führt uns in eine reichlich konfuse Welt und konfrontiert uns mit der Frage, ob auch ein Manager unter solchen Bedingungen nicht betrügen muss, um zu siegen – sogar noch besser und perfekter als die anderen. Und schließlich stellt sich die Frage: Muss sich ein Manager so benehmen, wie seine Umwelt es verlangt, oder sollte gerade er neue Akzente setzen und eine Umkehr einleiten und fördern?

Sollte er betrügen, wenn die Umwelt betrügerisch ist? Sollte er lügen, wenn die Umwelt lügt? Sollte er den Faustkampf einführen, wenn in der Umwelt der Faustkampf üblich ist?

Welchen moralischen Vorstellungen muss der Manager genügen?

Ein Manager muss nicht mehr oder weniger Moral haben als ein beliebiges Individuum. Es gibt keine Vorschriften und keine Ansprüche, die ihm gegenüber eine besondere Ausprägung von Moral fordern würden. Der Manager muss aber, wenn er Erfolg haben will, glaubwürdig sein. Was hat aber Glaubwürdigkeit mit Moral zu tun? Wenn die Kunden, Lieferanten und Mitarbeiter die Moral eines Unternehmens, eines Managers kennen, dann bedeutet Glaubwürdigkeit, dass sich der Manager im Rahmen dieser Moral verhalten muss.

Wo ist die „Moral" eines Unternehmens dargelegt?

Viele Unternehmen haben sich Leitsätze, Leitbilder und sogenannte Unternehmensphilosophien gegeben, gemäß derer das Unternehmen, die Mitarbeiter und natürlich die Manager handeln sollen.

Beispiel 1: Die Unternehmensphilosophie der Firma Anixter

- Unsere Mitarbeiter stehen an erster Stelle.
- Wir tun, was wir sagen – wir sind zuverlässig.
- Wir praktizieren Service.
- Wir können uns nicht den Luxus leisten, bei unserer Tagesarbeit nachlässig zu sein.
- Wir wollen die Besten sein.
- Wir sind Realisten und wir glauben an die Offenheit.
- Wir sind zugänglich, mit uns kann man unkompliziert zusammenarbeiten.
- Wir sind aggressiv – wir sind Macher – wir arbeiten hart.
- Wir sind oft zufrieden, aber nie satt.
- Wir belohnen unsere Mitarbeiter in angemessener Weise.

Beispiel 2: Das Leitbild von Siemens

- Der Kunde bestimmt unser Handeln: Herausragender Kundennutzen ist das oberste Ziel. Unser Erfolg hängt von der Zufriedenheit der Kunden ab. Mit unseren Lösungen erreichen sie ihre Ziele schneller, besser und einfacher.
- Unsere Innovationen gestalten die Zukunft: Mit neuen Ideen schaffen wir für unsere Kunden neue Produkte, neue Dienstleistungen, mehr Nutzen. Wir sind experimentierfreudig und ermutigen zu fantasievollem Denken. Mit Kreativität und Risikofreude sorgen wir für ein Umfeld, in dem gute Ideen schnell umgesetzt werden können. Dabei fördern wir auch die Ideen anderer.
- Erfolgreich wirtschaften heißt: Wir gewinnen durch Gewinn: Unser Maßstab ist der internationale Wettbewerb. Wir arbeiten ergebnisorientiert und streben nach herausragendem Erfolg und dauerhafter Wertsteigerung. Das sichert uns die nötige Handlungsfreiheit und schafft Vertrauen. Wir ergreifen die Maßnah-

men, die für den wirtschaftlichen Erfolg notwendig sind, und optimieren sie nach Zeit, Qualität und Kosten.

- Spitzenleistungen erreichen wir durch exzellente Führung: Unsere Führungskräfte setzen klare, ehrgeizige und begeisternde Ziele. Wir wollen uns immer wieder selbst übertreffen, sonst tun es die anderen. Wir führen durch Vertrauen und geben unseren Mitarbeitern einen möglichst großen Entscheidungsspielraum. Wir treiben notwendige Veränderungen mutig und entschlossen voran. Bei allem, was unsere Führungskräfte tun, handeln sie als Vorbild.
- Durch Lernen werden wir immer besser: Wir messen uns an den Besten der Welt. Jeder von uns arbeitet daran, ständig zu lernen. Wir suchen und geben offenes Feedback und lernen auch aus Fehlern. Schneller als andere erkennen wir neue Chancen und richten Lösungen, Organisation und Verhalten daran aus. Wir schaffen ein internationales Netzwerk von Wissen, in dem jeder gibt und nimmt.
- Unsere Zusammenarbeit kennt keine Grenzen: Wir sind ein globales Unternehmen und nutzen unsere weltweiten Fähigkeiten. Damit werden wir das beste Team im Wettbewerb. Unser Denken und Handeln ist von Verantwortung für das gemeinsame Ziel geprägt. Unsere Zusammenarbeit zeichnet sich aus durch Vertrauen, persönliche Integrität, gegenseitigen Respekt und offene Kommunikation.
- Wir tragen gesellschaftliche Verantwortung: Mit unserem Wissen und unseren Lösungen leisten wir einen Beitrag für eine bessere Welt. Wir bekennen uns zum Umweltschutz. Wir sind ein anerkanntes Mitglied der Gesellschaft in allen Ländern, in denen wir uns unternehmerisch betätigen. Qualifizierung durch Wissen sichert die Zukunft unserer Mitarbeiter. Integrität prägt den Umgang mit unseren Geschäftspartnern, Mitarbeitern, Aktionären und der Öffentlichkeit. Kulturelle Unterschiede bereichern unser Unternehmen.

Eine Unternehmensphilosophie ist ein Bekenntnis, gegen das regelmäßig verstoßen wird. Auch in Unternehmen gibt es keine Instanz, vor der man „philosophische“ Zusagen einklagen könnte. So wird zum Beispiel aus Kostengründen der Bildungsetat einer Sparte zusammengestrichen, obwohl in der Unternehmensphilosophie ein Bekenntnis zur Weiterbildung steht. Und es geschieht auch gegen Leitbild und Philosophie, dass Führungskräfte den Mitarbeitern keine Entscheidungsspielräume einräumen.

In diesem Zusammenhang können wir erneut Machiavelli das Wort erteilen. Er meinte in unsere heutige Sprache übertragen:

Nehmt die Unternehmensphilosophie nicht ganz so ernst. Es gibt Situationen im wirtschaftlichen Alltag, da müssen solche hehren Gedanken manchmal außer Kraft gesetzt werden. Haben wir das Ziel erreicht, ist das Unternehmen wieder auf Erfolgskurs, können wir uns auch wieder auf die Leitsätze besinnen.

Ob diese Einstellung unmoralisch ist, bleibt der Geschichte überlassen. Im Unternehmen wie im Krieg zählt einzig der Erfolg.

Beispiel: *Es gibt auch in unserer heutigen Zeit Methoden, die aufhorchen lassen. Natürlich kommen sie aus dem Land der unbegrenzten Möglichkeiten. Es ist die Kettensägen-Methode. „Chainsaw" leitet sich von den Managementmethoden von Al Dunlop ab. Er war Generaldirektor der Sunbeam Handelsgesellschaft und hat sich in der amerikanischen Finanzwelt Ruf und Respekt als „Umbiegespezialist" erworben. Er wurde eingesetzt, wenn ein Unternehmen dem Wettbewerbswind nicht standhielt und die Gesellschaft umorientiert, umstrukturiert, umgebogen werden musste. Er hatte das Image aufgebaut, dass er in diesem Fach der Beste sei. So hatte er sich auch den Ruf erworben, seine Ziele schonungslos und unablässig zu verfolgen.*

Er arbeitete mit der Kettensäge-Methode. Was ist das? Es ist das Verhandlungsäquivalent zum puren Faustkampf. Es bedeutet, Schriftstücke zu verfassen und zu versenden, die so eindeutig sind, dass sie beim empfangenden Mitarbeiter Unruhe stiften und ihn entnerven. Nach dem Lesen eines solchen Schreibens soll der Empfänger zittern und denken: „Mein Gott, ich habe es mit einem Verrückten zu tun!" Kettensäge-Schreiben sind irrational, fordernd, einschüchternd. Solche Briefe sind gar nicht richtig beantwortbar, sie sollen nur den Empfänger zu der Vorstellung bringen, dass der Schreiber genau das zu tun gedenkt, was er beschreibt, und dass sich der Empfänger gar nicht dagegen wehren kann.

Der Briefstil ist dabei weder derb noch ungehobelt, er ist lediglich glasklar. Er ist nicht beleidigend, aber bedrohlich. Solche ein Brief ist kein emotionaler Ausbruch, sondern ein kühler, berechneter Versuch, durch unvernünftige Äußerungen, Drohungen und Forderungen das zu erreichen, was auf höflichem Verhandlungswege nicht zu bewerkstelligen war. Ziel ist es, dass der Mitarbeiter freiwillig kündigt. Und: Die Kettensägen-Methode funktioniert – zumindest in den USA.

Zumindest der Anschein von Tugend ist wichtig

Machiavelli betont, dass Tugendhaftigkeit von großer Bedeutung ist. Es geht ihm aber nicht um die Tugendhaftigkeit selbst, sonst nur um den Anschein von Tugend. Dabei geht er davon aus, dass es in dem „verdorbenen" Umfeld keine Möglichkeit gibt, wirklich tugendhaft zu sein, es aber dennoch schön wäre, dafür gehalten zu werden.

Daraus ergibt sich die durchaus ernste Frage, welches Image ein Manager benötigt. Die Vorbildfunktion des Managers zwingt ihn zu einem positiven Image. Außerdem ist es natürlich „menschlich", dass der Manager ein positives Image haben möchte. Selbstverständlich ist kein Manager ohne Tadel und Fehl, was aber nicht alle Manager akzeptieren.

Es gibt zwei Methoden, mit dem Problem der Imagefrage umzugehen. Die erste Möglichkeit ist, bewusst auf sein Image zu achten. Das kann man in Schulungen und Kursen erlernen. Wie verhält man sich als Manager gegenüber seinen Mitarbeitern, wie gegenüber den Kunden, wie gegenüber den Vorgesetzten? Es gibt *dos* und *don'ts*. Diese kann man erlernen und sich bemühen einzuhalten.

Mittlerweile hat sich aber ein anderer Trend durchgesetzt: Es handelt sich um den „menschlichen Manager". Diese Vorstellung basiert auf der Einsicht, dass ein Manager durchaus Fehler machen darf, sofern er mit diesen Fehlern offen und unverkrampft umgeht. Ein Manager, der Fehler macht, diese offen zugibt und auch noch daraus lernt, ist das Vorbild. Das ist nicht zu verwechseln mit den

Selbstbezichtigungen der Mao-Periode oder mit den tränenreichen Entschuldigungen japanischer Manager!

Jedes Image ist subjektiv und jeder Manager hat fast für jeden Betrachter ein anderes Image. Damit muss er leben. Wichtig ist lediglich ein gewisses Maß an Glaubwürdigkeit. Aber auch diese Glaubwürdigkeit kann nicht jeder Manager in jeder Lebenslage bieten.

Bei Anixter werden die Manager-Vice-Presidents folgendermaßen beschrieben:

„Vice Presidents sind nette Kollegen mit Erfahrungen und Kenntnissen, die Deiner Arbeit zugute kommen können. Vice Presidents haben Kontakte und Beziehungen, sind gute Verkäufer und sind befähigt, besondere Aufgaben zu übernehmen. Das gibt Dir Spielraum und weitere Entwicklungsmöglichkeiten. Vice Presidents sind für Dich da und nicht umgekehrt."

Beispiel: *In der Fahrradfabrik AG gab es einen Manager, der die Verantwortung über ein Werk hatte. In dieser Position übernahm er einen Zulieferbetrieb und integrierte ihn in dieses Werk. Der Zulieferbetrieb besaß ein kontaminiertes Gelände, das aus Unkenntnis von der Fahrradfabrik AG mit übernommen wurde. Nach ein paar Jahren erst wurde man auf das Problem aufmerksam. Das Gelände musste gesäubert werden. Die daraus entstehenden Kosten drückten über drei Jahre massiv das Ergebnis. Der Manager, der den Kauf verschuldete, hatte in der Fahrradfabrik AG ein sehr positives Image. Nach einiger Zeit gestand er, dass die Expansion auf dem amerikanischen Markt zu langsam vorangehe, und er übernahm dafür die Verantwortung. Er werde sich in Zukunft stärker dafür einsetzen. Niemand erfuhr jedoch, dass er auch für den Kauf des Zulieferers verantwortlich war. Säuberlich hatte er seinen Namen aus allen Gesprächen und Aktivitäten herausgehalten. Ein Schuldeingeständnis in diesem Fall hätte sein Image zu stark angekratzt.*

Muss ein Manager die Wahrheit sagen? Wir wollen uns gar nicht darum bemühen, zu ergründen, was Wahrheit eigentlich ist und welche Wahrheit wir meinen, wenn wir von Wahrheit sprechen. Ein Manager muss nicht einmal bewusst lügen! Es ist die tägliche Praxis, dass er Tatbestände so formuliert, dass sie seine Sicht der Dinge unterstützen. Es geht nicht darum, wie viel Lüge oder wie viel Wahrheit in seinen Aussagen steckt. Es liegt an der Überzeugungskraft des Managers, diese Aussage als Wahrheit erscheinen zu lassen!

Es gibt viele Wahrheiten. Es gibt meine Wahrheit und es gibt zehn andere Wahrheiten von anderen Personen, die einen Sachverhalt mit anderen Augen sehen. Die Wahrheit ist relativ. Somit wird selbst eine Lüge des Managers zur Wahrheit. Der Manager hat das Recht, seine Wahrheit zu bestimmen. Alles, was er sagt, ist wahr! Viele Manager und Politiker haben dies verinnerlicht, sonst könnte man nicht in Pressekonferenzen Aussagen hören wie: „Wir haben immer korrekt bilanziert." Selbstverständlich hat der Manager mit dieser Aussage Recht. Es ist die Wahrheit, denn so wie bilanziert wurde, ist es richtig, war es richtig, wird es in aller Ewigkeit richtig sein!

Wahrheit ist grundsätzlich alles, was der Manager sagt. Man kann vielleicht unterscheiden zwischen einer Wahrheit, die beweisbar ist, und einer Wahrheit, die nicht beweisbar ist. Daraus ergibt sich die Schlussfolgerung, dass alle Aussagen des Managers, die nicht beweisbar sind, auch wahr sind.

Eine alte Anekdote über die Glaubwürdigkeit der politischen Klasse besagt:

„Talleyrand sagte stets die Wahrheit und täuschte immer, Metternich log immer und täuschte nie."

Auch viele Manager kommen im Biegen und Beugen der Wahrheit an diese beiden großen Vorbilder heran. Und wer es noch nicht geschafft hat, kann daran ja noch arbeiten!

Fazit

Es empfiehlt sich für jeden Manager, ein positives Image zu wahren. Je mehr er in die Niederungen des täglichen Geschäfts steigt, desto schwieriger wird allerdings die Pflege dieses Images. Er wird im Interesse des Unternehmens Beschlüsse, Verträge, und Richtlinien überprüfen und korrigieren müssen. Das ist ein normales Vorgehen. Pflegt er das Image eines Ehrenmannes, muss er seine Aktivitäten entsprechend gestalten. Am besten, er unterschreibt keine Verträge, sondern er lässt unterschreiben. Somit gestaltet er in einem gewissen Maße, indem er das eine tut und andere Dinge unterlässt, seine individuelle Wahrheit.

19.

Wie man Mitarbeiter durch „Quälereien“ trefflich führt. Vorsicht aber vor Übertreibung, Verachtung und Hass sind zu vermeiden.

Der Manager sollte alle Aktivitäten vermeiden, die dazu führen, dass man ihn hasst und verachtet. Es könnten Verschwörungen entstehen. Wie geht man gegen Verschwörer vor? Oder noch besser: Wie verhindert man Verschwörungen?

Ein Manager sollte sich keine Feinde machen. Hat er doch Feinde, sollte er versuchen, sie zu eliminieren, indem er sie am besten weglobt. Das ist immer noch besser, als sich einer Verschwörung auszusetzen. Wie erkennt man aber eine Verschwörung und was kann man dagegen unternehmen?

Machiavelli warnte:

Der Fürst muss alle Dinge meiden, die ihn verhasst und verachtet machen. Verhasst macht er sich durch den Zugriff auf Besitz und die Frauen seiner Bürger. Verachtet wird der Fürst, wenn er als verweichlicht, leichtsinnig, kleinherzig und unentschlossen gilt. Deshalb muss der Fürst dafür sorgen, dass seine Taten Größe, Mut, Ernsthaftigkeit und Tapferkeit widerspiegeln. Seine Beschlüsse müssen als unwiderruflich gelten, damit kein Bürger versuchen kann, ihn zu betrügen.

Der Fürst hat nach Machiavelli zwei Arten von Gegnern: die innerhalb und die außerhalb des Landes. Gegen äußere Feinde hilft eine gute Truppe und ein oder mehrere gute Bündnispartner. Ist die auswärtige Lage gesichert, so wird es auch im Inland zu weniger Unruhen kommen. Geheime Verschwörungen muss er fürchten. Der Fürst kann solchen Entwicklungen aber vorbeugen, indem er Hass und Verachtung vermeidet und das Volk zufriedenstellt. Es muss mit absolutem Vorrang verhindert werden, dass der Fürst vom Volk gehasst wird. Denn in diesem Fall könnten die Verschwörer glauben, dem Volk einen Gefallen zu erweisen, wenn sie den Fürsten beseitigen. Wird das Volk durch dessen Tod aber erbost, so würden sich die Verschwörer selbst schaden. Eine standfeste Herrschaft, pragmatische Gesetzgebung, Truppen, Bündnispartner und das Wohlwollen des Volkes nehmen also jeder Verschwörung die Grundvoraussetzungen.

Ist das Volk dem Fürsten wohlgesonnen, so Machiavelli weiter, muss er nichts befürchten. Hasst das Volk aber den Fürsten, so muss er sich vor jedermann in Acht nehmen. Hinter jeder Ecke lauert der Attentäter. So haben wohlgeordnete Staaten und kluge Fürsten darauf geachtet, die Mächtigen nicht zur Verzweiflung zu bringen und das Volk zufriedenzustellen. In Frankreich wurden beispielsweise die Parlamente eingerichtet, damit sie den Ehrgeiz des Adels und des Großbürgertums beschränkten und die weniger Mächtigen stärken. Sie erwiesen sich als eine wichtige Stütze des Königs. Auf eine einfache Formel gebracht bedeutet dies:

Ein Fürst muss auf die Großen achten, aber darf sich nicht beim Volk verhasst machen.

Verachtung und Hass sind zu vermeiden

Wenn wir Machiavelli bis hierher gefolgt sind, können wir feststellen, dass im Grunde so manche seiner Aussagen dazu führten, dass Fürsten und Herrscher, die sie befolgt haben, in der Tat vom Volk gehasst wurden. Machiavelli lässt aber die Einschränkung folgen, die Taten der Herrscher sollten so sein, dass niemand den Grund hat, den Verursacher zu hassen oder zu verachten.

Das ist fast eine Kehrtwendung und daher nicht einfach zu verstehen. Wie meint Machiavelli das genau?

„[...] kurz unter diese allgemeine Regel fassen: dass, der Fürst bedacht sei, alles, was ihn verhasst oder verächtlich macht, zu vermeiden. Und allemal, sobald er dieses vermieden hat, wird er sein Amt wohl ausgefüllt haben, und sonstige Schimpflichkeiten für ihn ganz ohne Gefahr sein. Verhasst macht ihn vor allem, wie ich sagte, die Raubgier und Usurpation der Güter und der Frauen seiner Untertanen, deren er sich enthalten muss."

Machiavelli drückt sich klar aus. Für Manager könnte dies heißen: Gehaltskürzungen und Sex mit den Frauen oder Männern seiner Mitarbeiter sollte der Manager unterlassen! Alle anderen Aktivitäten dagegen, mit denen man sich im Managerleben durchsetzen muss, sind erlaubt. Wie ist das gemeint?

„Verächtlich wird der, welcher für wankelmütig, leichtsinnig, weibisch, feig und unentschlossen gilt [...]"

Machiavelli meint, dass der Manager geradlinig vorgehen soll, selbstsicher und in dem Bewusstsein, dass das, was er tut, auch richtig ist. Das kommt uns bereits bekannt vor.

Wie geht man als Manager damit um? Machiavelli beschreibt einen Strauß von Maßnahmen, die man als Fürst und „Manager" umsetzen sollte. Es gibt einige Maßnahmen, die bei den Betroffenen Hass und Verachtung auslösen. Diese Maßnahmen sind zu unterlassen. Welche Maßnahmen sind das?

Die schwierigste und folgenreichste Maßnahme ist eine Entlassung. Aber es gibt Situationen, in denen ein Manager Mitarbeiter entlassen muss. Es gibt Situationen, in denen er sich vor einer solchen Entscheidung nicht drücken kann. Entscheidend ist, wie er eine solche Maßnahmen umsetzt. Ist der Manager bereit, dem Mitarbeiter die Entscheidung zu begründen und persönlich mitzuteilen, oder überlässt er dies der Personalabteilung? In den USA ist es teilweise üblich, dass Entlassungen per E-Mail verbreitet werden. Dies fördert Hass und Verachtung. Der Grund liegt in der Unfähigkeit der Manager. Amokläufer fallen zwar statistisch nicht ins Gewicht, aber es gibt Menschen, die aufgrund einer Kündigung zum mehrfachen Mörder werden. Die Firma Anixter beugt dem in ihrer Unternehmensphilosophie vor: *„Wir entlassen unsere Mitarbeiter* *nicht. Wenn Mitarbeiter ihre Arbeit nicht machen oder nicht länger zu uns passen, bitten wir sie, unser Unternehmen zu* verlassen."

Es geht aber nicht nur um Entlassungen, die Hass und Verachtung hervorrufen können. Viele andere Maßnahmen können dies auch bewirken. Immer gilt jedoch der wichtige Grundsatz, dass es nicht die Maßnahme an sich ist, um die es geht, sondern die Art und Weise, wie diese Maßnahme umgesetzt wird.

Beispiel: *In der Fahrradfabrik AG gab es einen Manager, der seine Sekretärin intensiv mit privaten Tätigkeiten beschäftigte. Jeden Morgen schloss er sich mit seiner Sekretärin in sein Zimmer ein und diktierte private Briefe, ließ Rechnungen bezahlen, gab Einkaufsaufträge. Da er dies konsequent machte, also jeden Morgen, gewöhnte sich seine Sekretärin daran und akzeptierte dies auch. Ab und zu wurde sie auch belohnt. Er lud sie sogar nach Hause zum Schweinebratenessen ein. Schwierigere Aufträge erhielten die erfahreneren Mitarbeiter, zum Beispiel den Verkauf des Zweitwagens oder den Einkauf von Gardinen. Wurden die Aufträge nicht mit absoluter Priorität ausgeführt, beschwerte er sich lautstark, ja er brüllte den Mitarbeiter regelrecht an. Damit schuf er sich Respekt. Diese Freiheiten im Umgang hatte sich der Manager genommen. Niemand hatte dies untersagt, es gehörte sozusagen zu seinem Stil. Dieser Manager hatte auch die Angewohnheit, seine Mitarbeiter zu beschimpfen. „Sie sind eine Niete!", „Am liebsten würde ich Sie entlassen!", „Sie schreiben wie ein sechsjähriges Kind!" Zuerst waren die Mitarbeiter überrascht, aber mit der Zeit gewöhnten sie sich daran. Der Manager hatte seinen persönlichen Stil – zwar gewöhnungsbedürftig, aber er wurde nicht gehasst.*

Nach Machiavelli stellt es keinerlei Problem dar, wenn man seine Mitarbeiter „quält". Man sollte es nur nicht übertreiben! Man kann grausame Maßnahmen beschließen, aber die Umsetzung für den Mitarbeiter verträglich gestalten.

Beispiel: *Die Aktivitäten des Managers der Fahrradfabrik AG betrafen insbesondere seine direkt unterstellten Gruppenführer. Eines Tages beschlossen sie eine Verschwörung zu planen. Sie wollten sich beim nächsten Vorgesetzten über seinen Führungsstil beschweren. Sie überlegten das Vorgehen. Dann erschienen ihnen die Vorwürfe aber so absurd, so unglaubwürdig, dass sie die Verschwörung absagten. Die Gruppenführer* *kamen zu dem Schluss, dass der übergeordnete Vorgesetzte wohl eher seinem Manager glauben würde als ihnen.*

Ähnliches geschah übrigens auch viele Jahre in der katholischen Kirche. Die Vorwürfe, dass liebevolle Priester sich an kleinen Knaben vergingen, schienen so absurd, dass niemand einschritt. Nur die Presse ...

Ein gutes Beispiel ist auch Bill Gates. Es wird allgemein berichtet, dass er ein quälender Manager ist, aber trotzdem seine Mitarbeiter motiviert.

Er kann nie den Umfang eines Projektes abschätzen und steckt seinen Mitarbeitern daher unrealistische (oder sagen wir doch lieber „anspruchsvolle") Ziele. Gerne brüllt er sie an, wenn er unzufrieden ist. Besonders gekonnt demotiviert er sie (oder zeigt ihnen, wer das Sagen hat), indem er ohne nennenswerte Verbesserungen (wie er selbst zugab) ihre Arbeit persönlich „verbessert". Auf Lob und Anerkennung verzichtet er. Aber er gibt sehr wohl finanzielle Anreize. Er weiß als Manager, dass Geld die Welt regiert und die Mitarbeiter allzumal. Und er motiviert seine Mitarbeiter dennoch, weil es vielen dieser Mitarbeiter ausreicht, Teil „seiner Revolution" zu sein. Das war für sie der ausschlaggebende Antrieb, Nächte hindurch zu arbeiten. So erreichten sie die anspruchsvollen Ziele.

Erfolg entschuldigt viel

Lassen wir noch einmal Machiavelli zu Wort kommen:

„Darum soll ein Fürst zwey Befürchtungen haben: eine innere, wegen der Untertanen, eine äußere, wegen der fremden Mächte. Vor dieser schützen ihn gute Waffen, und gute Freunde; und immer, so lang er gute Waffen hat, wird er auch gute Freunde haben, und werden immer die inneren Angelegenheiten feststehen, sobald die äußeren feststehen."

Was meint Machiavelli damit? Bill Gates zog Mitarbeiter an, weil er nach „außen" Erfolg hatte. Er konnte sich „innen" weitgehend gehen lassen. Erfolgreiche Unternehmen sind attraktiv für neue Mitarbeiter. Die besten Unternehmen können die besten Studienabgänger gewinnen.

Auf das Wirtschaftsgeschehen kann man die Aussagen Machiavellis direkt übertragen: Nach außen überzeugt nur der wirtschaftliche Erfolg. Ein positives Außenverhältnis hat seine Auswirkungen auch auf das Innenverhältnis. Die Aufbruchsstimmung im Innenverhältnis hat wiederum direkt Einfluss auf den Erfolg und die Ertragskraft des Unternehmens.

Der Manager hat im praktischen Leben meistens keine Möglichkeit, zwischen „außen" und „innen" zu entscheiden und zudem noch Prioritäten zu setzen: Er muss synchron arbeiten, denn die Verknüpfungen sind zu stark. Erfolg entschuldigt viel, aber Erfolg stimuliert auch.

Beispiel aus der Geschichte: *Obwohl Alexander der Große eigentlich bei den Soldaten sehr beliebt war, rief sein Versuch, die Proskynese, ein persisches Hofzeremoniell mit Fußfall, einzuführen, großen Unwillen bei den Soldaten und den makedonischen Adligen hervor. Bei Alexander prägte sich immer mehr der Hang zur absoluten Macht aus, wobei er sich dies natürlich erlauben konnte. Er saß erfolgreich auf seinem „Managerstuhl". Aber dennoch begann sich aus dem Murren eine ernste Verschwörung herauszukristallisieren. Nachdem er einen jungen makedonischen Adligen hatte auspeitschen lassen, da ihm dieser bei der Jagd einen prächtigen Eber vor der Nase weggeschnappt hatte, plante der junge Mann mit wenigen Verschworenen die Ermordung Alexanders. Das Komplott wurde entdeckt und der junge Mann und die anderen Verschwörer hingerichtet. Doch Alexanders Rache erstreckte sich auf weitere Kreise. So wurde zum Beispiel auch der Lehrer der Verschwörer hingerichtet. Die Sippenhaft schien erfolgreich gewesen zu sein.*

All dies schadete Alexander nicht. Im Gegenteil, er behauptete sich als die Nummer eins. 327 v. Chr. leistete er sich sogar den Luxus, im Vollrausch seinen Freund und Hetairen Kleitos zu töten, weil er ihm bei einer Orgie öffentlich widersprochen hatte. Kleitos war zu einem bedeutenden, mächtigen und äußerst beliebten Reitergeneral aufgestiegen, sodass es auch denkbar ist, dass Alexander diese Tat absichtlich begangen hat. Jedenfalls begehrte keiner gegen diese Untat auf. Es gab keine weitere Verschwörung.

Dieses Beispiel belegt die These, dass der Erfolg nach außen im Innenverhältnis freie Hand lässt. Ist man erfolgreich, kann man seine Mitarbeiter leichter fordern. Es erscheint nach Machiavelli eine gewisse Notwendigkeit darin zu bestehen, Mitarbeiter zu „quälen", weil sie sich sonst zu große Rechte und Freiheiten herausnehmen. Dies steht nicht im Einklang mit einer aufgeklärten Mitarbeiterführung! In der Unternehmensphilosophie der Firma Anixter ist ein Kapitel unverständlich mit „LIAHO" überschrieben, was ausgeschrieben bedeutet: „Let It All Hang Out!" Die Übersetzung lautet: *Denke! Denke oft, denke hart ... dann sage, was Du denkst. Empfinde! Hab starke Empfindungen ... dann äußere sie. Es ist gut für dein Allgemeinempfinden!*

Selbstverständlich müssen mit Mitarbeitern auch unangenehme Dinge besprochen werden. Dies muss jedoch mit Anstand erfolgen und es besteht keine Notwendigkeit, einen Mitarbeiter über Gebühr zu quälen.

Zum Nachdenken

Zurechtweisung kann in den meisten Fällen durchaus in gelinder Form erfolgen unter voller Wahrung des Ernstes, sodass die Strenge nicht zu kurz kommt und Beschimpfung vermieden wird. Selbst einem Vorwurf, so bittet er, nimmt man den Stachel, wenn der Betroffene merkt, dass man nur um seinetwillen, will heißen, zu seinem Besten, dazu greift. Ist es doch sogar in Streitreden, die wir mit erbittertsten Gegnern ausfechten, richtig, auch dann, wenn wir Beleidigungen zu hören bekommen, würdevolle Haltung zu bewahren und Zorn nicht aufkommen zu lassen.

CICERO

Gibt es noch „den Machiavellisten"?

Ein Machiavellist ist immer glücklich – außer wenn er über etwas wütend ist. Er ist zwar oft wütend, weil er dies als Teil seiner

Führungsaufgabe sieht, aber ansonsten ist er glücklich. Er hat sich die Sekretärin mit den hübschesten Beinen eingestellt und hat köstlichen Champagner in seiner Bürobar. Er kann immer nach Belieben auf ein Auto mit Chauffeur zugreifen und sich durch die Gegend fahren lassen, hat ein Handy, das ihn wichtig macht, und den neuesten Laptop. Damit kann man Eindruck schinden! Das sind Gründe, um glücklich zu sein.

Ein Machiavellist ist mit seiner Umwelt immer unzufrieden, nur mit sich selbst ist er im Reinen. Er hat ein hohes Selbstwertgefühl, das ihn auch ausgeglichen auftreten lässt. Aber die anderen, die Mitarbeiter, die Kollegen, ja selbst die Vorgesetzten machen ihn unzufrieden. Die sind nicht gut genug, nicht pünktlich genug, nicht korrekt genug, nicht arbeitsam genug. Der Machiavellist kann gut „quälen" und er ist darauf stolz. Irgendjemand muss die Drecksarbeit ja schließlich machen – und er spürt dabei sogar eine gewisse Befriedigung.

Wenn man als Machiavellist Großes leisten will, muss man auch manchmal gemein sein. Wenn man einen Konzern umgestalten will, muss man zu den Mitarbeitern niederträchtig sein, wenn man gute Arbeitsleistung verlangt, muss man auch mal „böse" sein. Die Mitarbeiter haben – natürlich unbezahlte! – Überstunden zu leisten, wenn die Arbeit anfällt, und ein Urlaub ist dann eben zu verschieben.

Richard III. ist nur König geworden, weil er gemein war. Joseph McCarthy ist berühmt geworden, weil er verschüchterte Linke in Schauprozessen hinter Gitter brachte. Kenneth Starr hat es zu national-amerikanischem Ruhm gebracht, weil er Präsident Clinton marterte und ihm genussvoll kleine sexuelle Missgriffe nachwies. Alle haben es zu etwas gebracht, weil sie gemein waren. Also sollte der Manager versuchen, mit „Genuss zu quälen". Dann hat er wenigstens etwas davon!

Fazit

Verachtung und Hass sind zu vermeiden. Da „gute" und „schlechte" Taten manchmal gar nicht so leicht auseinander gehalten werden

Zum Nachdenken

Alles, was auch nur irgendwie schön ist,
das ist aus sich selbst heraus schön und in sich selbst fertig,
ohne das Lob als einen eigenen Teil einzuschließen.
Wenigstens jedenfalls wird das Gelobte nicht schlechter
oder besser.
Wird denn ein Smaragd schlechter, als er ist,
wenn er nicht gelobt wird.

MARC AUREL

können, sollte man sich mehr darauf konzentrieren, in seinen Handlungen konsequent zu sein. In einem erfolgreichen Unternehmen ist die Mitarbeiterführung einfacher als in einem Unternehmen, das saniert werden muss. Manchmal *kann* man gemein sein, manchmal *muss* man gemein sein. Man sollte aber wissen, wo die Grenze liegt. Man sollte nämlich nie *zu* gemein sein!

Wie immer man handelt, man muss darauf achten, nicht für einen Feigling, für einen unentschlossenen und labilen Manager gehalten zu werden. Denn dies bedeutet, dass man schwach wäre, und Schwäche zieht Verachtung und Hass an.

20.

Viel Feind', viel Ehr': Managerqualitäten wachsen mit den Anforderungen.

Manager müssen ab und zu ihre Größe und Macht demonstrieren. Dazu gibt es bewährte Methoden: Man organisiert um oder „exekutiert" einen Mitarbeiter öffentlich.

Macht muss in gewissen Abständen bewiesen werden. Wenn dies nicht geschieht, wird Macht nicht mehr zur Kenntnis genommen, und dann ist sie nutzlos. Macht muss also ausgelebt werden. Dazu eignen sich öffentliche Beschimpfungen. Wie öffentlich und wie derb sie ausfallen, bleibt dem Temperament der jeweiligen Führungskraft überlassen.

Machiavelli empfiehlt, dass ein Fürst neu erobertes Gebiet nicht völlig entwaffnen soll. Er sollte lieber einen Vertrauensbeweis geben, um „Pluspunkte" zu bekommen. Entwaffnet man die Unterlegenen, rufen das Misstrauen und die Verletzung des Ehrgefühls Hass und Missgunst hervor. Eine entwaffnete Neuerwerbung müsse von Söldnern bewacht werden. Diese aber seien absolut unzuverlässig.

„Ein neuer Fürst hat immer in seinem neuen Lande ein Heer aufgestellt. Er sollte aber nur diejenigen bewaffnen, die ihm gut gesonnen sind, und auch diese schwach halten. Seine eigene Armee darf sich nur aus Truppen des Mutterlandes rekrutieren."

Zwistigkeiten stiften selten etwas Gutes. Die unterlegene Partei wird sich immer an Verbündete wenden, um Hilfe zu erlangen. Zwistigkeiten können im Krisenfall den Niedergang des Fürsten verursachen, *„[...] denn niemals fehlt es dem Volk, wenn es einmal die Waffen ergriffen hat, an Fremden, die ihnen helfen."*

Fürsten erlangen Größe, wenn sie großen Widerstand überwinden. Deshalb gibt es einige, die meinen, ein Fürst solle sich gewisse Feindschaften erhalten, um durch deren Überwindung Größe zu erlangen. Diejenigen Gegner, die ohne Unterstützung ihre oppositionelle Position nicht aufrechterhalten können, sind leicht zu besiegen. Diese müssen dem Fürsten dann umso treuer dienen, um ihre vorherige Gegnerschaft zu verwischen. Von diesen kann der Fürst mehr Nutzen haben als von jenen, die ihm von Anfang an wohlgesonnen waren.

Festungen, so Machiavelli weiter, sind je nach Umständen nützlich oder nicht. Wenn sie gut für die eine Seite sind, sind sie schlecht für die andere. Hat man mehr Angst vor dem eigenen Volk, sollte man Festungen bauen. Hat man mehr Angst vor Fremden, braucht man sie nicht.

„Die beste Festung ist die, nicht vom Volk gehasst zu werden."

Aber die besten Festungen helfen nicht gegen das eigene Volk, denn dieses wird in einem Aufstand immer Hilfe von außen erhalten.

„So will ich den loben, der Festungen baut, und den, der keine baut, aber den tadeln, der im Vertrauen auf sie es für nichts erachtet, beim Volk verhasst zu sein."

Zum Nachdenken

Wer ein großer Mann werden will, darf weder in sich noch in seine eigenen Sachen verliebt sein, sondern in das, was recht ist.

PLATON

Große Männer sind wie große Zeiten: Explosivstoffe, in denen eine ungeheuere Kraft aufgehäuft ist.

FRIEDRICH NIETZSCHE

Braucht ein Manager Feinde? Und wenn? Wie viele Feinde braucht ein Manager?

Über Feinde haben wir schon ausreichend gesprochen. Auch in diesem Kapitel geht es um Feinde von innen und Feinde von außen. Ein „großer" Manager hat viele Feinde – und hat man viele Feinde, muss man Festungen bauen:

Machiavelli sagt uns, dass „große" Manager viele Feinde haben, und daher bauen sie Festungen, verbessern und zementieren die Machtstrukturen. Hat ein Manager eine trutzige Festung, kann er mit den Mitarbeitern großzügig umgehen.

Man könnte den Faden weiterspinnen: Wenn der Manager sogar geliebt wird, braucht er seine Festung nicht mehr, da er keine Feinde hat, sondern nur engagierte Mitarbeiter, die Mehrwert für das Unternehmen schaffen. Ein Manager braucht also keine Feinde.

Hat der Manager keine Feinde, muss er sich auch nicht verteidigen und kann sich auf das Wesentliche konzentrieren und seine ganze Kraft in den Ausbau des Unternehmens stecken.

Zum Nachdenken

Das Hinausschieben ist der größte Verlust fürs Leben;
Es verzettelt immer den nächsten Tag,
es entreißt die Gegenwart,
indem es auf die Zukunft verweist.
Das größte Hindernis des Lebens ist die Erwartung,
ie vom Morgen abhängt.
Während man es aufschiebt, geht das Leben vorüber.

ANONYMUS

Was die Größe des Managers ausmacht

Der Manager muss ein Programm haben, in dem seine Visionen, Ziele, Maßnahmen und Meilensteinen niedergelegt sind. Mit diesem Programm lebt er und für dieses Programm lebt er. Wenn man den Manager mitten in der Nacht weckt, muss er schlaftrunken seine Visionen, Ziele, Maßnahmen und Meilensteine deklamieren.

Weiterhin gehört zu seiner „Größe“, dass er unbeirrt und unbeirrbar seinen Weg geht und sein Ziel nie aus den Augen verliert.

Fürsten erlangen Größe, wenn sie großen Widerstand überwinden. Ähnlich geht es auch Managern. Sie erlangen Größe, wenn sie etwas geleistet haben. Was heißt das?

Setzen Sie sich in Szene. Dazu gehört auch, dass Sie immer groß denken sollten. Was heißt „groß“ in diesem Zusammenhang? Wenn Sie von Ihren Mitarbeitern Leistung fordern, sollten Sie nicht ein Mehrergebnis von zwei Prozent, sondern von 20 Prozent fordern. Warum sollen Sie sich mit zwei Prozent begnügen? Es gibt keinen einzigen Grund dafür. Wenn Sie für Ihre Mannschaft Bürofläche anfordern, so geben Sie nicht die Fläche an, die Sie heute benötigen, sondern 30 Prozent mehr. Sie wollen schließlich wachsen! Lernen Sie von Beratern: Wenn Berater in ein Unternehmen kommen, definieren sie stets eine statische Kostenlücke von 30 Prozent, eine dynamische Kostenlücke von 45 Prozent. Warum sollte die Kostenlücke auch weniger betragen? Die Mitarbeiter könnten auf die Idee kommen, sich für eine geringere Kostenlücke gar nicht zu engagieren.

Zum Nachdenken

Was den Menschen über sich selbst erhebt,
ist nichts anderes als die Persönlichkeit,
das ist die Freiheit und Unabhängigkeit
von dem Mechanismus der ganzen Natur.

Immanuel Kant

Denken Sie in „Großtaten“. Vor einigen Jahren wurde im Fernsehen der Rausschmiss von Rudolf Scharping als Verteidigungsminister gezeigt. Das war ein toller Auftritt von Kanzler Schröder. So etwas schindet Eindruck, da kann sich der Machiavellist so richtig produzieren. Sollten Sie in Ihrem Leben einmal eine solche Gelegenheit haben, lassen Sie sie auf keinen Fall ungenutzt vorbeigehen. Wenn Sie schon unbedingt einen Mitarbeiter ablösen müssen, dann richtig öffentlichkeitswirksam. Die Zuschauer müssen nach dieser Aktion in ehrfürchtigem Staunen erstarren. Bei solchen Gelegenheiten demonstrieren Sie, dass Sie das Heft in der Hand haben, dass Sie der Macher sind und die Macht haben.

Fazit

Der Manager hat viele Feinde. Damit muss er leben. Daher muss er seine eigene Persönlichkeit zu einer Festung entwickeln und so formen, dass man sie nicht erobern kann. Nichts darf die „Seele" des Managers belasten. Er muss sie panzern und sich unverletzbar machen. Der Manager darf sich nicht um sein Umfeld kümmern; es muss ihm egal und gleichgültig sein, was um ihn herum geschieht. Es belastet ihn einfach nicht. Er konzentriert sich auf das Wesentliche, auf das Große. Er verlangt von seinen Mitarbeitern eine anspruchsvolle Leistung und nimmt sich selbst nicht aus, auch er leistet etwas. Er steht in der Öffentlichkeit und deshalb hat er Feinde. Wenn man Großes vollbringt, hat man Feinde und Bewunderer. Und der Manager muss darauf achten, dass diese in der Überzahl sind.

21.

Was ein Fürst tun muss, um zu Ansehen zu kommen; Brot und Spiele lassen die Peitsche vergessen.

Der Manager braucht Anerkennung. Was muss er tun, um öffentliches Ansehen zu erlangen?

Jeder Manager benötigt Anerkennung. Wenn ihm freiwillig keine Anerkennung zuteil wird, kann er sie – solange er die Macht hat – auch befehlen. Alle Mitarbeiter treten an zum Anerkennen!

Machiavelli führt uns in die damalige Bündnispolitik ein. Er zeigt wie der Fürst durch geschicktes Paktieren viel Anerkennung gewinnen kann: Ehre erwirbt sich der Fürst durch große Unternehmungen und Beweise seines Mutes. Ferdinand von Aragonien gelang es beispielsweise durch seinen Krieg gegen die Mauren, Aragonien und Kastilien unter seiner Krone zu vereinigen. Er finanzierte den Krieg durch Gelder der Kirche und des Volkes.

Ein ehrenvoller Fürst gilt als echter Freund oder ehrlicher Feind. In einem Konflikt zweier weiterer Staaten ist es besser, sich offen zu einer der Parteien zu bekennen und einen ehrlichen Krieg zu führen, als neutral zu bleiben.

„Und so wird dich immer derjenige, der es nicht gut mit dir meint, um Neutralität bitten, und der dir wirklich wohl will, wird immer wieder Unterstützung und Waffenhilfe verlangen."

Unentschlossene Fürsten, die die Neutralität bevorzugen, gehen deshalb oft zugrunde. Schlägt man sich aber auf die Seite des Siegers, so ist dieser zu Dank verpflichtet, egal wie mächtig er ist.

Unterliegt der Bündnispartner dennoch, so wird die Treue weiterhin bestehen, solange es möglich ist.

Ein Fürst sollte niemals mit einem mächtigeren Staat zusammenarbeiten, wenn ihn nicht die Notwendigkeit dazu zwingt. Der Fürst muss sich vor seiner Entscheidung, ob er Partei für die eine oder andere Nation ergreift oder neutral bleibt, darüber im Klaren sein, dass keine seiner Entscheidungen totale Sicherheit gewährleistet.

„Denn es liegt nun einmal im Lauf der Welt, dass man einer Unbequemlichkeit zu entgehen sucht und wieder in eine andere fällt; aber die Klugheit besteht darin, die Größe der Unbequemlichkeiten zu erkennen und das kleinere Übel zu wählen."

Weiterhin erklärt Machiavelli dem Fürsten, wie die „freie Marktwirtschaft" funktioniert. Sie wurde zwar erst zwei Jahrhunderte später von Adam Smith gefordert, deshalb sind Machiavellis Gedanken geradezu revolutionär.

„Ferner muss ein Fürst immer der Tüchtigkeit zugetan sein und die Hervorragenden jedes Faches belohnen, ohne dass sich nicht der Eine davor scheut, seine Besitzungen zu erweitern, aus Angst, sie könnten ihm weggenommen werden, und der andere, einen Handel aufzumachen, aus Furcht vor den Steuern; sondern er muss Auszeichnungen für die bereitstellen, die so etwas tun wollen und auf irgendeine Weise seine Stadt und den Staat bereichern."

Machiavelli geht nicht so weit, dass er das Individuum in den Vordergrund stellt, denn er kann sich als Staatsform nichts anderes als eine Monarchie, basierend auf einer Feudalherrschaft, vorstellen. Laut Machiavelli sollen Monarch und Bürgertum stark miteinander verkettet sein. Der Bürger hat sich bedingungslos in die Dienste des Staates zu stellen, ebenso wie der Fürst sich die Bürger verdient machen und die Dienste des Volkes belohnen soll.

„Daher muss ein kluger Fürst eine Form ausfindig machen, bei der seine Bürger immer und in jeder Lage den Staat nötig haben; und sie werden ihm dann immer treu und ergeben sein."

„[...] er muss Auszeichnungen für die [Bürger] bereitstellen, die so etwas tun wollen und auf irgendeine Weise seine Stadt und den Staat bereichern."

Machiavelli geht davon aus, dass ein intelligenter, gutartiger und charismatischer Fürst solche Forderungen leicht erfüllen kann. Seinen Worten ist allerdings auch zu entnehmen, dass er nicht viele solcher Fürsten kannte. Deshalb folgert er, und räumt diesen Gedanken breiten Raum ein, dass ein Fürst, der diese Eigenschaften nicht besitzt, zu den „schlimmen Mitteln“ greifen muss, um das Wohl des Staates und der Bürger zu erreichen. Machiavelli ist der Meinung, dass nur ein Fürst Staatsstrukturen schaffen kann, die Ruhe, Ordnung, Sicherheit und angemessene Gesetzgebung garantieren. Alle seine Ratschläge, die vordergründig dem Wohle des Fürsten dienen, dienen daher ebenso und vor allem dem Wohle des Volkes.

Heute wissen wir, dass Machiavelli seine Zeitgenossen mit seinen Vorstellungen überforderte. Vielleicht erkannte Machiavelli damals schon, dass nicht die Fürsten, sondern das Bürgertum diesen Staat einmal formen würden. Aber er sah keine Chancen, dass das Bürgertum sich in dieser Zeit bereits als eigenständige Kraft würde etablieren können. Aber er wollte das Bürgertum in die Verantwortung nehmen:

„[...] denn das Ziel des Volkes ist viel sittlicher als das der Großen: diese wollen unterdrücken und jenes nur nicht unterdrückt werden.“

Und er war durchaus daran interessiert, dem Bürgertum zu neuem Selbstbewusstsein zu verhelfen:

„Ferner muss ein Fürst immer der Tüchtigkeit zugetan sein und die Hervorragenden jedes Faches belohnen. Er soll seine Bürger anregen, ruhig ihrer Beschäftigung im Handel, in der Landwirtschaft und jedem anderen Gewerbe nachzugehen [...]“

Manager haben sich um das Wohl der Mitarbeiter zu kümmern

Machiavelli macht deutlich, dass Grausamkeiten und Peitsche nur diejenigen Fürsten, also unsere Manager, anwenden, die nicht intelligent, gutartig und charismatisch sind. Bei diesen Fürsten akzeptiert Machiavelli solche „schlimmen Dinge“ nur, um das Ziel nicht aus den Augen zu verlieren. Nur in einem erfolgreichen

Unternehmen werden auch die Mitarbeiter eine ehrliche Perspektive haben. Daher ist es im Interesse der Mitarbeiter, auch die „Peitsche" zu dulden. Natürlich wünschen wir uns Manager, die intelligent, gutartig und charismatisch sind. Machiavelli wäre sich, lebte er heute, sicher, dass diese Manager ihre Mitarbeiter und das Unternehmen ohne Probleme auf Erfolgskurs brächten. Mit Machiavelli wird aber auch der eine oder andere sagen, dass es solche Manager kaum gibt.

Übertragen wir Machiavelli auf unsere Situation, so macht er uns deutlich, dass die Manager, die immer nur die Peitsche schwingen, auf Dauer nicht erfolgreich sein werden. Ohne Lob, Ansporn und Motivation kann ein Unternehmen nicht erfolgreich werden. Denn kein Manager kann permanent „gemein" sein, ab und an muss er auch ermuntern. Das heißt: „Brot und Spiele". Selbst gequälten Mitarbeitern muss man etwas Abwechslung bieten.

Beispiel: *In der Fahrradfabrik AG gab es einen Manager, der durchaus charismatisch, aber nicht gutartig und auch nicht intelligent genug war. Also musste er Gemeinheiten anwenden, um sein Ziel zu erreichen. Er schikanierte seine Mitarbeiter, indem er ihre Briefe korrigierte, indem er sie in der Öffentlichkeit bloßstellte oder auch einmal eine Gehaltskürzung durchführte. Unerwartet lobte er seine Mitarbeiter aber auch. Er war dabei nicht berechenbar, denn die Tätigkeit, die er heute lobte, hatte er gestern heftig kritisiert. Ab und zu überreichte er einem Mitarbeiter eine Flasche Champagner und hob ihn damit in der Öffentlichkeit heraus. Die Mitarbeiter werteten das Lob höher als die Kritik und setzten sich für das Unternehmen und den Manager mit Macht ein.*

Wie kann man die Idee von „Brot und Spielen" umsetzen?

Bei der Individuallösung hebt man einzelne Mitarbeiter hervor, stellt sie sichtbar vor aller Augen auf ein Podest. Dann gibt man ihnen die Hand und lobt sie öffentlich – das kostet nichts! Man kann ihnen auch ein Zertifikat für „Arbeitswilligkeit" in die Hand drücken und alle anderen Mitarbeiter veranlassen, in Hochrufe auszubrechen – auch das kostet so gut wie nichts. Man kann allerdings auch eine Gehaltserhöhung geben – das kostet viel und wirkt wenig, vor allem, weil es meistens nicht bekannt wird –, eine Incentive-Reise schenken

– dann aber mit der Auflage, an alle Mitarbeiter eine Begeisterungs-Postkarte zu schreiben! – oder einen Dienstwagen übergeben. Das kostet zwar ein wenig mehr, aber man kann dies steuermindernd berücksichtigen und schindet beim Mitarbeiter gehörig Eindruck! Er wird sich immer an den Vorgesetzten erinnern, der ihm den ersten Dienstwagen verschafft hat. In dieser Methode erreichten einst die Regierungen und Kader der DDR eine gewisse Perfektion. Als „Helden der Arbeit" wurden Mitarbeitern zu Vorbildern hochstilisiert. Sie sollten – allerdings mit mäßigem Erfolg! – die Arbeiter motivieren und zu Höchstleistungen anspornen.

Die zweite Methode ist die Kollektivlösung. Der Manager lädt alle Mitarbeiter zu einer feuchtfröhlichen Party ein. Machiavelli empfiehlt:

„Er muss überdies in den schicklichen Zeiten des Jahres das Volk mit Festen und Schauspielen beschäftigen, und, da jede Stadt entweder in Zünfte oder in Stämme eingeteilt ist, muss er um diese Korporationen sich kümmern, sich zu ihnen bisweilen gesellen, mit einem Beispiel der Milde und Reichlichkeit vorgehen, immer jedoch dabei die Majestät seiner Würde fest aufrecht halten, weil dieses nie, in keinem Falle, versäumt werden darf."

Folgen wir also Machiavelli und veranstalten wir Festlichkeiten für die Mitarbeiter! Wenn man das tut, sollte man allerdings „nicht kleckern, sondern klotzen". Essen und Trinken müssen von guter Qualität sein und es muss ausreichend geboten werden. Dabei geht Quantität häufig vor Qualität: Gab es nicht genug zum Essen, werden die Anwesenden das dem Manager vorwerfen, war das Essen dagegen nicht schmackhaft, wird man das lediglich dem Koch anlasten. Bei einer solchen Feier kann der Manager in einer Rede das Unternehmen, die Abteilung und vor allem die eigenen Leistungen rühmen. Er kann die Lobeshymne auch von einem seiner Mitarbeiter halten lassen. Das kommt sogar noch besser an!

Auch *Outdoor adventures* gefallen den Mitarbeitern zur Zeit gut. Wenn ein Manager gemeinsam mit seinen Mitarbeitern durch den Dünensand robbt oder in ein Höhlenlabyrinth klettert, kann er hinterher auch „schön gemein" sein, und seine Mitarbeiter bringen ein hohes Maß an Verständnis für ihn auf.

Beispiel aus der Geschichte: *Nachdem Karl der Große die Sachsen befriedet und dabei äußerste Grausamkeit gezeigt hatte, lud er alle noch lebenden Stammesfürsten der Sachsen zu einer Versammlung ein, auf der die Sachsen ihren Treueid auf ihn ablegen und sich taufen lassen mussten. Der Ort wurde Karlsburg genannt und ist das heutige Paderborn. Es wurden Gottesdienste und Volksfeste gefeiert. Es muss ein rechtes Getümmel gewesen sein. Seitdem waren die Sachsen willige Untertanen.*

Wie erringt der Manager Lob und Anerkennung?

Auch ein Manager will gelobt werden. Notfalls – aber nicht immer – genügt eine „Eigenmotivation". Welche Möglichkeiten hat der Manager sonst? Wie kann er sich das Leben einfacher gestalten, wie kann er Freude und Genuss erleben? Ganz einfach: Der Manager hat ein exzellentes Ventil: Er kann delegieren. Gibt es irgendwo eine Tätigkeit, die unangenehm ist? Mit Sicherheit. Dann kann er sie voller Freude delegieren. Es gibt genügend Mitarbeiter um ihn herum, die er ausbeuten und mit unangenehmen Aufgaben betreuen kann – und die sich sogar anstrengen, das Beste daraus zu machen. Selbstverständlich kann es auch sein, dass der Vorgesetzte des Managers mit eben den gleichen Methoden arbeitet. In diesem Fall gibt er eine unangenehme Aufgabe an den Manager. Der betroffene Manager handelt richtig, wenn er sie entweder ignoriert oder aber an einen eigenen Mitarbeiter „weiterdelegiert". Ist die Lösung wider Erwarten gut ausgefallen, kann der Manager sie selbst präsentieren. Ist sie nicht gut geworden, muss der Mitarbeiter sie vortragen.

In vielen Unternehmen wird tatsächlich nach diesem Verfahren gearbeitet. Dabei ist das Delegieren von Aufgaben eine wahre Kunst. Zum einen muss man die Fähigkeiten seiner Mitarbeiter genau kennen, um ihnen die Aufgaben zu delegieren, die sie schnell und zielorientiert erfüllen können. Zum anderen muss man auch die Dimensionen einer solchen Aufgabe erkennen. Man muss wissen, ob sie lösbar ist und ob strategische Rahmenbedingungen zu berücksichtigen sind. Eigentlich sollte man auch wissen, wie die Lösung ungefähr auszusehen hat. Erst dann kann der Manager auch die notwendigen Qualifikationen und Quantitäten abschätzen, die für die Lösung der Aufgabe benötigt werden. Nur gut gelöste Aufgaben fördern das Ergebnis des Unternehmens und das Lob dafür müsste natürlich der Mitarbeiter einstreichen dürfen.

Offensichtlich lassen sich Manager gern verwöhnen und einladen wie beispielsweise der Präsident der Bundesbank – ein paar Tage beim Wiener Opernball, ein paar Tage zu Silvester im Berliner Hotel Adlon. Der Manager hat immerhin viel geleistet, deshalb kann er sich solch eine Freude auch gönnen. Er hat viele Geschäftspartner und Lieferanten, die durchaus bereit sind, dafür zu bezahlen. Die höchste Auszeichnung für den Manager ist sein Gehalt. Manche Manager können dies auch beeinflussen. Als die Gewerkschaft *ver.di* gegründet wurde, genehmigten sich die Gewerkschaftsbosse zuallererst eine kräftige Gehaltserhöhung. Das ist das richtige Lob für den Manager!

Der Manager kann Lob und Anerkennung bis zu einem gewissen Grad sogar anordnen. Dabei ist er in guter Gesellschaft und hat große Vorbilder: Nero sah sich immer als Künstler, obwohl er nicht mehr als mittelmäßig war. Aber er erhielt tosenden Beifall. Die einen spendeten Applaus, weil sie selbst auf Anerkennung und Belohnung hofften, die anderen hatten Angst vor den Spitzeln, die die Reaktionen der Zuschauer beobachteten. Manch einer, der seine Begeisterung nicht ausgiebig genug bekundete, wurde hingerichtet. So war Nero der Beifall immer sicher. Auch der Manager hat Anrecht auf genügend Beifall.

Fazit

Der Manager darf sich nicht von seinem Ziel abbringen lassen. Wenn er intelligent und charismatisch ist, hat er es einfacher und kann seine Mitarbeiter leichter anspornen. Aber auch wenn er keine vorbildlichen Charaktereigenschaften und Fähigkeiten hat, muss er seine Aufgabe erfüllen. Dann muss er zunächst „etwas gemein“ und fordernd mit den Mitarbeitern umgehen, um sie anschließend durch Brot und Spiele bei Laune zu halten. Solche Geschenke lassen viele Mitarbeiter ihren grauen Arbeitsalltag vergessen. Brot und Spiele lassen sie hinterher auch die Peitsche besser erdulden. Aber auch der Manager benötigt ab und zu ein wenig Lob. Am besten, er genehmigt sich ein höheres Gehalt! Dies ist für ihn ausreichend Lob und Ehre.

22.

Jeder Manager braucht Mitarbeiter, die die schmutzigen Arbeiten erledigen.

Kein Manager ist allein erfolgreich. Er braucht eine Reihe von „Hilfsmanagern“. Welche Eigenschaften müssen diese haben, wie sucht man sie aus und wie führt man sie?

Jeder Manager lebt in einem System, in dem er nicht alleine überleben kann. Er braucht Verbündete, er braucht Soldaten. Am wichtigsten sind die Hilfssheriffs, denn sie übernehmen im Berufsleben die wichtigste Arbeit. Sie ebnen ihrem Manager den Weg und lösen die Problemfälle. Das kostet den Manager einiges, denn er muss seine Hilfssheriffs bei Laune halten, gut ernähren und immer bissig halten. Aber es rentiert sich.

Machiavelli mahnte den Fürsten, bei der Auswahl der Minister klug vorzugehen, denn sie können nützlich oder wertlos sein.

Er mahnte: Bildet man sich ein Urteil über einen Fürsten, betrachtet man zuerst diejenigen, mit denen er sich umgibt. Sind sie kompetent und treu, so wird über den Fürsten dasselbe Urteil gesprochen, denn schließlich hat er die Tüchtigen erwählt. Wenn er aber schlechte Minister gewählt hat, so kann man kein gutes Urteil über ihn fällen, denn schließlich hat er seinen ersten Fehler schon mit der Wahl seiner Minister begangen. Für die richtige Wahl der Minister benötigt der Fürst natürlich eine gewisse Weisheit.

Wie sind nun Minister zu bewerten? Sind sie egoistisch, so können sie sich nie als brauchbare Minister erweisen. Wer Staatsgeschäfte führt, darf nie an sich selbst denken, sondern nur an das

Wohl seines Fürsten. Der Fürst seinerseits muss, um die Loyalität seines Ministers zu würdigen, an ihn denken, ihm Ehre erweisen, ihn reich machen und ihm alle erdenklichen Reichtümer und Ämter zukommen lassen, sodass er nicht nach mehr streben kann und jede Änderung der Verhältnisse fürchten muss. Stehen Fürst und Minister auf diese Art zusammen, dann können sie einander trauen. Ist es nicht so, wird der eine oder der andere schlimm enden.

Zum Nachdenken

Wer an Eifer und treuem Streben nur etwas nachlässt, muss rückwärts gehen. Niemand findet den Fortschritt da, wo er ihn verlassen hatte. Lasst uns daher eifrig sein und beharrlich bleiben! Mehr, als wir schon vollbracht haben, ist noch übrig, aber ein großer Teil des Fortschritts ist es schon, fortschreiten zu wollen.

SENECA

Die wichtigste Tat des Managers ist es, die richtigen Hilfssheriffs auszuwählen.

Ein Manager allein ist wertlos. Er wird sich immer einen Vertreter, Gruppenführer, Segmentleiter, oder wie immer sie in den einzelnen Organisationen benannt werden, suchen und einsetzen. Das sind seine Hilfssheriffs. Sie sind seine unmittelbaren Helfer und loyale Mitarbeiter. Man nennt sie im Fachjargon auch *„direct reports"*. Machiavelli wusste sehr gut, dass der Fürst, also unser Manager, nur auf sich allein gestellt nicht viel bewirken kann. Er braucht Unterstützung, also Minister und Hilfsmanager, denen er voll vertrauen kann und denen er die Umsetzung seiner Visionen anvertrauen kann.

Machiavelli sagt:

„Von nicht geringer Wichtigkeit ist einem Fürsten die Wahl der Räthe: die gut sind oder nicht, nach der Klugheit des Fürsten [...] und wenn sie tüchtig und treu sind, man ihn immer für weise halten kann, weil

er die Tüchtigen zu erkennen und sich treu zu erhalten verstanden hat; da im Gegenteil, wenn sie anders sind, man immer von ihm kein günstiges Urteil fällen kann; denn den ersten Fehler, den er machte, hat er in dieser Wahl gemacht.“

Es ist üblich, dass sich Manager ihre Gefolgsleute nachziehen. Als der legendäre José Ignacio Lopez zu Volkswagen wechselte, brachte er gleich noch einige Einkaufsmanager mit. Und Ulrich Schumacher baute bei Infineon seine von den Mitarbeitern sogenannte „Stasi“ auf. In einer solchen Konstellation fällt es leichter, Meinungen und Einstellungen zu verändern, notwendige Maßnahmen umzusetzen und vielleicht sogar einen Paradigmenwechsel herbeizuführen.

In den meisten Fällen muss sich der Manager aber diese Helfer, die *direct reports,* suchen und aufbauen. Hierbei sollte sich der Manager Zeit lassen. Denn es sollten die besten und die geeignetsten Mitarbeiter sein, denen er vertrauen kann. Das ist ein Prozess, der eine gewisse Zeit in Anspruch nimmt. Der Manager ist gut beraten, wenn er gerade diese Auswahl sorgfältig trifft, denn diese Mitarbeiter werden einmal sein „geistiges Kapital“ darstellen.

In Großunternehmen ist es durchaus üblich, dass ein Wechsel im Top-Management diverse Sekundärwechsel zur Folge hat. Da will der neue Manager nicht mehr mit den alten Vertrauensleuten zusammenarbeiten. Er unterstellt in vielen Fällen, dass sie ihm gegenüber nicht loyal sind. Auch in der Regierung werden nach einem Regierungswechsel meistens die Staatssekretäre ausgetauscht. So werden die Hilfssheriffs entlassen und bald darauf neue eingestellt, handverlesen vom neuen Chef. Daraus entsteht das notwendige Netzwerk.

Nach Machiavelli ist es wichtig, wie die Mitarbeiter zum Manager stehen, auf welche Weise sie ihn unterstützen und ob er sich auf sie verlassen kann. Unwichtig ist dagegen, ob sie den notwendigen Sachverstand mitbringen. Machiavelli ging in seiner Betrachtung davon aus, dass weder die Fürsten noch ihre Minister Sachverstand haben. Ihm genügte es schon, wenn sie sich nicht stritten. Bezogen auf den Selektionsprozess in der Wirtschaft kann man das zwar nicht so krass formulieren, aber in der Tendenz ist das nicht von der Hand zu weisen: Häufig werden nicht die Besten, sondern die „Willigsten“

berufen. Das führt zur Gefahr von „suboptimalen“ Personalentscheidungen, weil die Wahl sich an individuellen Kriterien wie Erfahrung, Sympathie und Gemeinsamkeit unter anderem orientiert und nicht an den für den Arbeitsplatz erforderlichen objektiven Kriterien.

In Großunternehmen gibt es entsprechende Methoden wie Förderungskarteien und Personalförderungssysteme, die ein solches Suboptimum verhindern würden. Man kann mit den eingeführten, professionellen Methoden ohne Schwierigkeiten die am besten geeigneten Mitarbeiter auswählen. Der Manager muss diese Verfahren nur anwenden und sich von seinen Personalfachleuten nur entsprechend beraten lassen. In der Praxis geschieht dies allerdings selten. Subjektive Kriterien siegen häufig über die objektiven. In solchen Fällen kann man von Seilschaften oder Vetternwirtschaft sprechen. Niemand hat je beziffern können, wie viel ein solches Vorgehen einen Konzern kostet oder wie viel es dem Konzern bringt.

Wie sich Manager ihre Hilfskräfte aussuchen

Machiavelli ist sich darüber im Klaren, dass nicht jeder Fürst als „Manager“ selbst die beste Qualität hat:

„Der Fürst kann über drei Arten von Intelligenz verfügen. Er versteht alles von sich aus, er erkennt, was andere zu begreifen vermögen oder aber er erkennt, weder von sich aus noch mit Hilfe anderer, irgendetwas.“

- Natürlich wäre der erste Typ Manager die beste Wahl. Er begreift von selbst, versteht von selbst. Aber die Natur hat nicht viele Manager mit dieser Weisheit gesegnet.
- Viele Manager gehören zur zweiten Kategorie. Diese Manager erkennen, was andere zu „begreifen vermögen“. Hat der Manager die Gabe, sich die richtigen Mitarbeiter herauszusuchen, hat er das Managementspiel schon fast gewonnen. Es kommt in der Tat auf diese Mitarbeiter an. Die Manager wissen, welche Qualifikationen sie benötigen, und suchen sich daher die Mitarbeiter zielstrebig aus und fördern sie. Dafür stehen diese Mitarbeiter loyal zu ihrem Manager. Diese Kunst ist hoch zu bewerten und

nur eine begrenzte Anzahl von Managern besitzt diese Fähigkeiten.

- Schließlich gibt es noch Manager, die weder selbst etwas erkennen, noch mit Hilfe anderer. Wenn dem so ist, sind diese Manager eigentlich unbrauchbar. Was machen sie aber dann in einem Unternehmen. Ihre „Aufgabe" ist es wohl, Fehlleistungskosten zu verursachen! Je weniger sie tun, desto weniger Schaden richten sie an. Je mehr sie in die Hand nehmen ...

Beispiel: *In der Fahrradfabrik AG sollte ein Internetportal eingeführt werden, um elektronische Bestellungen aus dem Katalog zu ermöglichen. Der mit dieser Aufgabe betraute Manager fand keinen geeigneten Mitarbeiter. So beauftragte er eine Fremdfirma, diese Aufgabe zu erfüllen. Die Fremdfirma hatte zwar umfassende Fachkenntnis, aber sie kannte die Prozesse in dem Unternehmen nicht. Da keine Mitarbeiter des Unternehmens größere Zuarbeit leisteten, konnte das Projekt nicht umgesetzt werden. Die Fremdfirma gab schließlich den Auftrag wieder zurück.*

Ein anderer, allgemein als erfolgreich anerkannter Manager des Unternehmens hatte eine glückliche Hand bei der Auswahl seiner Mitarbeiter. Die besten Mitarbeiter des Unternehmens gingen „durch seine Hände". Die Mitarbeiter erhielten bei ihm verantwortungsvolle Tätigkeiten und übernahmen erste Führungsfunktionen. Er kümmerte sich um sie und unterstützte sie bei allen Schwierigkeiten. Er gab diese Mitarbeiter auch rechtzeitig wieder frei, wenn sich neue Herausforderungen abzeichneten. Das war nicht schlimm, denn er fand immer wieder Interessenten, die gern bei ihm arbeiteten. So prägte er für viele Jahre das Unternehmen und hatte einen großen Einfluss auf das Geschehen.

Der Manager benötigt Mitarbeiter, auf die er sich verlassen kann, die loyal sind und die er nach Belieben einsetzen kann. Jeder Manager benötigt einen *Buckingham*, wie Richard III. Buckingham und seinen raffinierten Intrigen und Ränkespielen hatte es Richard III. zu verdanken, dass er auf den Thron von England gelangte. Jeder Manager, der große Taten vollbringen will, weiß, dass dies nicht ohne fähige Hilfsmanager geht. Es geht zwar nicht um Intrigen, wenn wirkliche Managementkunst verlangt ist, aber solche Mitarbeiter sind notwendig. Sie stehen in einer ersten Führungsverantwortung und sind damit die wahren Träger des Geschäfts. Sie setzen die Ideen des Managers in die Tat um, können die Details der Arbeit beurteilen, steuern die Sachbearbeiter, setzen Arbeitsschwerpunkte und motivieren ganze Völkerschaften von Mitarbeitern. Ihre Motivationsfähigkeit sichert die Produktivität und die Effizienz des Unternehmens.

Beispiel aus der Geschichte: *Die Phalanxen und Hetairenreiterei von Alexander dem Großen ware die beste Armee des gesamten Mittelmeerraumes. Diese Leistung ist noch höher zu bewerten, wenn man bedenkt, dass die Soldaten aus dem sumpfigen, primitiven und zurückgebliebenen Makedonien kamen. Alexander konnte dieses vorbildliche Heer von seinem Vater Philipp II. von Makedonien übernehmen. Dieser hatte seine Armee 359 v. Chr. in einer Heeresreform reorganisiert. Kern des neuen Heeres waren die Hetairen, die Unterführer. Sie waren für die praktische Kriegsführung zuständig. Alexander hatte die besten Unterführer, die je ein Feldherr besessen hatte. Ein Beispiel ist Parmenion, erster General Alexanders. Er war schon Phlipps wichtigster Ratgeber, hatte dessen Reformen mitgetragen und etliche Feldzüge gegen die Griechen unter Philipp mitgemacht. Er war wahrscheinlich der Einzige, der es wagen konnte, offen gegen Alexander zu opponieren. Sein Rat war anerkanntermaßen voller Weisheit und wurde befolgt.*

Nun kann es vorkommen, dass der eine oder andere Hilfssheriff oder Gruppenführer einfach „zu gut" ist. In diesem Fall muss sich der Manager genau überlegen, wie er reagiert. Am besten, er befördert den Mitarbeiter und bietet ihm eine neue Herausforderung. In ihr kann sich der Mitarbeiter bewähren, seinem Förderer wird er dankbar verbunden bleiben und an der alten Stelle wird er keinen Schaden anrichten. Es ist gefährlicher, wenn Mitarbeiter unterfordert sind als wenn sie überfordert sind. Zum einen liegt in einem solchen Mitarbeiter viel Potenzial brach, das man gerade in dem Unternehmen gebrauchen könnte. Zum anderen wird der Mitarbeiter aber auch „verdorben". Entweder er wird unzufrieden und lässt diese Unzufriedenheit auch spüren oder er beschäftigt sich mit Dingen außerhalb des Unternehmens und steigt zumindest innerlich aus dem Unternehmen aus.

Ein Hilfsmanager darf niemals eine Konkurrenz werden. Sollte eine solche Situation eintreten, muss der Manager schnell handeln. Denn seine Macht ist nicht teilbar. Sobald der Manager solches Ungemach erkennt, muss er handeln. Er darf das, was nun zu tun ist, nicht hinausschieben. Der Manager muss agieren, denn wenn er nur noch reagieren kann, ist es schon zu spät. Er kann den Hilfsmanager in Ungnade fallen lassen, ihn „exekutieren", also hinauswerfen, oder einfach demontieren. Die beste Methode aber ist immer noch die „Förderungsversetzung". Vielleicht kann man ihn auf eine Leitungsposition ins Ausland befördern. Dann ist er weg, kann sich neuen Herausforderungen stellen und stört die eigenen Kreise nicht.

Beispiel aus der Geschichte: *In der Weltgeschichte hat man meistens die absolut sichere, finale Methode vorgezogen. Als Buckingham merkte, dass Richard III. gerade zu der Überzeugung gekommen war, er werde zu mächtig, schloss er sich den Feinden des Königs an. Er wurde jedoch gefangengenommen und verlor sein Haupt auf dem Schafott. Auch der bereits erwähnte Parmenion wurde seinem Vorgesetzten, Alexander dem Großen, zu mächtig. Hinzu kam, dass auch Parmenions' Sohn Philotas eine ebenso große Karriere unter Alexander zu gelingen schien. Er stieg bald zum Anführer der Reitertruppen auf, welche der wichtigste Teil in Alexanders Heer waren. Somit vereinigten Vater und Sohn nun so große Macht aufeinander, dass Alexander sie offenbar für gefährlich hielt. Bei passender Gelegenheit ließ er Philotas hinrichten. Eine Begründung war schnell gefunden: Angeblich hatte er ein geplantes Mordkomplott verschwiegen und wurde daher der Mittäterschaft beschuldigt. Dann musste auch noch Parmenions' daran glauben. Alexander schickte drei seiner anderen Unterführer zu ihm. Diese gaben ihm einen gefälschten Brief des Sohnes zu lesen, in welchem Philotas über seinen angeblichen Plan zur Ermordung Alexanders schrieb, und erdolchten ihn. Die aufgebrachten Soldaten gaben sich schließlich damit zufrieden, den Leichnam Parmenions ehrenvoll zu begraben, nachdem die Mörder sie von seiner Mitschuld am Mordkomplott überzeugt hatten.*

Machiavelli gibt seinen Lesern einen ähnlichen Rat:

„Wie nun aber ein Fürst den Rat erkennen kann, dafür gibt es folgendes Mittel, das niemals trügt: Sobald du siehst, dass ein Rat mehr an sich selbst denkt als an dich und dass er in allen Handlungen seinen eignen Nutzen sucht, ein solcher wird niemals ein guter Rat sein, und niemals wirst du ihm trauen können [...] Und andrerseits muss auch der Fürst, um ihn gut zu erhalten, auf den Rat bedacht sein, indem er ihn ehrt, bereichert, ihn sich verpflichtet, ihm Würden und Ämter verleiht, damit er einsieht, dass er nicht ohne ihn bestehen kann, dass die genügenden Würden, der genügende Reichtum ihn nicht nach mehreren Würden und Reichtum begierig und die genügenden Ämter den Veränderungen abhold machen."

Leichter gesagt als getan, aber genau dies beschreibt die Managerqualität. Der Manager muss in der Lage sein, die am besten geeigneten Mitarbeiter als Hilfsmanager zu finden, diese einzuarbeiten und ihnen ein Gefühl für jedes *Do* und *Don't* geben. Er muss also ausreichend fördern und ihnen Gehaltserhöhungen, Auszeichnungen und Incentives zukommen lassen und gleichzeitig darauf achten, nichts – aber auch gar nichts – zu übertreiben. Er muss immer einen gewissen Abstand wahren und diesen Mitarbeitern verständlich machen, von wem sie die Förderung bekommen. Der Mitarbeiter muss wissen, dass Förderungen auch wieder entzogen werden können. So behält der Manager immer die ungeteilte Aufmerksamkeit. Auch die Gruppenführer müssen wissen, von wem sie abhängig sind. Manchmal ist es auch gut, ein Exempel zu statuieren. Wird einer der Mitarbeiter mit Liebesentzug bestraft, hat dies Signalwirkung.

Nun hat jeder Manager meistens auch einen Vorgesetzten. Er kann und muss also nicht nur nach unten agieren, sondern auch nach oben. Das macht die Welt des Managers komplizierter als notwendig. Der Manager selbst muss also, wie sein Hilfsmanager auch, sensibel darauf achten, seinen Vorgesetzten zu ehren, zu loben und zu preisen. Er darf niemals zeigen, dass er selbst überlegen ist, und mit ausgeprägten eigenen Meinungen auffallen. Was man von den eigenen Gruppenführern fordert, muss man selbst umgekehrt natürlich auch dem eigenen Vorgesetzten entgegenbringen. Wenn man beeindrucken will, dann darf man nicht die eigenen Fähigkeiten und Verdienste in den Vordergrund rücken, sondern muss versuchen, den Anteil der Vorgesetzten herauszustreichen. Nicht die eigene Leistung war ausschlaggebend, sondern die Visionen des Vorgesetzten! Der Manager muss darauf achten, dass sich seine Vorgesetzten auf der einen Seite sicher fühlen – „der macht das schon!" – und auf der anderen Seite keine Angst bekommen – „der ist treu ergeben!" Wenn der Manager auf diesem Klavier selbst gut spielen kann, ist er auch in der Lage, seinen eigenen Mitarbeitern seine Vorstellungen und Wünsche nahe zu bringen. Dann kann man auch genießen. Tun Sie das ohne Bedenken! Wir sind aufgeklärt!

Fazit

Jeder Manager muss sich Hilfsmanager auswählen. Dieser Auswahlprozess ist wichtig. Denn er muss sich die besten und die ergebensten Mitarbeiter auswählen. Das ist kein Problem, da jeder Mitarbeiter käuflich ist. Die ausgewählten Hilfsmanager wird der Manager fördern und sie werden im Gegenzug die Umsetzung seiner Ideen garantieren und die Produktivität der Abteilung erhöhen. Der Manager sollte in groben Zügen beurteilen können, wie effizient seine Gruppenführer arbeiten und wie selbstständig – und doch mit ihm abgestimmt – sie agieren. Werden die Gruppenführer zu stark, wird er sie entfernen müssen. Entweder er degradiert sie oder er befördert sie. Beide Varianten sind möglich.

23.

Wie man sich vor Schleimern schützen kann.

Ein Manager hat natürlich auch mit Schleimern zu tun. Wie kann er diesen elegant entgehen? Wie kann er Schleimer sofort erkennen?

Schleimer sind unterwürfige Leute, die einen nicht in Ruhe lassen. Schleimer sind überflüssig, aber andererseits kann man sie auch gut gebrauchen, wenn man sie zielgerichtet einsetzt. Man kann an ihnen ein Exempel statuieren. Man kann sie „exekutieren“, aber meist stehen sie wieder auf und schleimen erneut. Der Manager sollte nicht zu viele Schleimer mitschleppen, aber ein oder zwei Schleimer, sozusagen zum Vorzeigen oder für Spezialaufgaben können, ihm vielleicht gute Dienste leisten.

Machiavelli führt dazu, zusammengefasst, Folgendes aus:

Unter den Höflingen findet sich eine Vielzahl von Schmeichlern. Unkritische Menschen nehmen diese Pest gar nicht zur Kenntnis und laufen somit Gefahr, schlecht beraten zu werden. Schmeichler reden nur nach dem Mund und dienen nicht der Urteilsfähigkeit des Fürsten. Das einzige Mittel, Schmeicheleien zu verhindern, ist, den Beratern klarzumachen, dass sie ungestraft die Wahrheit sagen können. Sagt aber jeder die Wahrheit, so büßt der Fürst an Ansehen ein. Jeder kann ihm Ratschläge geben, jeder kann ihn auch kritisieren. Also muss der Fürst die klügsten Männer erwählen und darf nur ihnen erlauben, ihm die Wahrheit zu sagen, und zwar nur in Dingen, nach denen er fragt. Er sollte jedoch möglichst viel fragen und dann entsprechende Entscheidungen treffen. Seine Berater sollten demnach umso angesehener sein, je offener sie sprechen, und nur auf diese soll er hören. Einmal gefällte Beschlüsse müssen unanfechtbar sein, denn wer aufgrund von Schmeichlern zu oft seine Beschlüsse ändert, wird verachtet.

Ein Fürst soll sich nur dann beraten lassen, wenn er es wünscht. Er sollte es nicht zulassen, dass ihm jemand ungefragt einen Rat erteilt, aber es liegt an der Klugheit des Fürsten, dass er häufig fragt. Er muss bemerken, wenn ihm Antworten vorenthalten werden, weil die Berater der Meinung sind, er könne die Wahrheit nicht ertragen. Denn der Fürst ist von sich aus klug und nicht aufgrund der Ratschläger der Berater. Nun werden ihm aber von vielen Beratern sehr unterschiedliche Meinungen zugetragen und er muss zwischen ihnen abwägen. Darin besteht seine Klugheit.

„Ein Fürst, der nicht von sich aus klug ist, kann niemals gut beraten werden, es sei denn, er verlässt sich auf einen einzelnen sehr gescheiten Mann, der ihn völlig leitet."

Aber so eine Abhängigkeit ist natürlich gefährlich und nicht unbedingt wünschenswert, da dieser mächtige Oberberater die Lust verspüren könnte, dem Fürsten die Krone zu entreißen.

„Daher schließe ich: gute Ratschläge, [...] müssen durch die Klugheit des Fürsten zustande kommen und nicht die Klugheit des Fürsten durch gute Ratschläge."

Schleimerei ist daily business

Schleimerei gehört zum Alltag des Managers und mancher Manager fordert dies geradezu heraus. Machiavelli kennt die Gründe. Der Manager muss davon ausgehen, dass er unter seinen Mitarbeitern diverse Schleimer hat. Ein schlimmes Wort? Ja, es trifft aber auch eine schlimme Eigenschaft. Schleimer sind nicht die Mitarbeiter, die in einer bestimmten Art und Weise „unterwürfig" sind, weil sie noch jünger sind oder noch nicht so viel Erfahrung haben oder weil sie in gewissen Abhängigkeiten stehen. Nicht jeder Mitarbeiter wird mit seinem Boss auf gleicher Augenhöhe verhandeln. Hierzu meint Machiavelli: Das einzige Mittel, Schmeicheleien zu verhindern, sei es, den Leuten klar zu machen, dass sie ungestraft die Wahrheit sagen können. Das klingt gut, das klingt richtig aufgeklärt. Eigentlich muss noch ein „Aber" folgen. Und da folgt es:

„Sagt dir aber jeder die Wahrheit, so büßt du an Ansehen ein. Also muss der Fürst die klügsten Männer erwählen und darf nur ihnen

erlauben, ihm die Wahrheit zu sagen, und zwar nur in Dingen, nach denen er fragt.“

Wie kann man dies auf heute übertragen? Es ist eine Tatsache, dass man sich nicht jedem Mitarbeiter ausliefern kann, zumal Wahrheiten auch sehr unterschiedlich sein können. „Echte“ Wahrheiten, also Wahrheiten, die der andere auch versteht, kann man nur aussprechen, wenn man die „Wellenlänge“ des anderen erfasst hat. Verliert ein Manager sein Gesicht, wenn ihm jemand ungefragt die Wahrheit sagt? Das kommt immer auf die Art und Weise an. Der Manager ist gut beraten, sich so manchen Besserwisser vom Leib zu halten. Manche Top-Manager wären auch gut beraten, wenn sie einen gesunden Abstand zu Analysten und deren Wahrheiten einnähmen. Nicht jede geäußerte Ansicht, nicht jede Meinung ist die Wahrheit.

Es wäre von Vorteil für den Manager, wenn er Vertrauenspersonen hat, die er nach der Wahrheit fragen kann. Dies sind meistens Menschen, die er in seiner beruflichen Entwicklung kennen und schätzen gelernt hat. Es ist gut, wenn er solche Berater hat. Wichtig ist auch, dass der Manager selbst den aktiven Teil übernehmen muss. Er muss auf die Suche nach der Wahrheit gehen, dann bekommt er auch die richtigen Ratschläge. Sind seine Vertrauenspersonen Mitarbeiter in der eigenen Abteilung, so sollte er dieses Vertrauen in gewisser Weise als Leistung anerkennen, die er entsprechend belohnen muss.

Hat der Manager Entscheidungen gefällt, so sollten diese auch Bestand haben. Sie sollten nicht immer wieder geändert werden, weil Mitarbeiter neue Ideen einbringen und Schmeichler diese Entscheidungen hinterfragen. Deshalb muss der Manager fundierte Entscheidungen treffen. Sofern sich die Voraussetzungen für seine Entscheidung nicht ändern, sollte es auch keinen Grund geben, seine Entscheidung zu widerrufen. Schmeichler dürfen sich nicht einmischen. Haben sich jedoch Parameter, die für die Entscheidung wichtig waren, geändert, muss eine Entscheidung auch einmal revidiert werden.

Die Kritikfähigkeit der Manager

Machiavelli postuliert, dass ein Manager sich nur dann beraten lassen soll, wenn er es wünscht, *„[...] und niemals sonst. Es sollte ihm auch niemand ungefragt einen Rat erteilen, er soll jedoch häufig fragen."* Hier wird noch das Bild eines Patriarchen gezeichnet, den es in unserer heutigen Zeit wohl nicht mehr gibt. Aber sehr wohl stellt sich für jeden Manager die Frage, wie er mit der Wahrheit umgeht und von wem er sich die Wahrheit sagen lässt. Dabei kann man den Begriff „Wahrheit" durchaus mit „Kritik" ersetzen. Es geht darum, von wem der Manager Kritik annehmen kann und soll und vielleicht auch muss.

Kritik und Wahrheit werden individuell ganz unterschiedlich betrachtet. Wahrheit erkennt man erst, wenn man vertraut. Kritik macht nur einen Sinn, wenn der Manager sie überprüft und nachvollziehen kann. Daher ist es richtig, dass der Manager Mitarbeiter als eine Art „Korrekturfilter" braucht und dass er sich von außenstehenden Menschen beraten lässt. Nur ein kluger Manager kann gut beraten werden. Denn Beratung beinhaltet, dass er die Wahrheit und Kritik erkennt und die notwendige Änderung seiner Einstellungen, seiner Meinungen und seiner Handlungen vornimmt. Nicht die Beratung selbst ist wichtig, sondern die Konsequenzen, die er aufgrund der Beratung zieht.

Sind die Manager von heute kritikfähig? Gemäß allen Managementtheorien sollte dies eigentlich so sein. Aber Manager sind eben auch nur Fürsten und so gibt es wenige Manager, die wirklich bereit sind, auf Kritik zu hören. Die wenigsten von ihnen werden dies aber zugeben, weil sie dies selbst nicht so empfinden. Sie halten sich für offen und erkennen nicht, dass sie von Jasagern und Schmeichler umgeben sind. Diese Blindheit ist ein untrügliches Zeichen dafür, dass der Manager keine Kritik an sich heranlässt. Besonders anfällig sind die Machertypen. Sie sind ständig in hektischer Bewegung. Da verbleibt keine Zeit für Kritik. Ob man an einem Vorgesetzten Kritik üben kann oder nicht, wird jeder erfahrene Gesprächspartner in wenigen Augenblicken erkennen und sich darauf einstellen. Im Zweifelsfall wird er eben darauf verzichten, Kritik zu üben. Damit erfährt der Manager aber weder die schönen noch die schmerzhaften Wahrheiten.

Wer fällt in die Kategorie der Schleimer?

Kein Manager ist davor gefeit, von der Schmeichlerei angesteckt und vereinnahmt zu werden. Jeder Manager hat es gern, wenn man ihn bewundert und lobt. Die Mitarbeiter bestätigen ja nur die eigene Wahrheit. Das dürfen sie doch, oder? Vorsicht ist aber angebracht, wenn Mitarbeiter zu intensiv loben. Vielleicht wollen sie mehr Gehalt? Vielleicht fordern sie bald einen neuen Firmenwagen? Solchen Forderungen darf der Manager kein Gehör schenken. Er ist also gut beraten, wenn er zumindest Distanz hält.

Je größer die Distanz zu den Mitarbeitern, desto weniger ist der Manager den Schleimern ausgeliefert. Wenn ein Manager Ratgeber braucht, sollte er diese sehr überlegt aussuchen, damit er nicht auf Schmeichler hereinfällt. Er wird wissen, wem er vertrauen kann und wem nicht. Er wählt aus. Er selektiert. Er fragt.

Beispiel aus der Geschichte: *Caesar wird uns als tatkräftiger Herrscher geschildert. Dennoch waren seine politischen Entscheidungen in den letzten Monaten seines Lebens nicht mehr von seiner einstigen Weisheit und seinem Weitblick geprägt. So verteilte er beispielsweise Ämter an seine Freunde und Gesellen, die ihn berieten, indem sie ihm schmeichelten. Das brachte ihm sowohl im Senat wie aber auch im Volk nur Hohn und Spott ein. Zuletzt wurde Caesar von Brutus, einem seiner Schmeichler, ermordet.*

Manchmal kann es passieren, dass auch der Manager zum Schleimer werden muss – verkehrte Welt! Denn er muss seinen Vorgesetzten schmeicheln und in der Tat manchmal auch seinen Mitarbeitern, um sie bei „produktiver Laune“ zu halten. Es geht dann darum, den richtigen „Schmeichelgrad“ zu finden.

Beispiel aus der Geschichte: *Nostradamus war einmal gezwungen, Katharina von Medici ein Horoskop zu erstellen. Er machte das sehr* *diplomatisch, sagte nichts, was irgendjemandem hätte missfallen können, schmeichelte dem König und der Königin so kräftig, dass diese ihn baten, ihrem Hofstaat zu folgen.*

Auch dem Schmeicheln kann man eine positive Seite abgewinnen. Gutes Schmeicheln will also gekonnt sein. Der Manager muss es können und sich gleichzeitig den Schmeicheleien der anderen geschickt entziehen.

Fazit

Machiavelli sagte, dass gute Ratschläge durch die Klugheit des Fürsten zustande kommen müssen und die Klugheit des Fürsten nicht durch gute Ratschläge entsteht. Wie wahr. Der Manager selbst muss klug sein, dann kann er sich zusätzlich die Ratgeber heraussuchen, denen er auch vertrauen kann. Die Ratgeber fragt der kluge Manager, wenn er einen Rat braucht. Ungefragt sollen sie ihre Meinung nicht sagen. Dies bietet dem Manager die Möglichkeit, zwischen den richtigen Ratgebern und den Schmeichlern zu unterscheiden. Wer ungefragt Ratschläge erteilt, gerät in die Nähe der Schleimer. Auf diese Menschen sollte der Manager nicht hören.

24.

Wie selbst Manager aus Fehlern lernen können.

Auch manche Manager werden „exekutiert". Wie kann das geschehen? Kann man aus den Fehlern dieser Manager lernen? Warum die Fürsten Italiens ihre Herrschaft verloren haben.

Wie ist das, wenn Manager „exekutiert" werden? Einige werden entfernt. Die meisten werden versetzt in Positionen, in denen sie keine Macht mehr haben, aber immer noch repräsentieren können. Was haben diese Manager falsch gemacht? Wann hätten sie ihre Fehler bemerken sollen? Wie sensibel kann, muss und soll ein Manager gegenüber solchen möglichen Fehlern sein? Woran erkennt man die Fehlerfallen?

Machiavelli schreibt: *Ein Fürst, der neu auf dem Thron ist, wird von seinem Volk viel mehr beobachtet als ein alteingesessener Erbfürst. Falls seine Taten beeindrucken, kommt er zu großem Ruhm, zu höherem Ansehen als ein Erbfürst, denn Menschen lassen sich eher durch die Gegenwart als durch die Vergangenheit beeindrucken.*

„[...] So wird er doppelten Ruhm erwerben, weil er einer neuen Herrschaft den Fürsten gegeben, sie durch seine guten Gesetze zu Ehren gebracht und durch ein tüchtiges Heer und bedeutende Taten bestärkt hat. Doch den trifft doppelte Schande, der, obwohl Fürst von Abstammung, sie durch seine Torheit verloren hat."

So sollen seiner Ansicht nach auch Erbfürsten in Zeiten der Ruhe keinen Aufwand und keine Aufgabe scheuen. Es ist ein allgemeiner Fehler der Menschen, nicht in den Zeiten der Meeresstille mit dem Sturm zu rechnen.

„Auf das Volk sollte man sich nicht verlassen, denn dann steht es nicht in deiner Macht, ob du im Amt bleibst oder nicht, oder ob du in das Amt zurückgeholt wirst oder nicht. Nur der Selbstschutz ist brauchbar, zuverlässig, dauerhaft und ist von dir persönlich und deiner Tüchtigkeit abhängig.

Zum Nachdenken

Alle Menschen sind dem Irrtum ausgesetzt, und die meisten Menschen sind in vielen Punkten durch Leidenschaft oder Interesse in Versuchung dazu. Wenn wir nur die geheimen Motive wahrnehmen könnten, von denen in der Welt die berühmten und gelehrten Männer und die Leiter der Parteien beeinflusst werden, so würden wir finden, dass es nicht immer die Liebe zur Wahrheit um ihrer selbst willen gewesen ist, die sie zur Annahme der von ihnen bekannten und verteidigten Lehren bestimmte. So viel wenigstens ist gewiss, es gibt keine so absurde Meinung, dass sie nicht jemand auf jenen Grund hin annehmen könnte; es lässt sich kein Irrtum namhaft machen, der nicht seine Bekenner gehabt hätte, und niemals wird es jemanden an krummen Pfaden, die er gehen könnte, fehlen, wenn er auf dem rechten Weg zu sein glaubt, sobald er nur irgendwo den Fußstapfen anderer folgen kann.

JOHN LOCKE

Zum Nachdenken

Fehlen kann man auf vielfache Weise –
denn das Schlechte gehört zum Unbegrenzten wie die Pythagoräer meinten, das Gute aber zum Begrenzten –,
etwas recht machen dagegen nur auf einerlei Art.
Deswegen ist auch jenes leicht, dieses aber schwer.
Leicht ist es, das Ziel zu verfehlen, schwer aber, es zu treffen.
Daher ist das Zuviel und Zuwenig Sache der Schlechtigkeit, das Mittlere aber Sache der Tugend.

ARISTOTELES

Die Fehler der Manager

Es geht das Gerücht um, dass auch Manager Fehler machen. Die entsprechenden Tatsachen sind allerdings selten, denn die meisten Manager gehen davon aus, dass sie selbst keine Fehler machen. Höchstens die anderen. Die anderen haben vielleicht kleinere Schwächen, aber ansonsten sind auch sie eigentlich fehlerfrei.

Und doch machen Manager Fehler! Der bemerkenswerteste Fehler ist, dass die meisten Manager glauben, sie seien fehlerfrei, dass sich viele Manager auf Fehler nicht einmal ansprechen lassen, dass sie Fehler gar nicht in Erwägung ziehen.

Dabei hat jeder Manager ein Recht auf Fehler. Viele Manager leiten komplexe Systeme, die schwer zu überblicken sind. Kleine Ungenauigkeiten können sich zu großen Fehler auswachsen. Es wäre am einfachsten, wenn Manager dies zugeben würden: „Wir Manager sind auch nur Menschen. Wir machen Fehler. Aber wir wollen die Fehlerquote so gering wie möglich halten. Und wir wollen einen Fehler nicht ein zweites Mal machen."

Es gibt aber kaum Manager, die Fehler zugeben. Die Manager in Japan mögen da eine Ausnahme sein. Geht ein Unternehmen bankrott, verbeugen sich die Manager zerknirscht vor Mitarbeitern und Aktionären und entschuldigen sich. Aber auch japanische Manager entschuldigen sich erst, wenn es bereits zu spät ist. Genau genommen müssten sie sich dann eigentlich nicht mehr entschuldigen. Deshalb machten sie in früheren Zeiten in einem solchen Fall auch Harakiri.

Die Fehler der Manager sind vielfältig. Man kann sie in drei Kategorien unterteilen:

1. Der Manager handelt nicht.
2 Der Manager handelt zu spät oder zu früh.
3. Der Manager handelt verkehrt.

Viele Manager meinen, es sei der größte Fehler, wenn ihre Fehler publik werden und sie ihren Namen und ihre Fehler in der Zeitung lesen, weil sie dann das Gesicht verlören.

Manager verdienen so viel, dass sie nicht mit Hilfe des Rubik-Zauberwürfels managen sollten. Ernö Rubik erfand seinen Würfel bereits mit 30 Jahren, aber das Prinzip des Rubik-Würfels haben Manager seit vielen Jahren angewandt: Es wird so lange gedreht, bis es plötzlich passt, und dann heißt es: „So war's geplant."

Was sind nun die Fehler eines Managers? Ist es ein Fehler, wenn er Subventionen für den Aufbau eines Standorts kassiert und dann die Fertigung ins Ausland verlagert. Von der Politik wird er dann als „vaterlandsloser Geselle" beschimpft, während die Aktionäre dies Verhalten möglicherweise loben. Hat ein Manager Fehler gemacht, wenn er das Vertrauen der Aktionäre verliert? So haben Kleinaktionäre den Vorstand der Euro-Tunnel-Gesellschaft aus dem Amt gejagt. Deshalb hat der Mehrheitsaktionär von Sat.1 seinen Vorstand Urs Rohner in die Wüste geschickt. Haben in diesen Fällen Manager Fehler gemacht oder haben sie nur das Vertrauen ihrer Chefs, der Aktionäre, verloren?

Beispiel: *In der Fahrradfabrik AG gab es einen Manager, der als Macher auftrat. Dies begann damit, dass er willkürlich Termine vereinbarte. Er nahm dabei keine Rücksicht auf die Planungen und Aufgaben seiner Untergebenen. Seine Termine hatten Vorrang. Er ließ sich von vielen Projekten berichten und traf schnelle Entscheidungen. Viele seiner Entscheidungen waren widersprüchlich, was daran lag, dass er den Sachverhalt nicht ausreichend durchdrungen hatte. Glücklicherweise protokollierte niemand die Entscheidungen mit, sodass sich auch nach einiger Zeit niemand die Mühe machte, seinen Entscheidungen nachzukommen. Er beauftragte Mitarbeiter mit unsinnigen Aufträgen, die aus spontanen Ideen entstanden. Damit blockierte er wesentliche Kapazitäten. Dies fiel aber nicht weiter auf, weil er anscheinend auch keine Ergebnisse erwartete. Der Manager war der Meinung, dass er garantiert keine Fehler machte.*

Wie sollte der Manager mit Fehlern umgehen?

- Die geläufigste Methode ist: Fehler nicht als Fehler zur Kenntnis zu nehmen. Das beste Beispiel ist Worldcom. Warum soll es ein Fehler sein, Verluste als Gewinn zu verbuchen? Nur wegen des kleinen Vorzeichens? Diese Buchungsmethode war die beste Möglichkeit, den Börsenwert zu erhöhen. Das kam dem Unternehmen und dem eigenen Geldbeutel zugute. Aus diesem leicht nachvollziehbaren Grund ist dieser Fehler kein Fehler!

- Eine andere Methode ist: Fehler als Fehler erkennen, aber gleichzeitig entschieden ignorieren und die Sache als korrekt bezeichnen. Wer kann schon beurteilen, ob eine Entscheidung richtig ist oder nicht? Die Kunst und der Anspruch dieser Methode liegen in der überzeugenden Präsentation. Angenommen der Manager hat einen (Verhandlungs-)Fehler gemacht und ein Auftrag ging dadurch verloren, so kann er immer noch erklären, dass seine Verhandlungsstrategie goldrichtig war. Es habe sich allerdings im Rahmen der Verhandlungen abgezeichnet, dass man wegen der hohen Risiken, die mit dem Auftrag verbunden seien, auf diesen verzichten müsse. Es sei eine Entscheidung zugunsten des Unternehmens gewesen. So kann man einen Fehler sehr schnell in eine richtige Entscheidung verwandeln. Der Manager muss die Präsentation nur überzeugend gestalten.

Beispiel: *In der Fahrradfabrik AG hat man festgestellt, dass manche Großaufträge in der Vergangenheit mit negativem Ergebnis endeten. So hatte man 100.000 Fahrräder nach Saudi Arabien zu liefern, was ein Fiasko wurde. Es gab noch andere, wenn auch kleinere Aufträge, die ebenfalls mit Verlust abgeschlossen wurden. Solche Großaufträge sind komplex und beinhalten bestimmte Risiken. Viele dieser Risiken ließen sich begrenzen durch die eigene Fähigkeit, den Auftrag rechtzeitig, in der richtigen Qualität umzusetzen, und in der vermeintlichen Sicherheit, dass der Kunde auch für den Auftrag bezahlen wird. In der Fahrradfabrik AG stand man nun vor der Entscheidung, hohe Sicherheitsstandards anzusetzen, mit der Folge, dass viele Aufträge abgelehnt werden mussten. Damit sank der Auftragseingang. Man hätte jedoch die verlangten Sicherheiten vernachlässigen können und den Auftrag annehmen. Das beinhaltete natürlich ein „Mehr" an Risiko. Passierte etwas Unvorhergesehenes, würden sich die Kosten erhöhen und man würde Verlust einfahren. Es könnte natürlich auch alles gut gehen. Wie immer man entscheiden würde, man würde die Entscheidung begründen können. Das Management der Fahrradfabrik AG entschloss sich für die zweite Alternative mit* *der Gewissheit, dass diese Entscheidung kein Fehler sei. Außerdem konnte man sie gut als solide Managemententscheidung präsentieren. Der Nachweis eines Fehlers wäre erst der Verlust in der Zukunft. Und dieser könnte natürlich noch viele andere Gründe haben ...*

- Es gibt noch eine ganz andere, beeindruckende Möglichkeit: Man schiebt die Fehler auf andere: „Der Vorstand hat gesagt, es dürfen solche Risiken nicht mehr eingegangen werden." Oder: „Die Entscheidung hat ein Mitarbeiter getroffen, der leider die Tragweite nicht übersehen hat. Wir haben ihn bereits versetzt." Man wird immer einen Sündenbock finden, einem routinierten Manager fällt dies nicht schwer. Es gibt in jeder Organisation Menschen, die arbeiten. Die machen natürlich die Fehler!
- Und noch eine Idee: In vielen Fällen sind Managemententscheidungen langfristiger Natur. Die Auswirkungen solcher wichtigen Entscheidungen werden erst nach zwei, drei Jahren offensichtlich. Ein Manager ist daher gut beraten, nach eben diesen zwei, drei Jahren den Arbeitsplatz zu wechseln und seine Arbeit an anderer Stelle aufzunehmen. Dann wird er auch nicht mehr mit der eingetretenen Insolvenz belastet. Der Nachfolger muss die Suppe auslöffeln.

Beispiel: *Ein gutes Beispiel lieferte diesbezüglich Wal-Mart-Deutschland. Nach vier Jahren Missmanagement und riesigen Verlusten denkt der Wal-Mart-Konzern sogar über einen Verkauf seiner Deutschlandaktivitäten nach. In vier Jahren versuchten vier Elite-Manager ihr Glück. Der erste war Ron Tiarks. Die Konzernzentrale hatte Wachstum um jeden Preis vorgegeben. So kaufte er im Eilzugstempo Unternehmen zu, die er so schnell jedoch nicht integrieren konnte. Nach ihm kam Allan Leighton, der in einem halben Jahr kaum eine Wirkung hinterlassen konnte. Volker Barth war der nächste. Ihm folgte Kay Hafner. Auf sein Konto gehen ein unbefriedigendes Logistikkonzept und eine falsche Preispolitik. Die Manager bei Wal-Mart-Deutschland wechselten so schnell, dass man auch beim besten Willen nicht mehr sagen kann, wer für was verantwortlich war. Fehler? Also hat keiner Fehler gemacht, auch wenn das Unternehmen fast vor dem Aus steht.*

- Vielleicht ein unkonventioneller Vorschlag: Jeder Manager sollte Fehler einkalkulieren und sich ihnen auch stellen. Ziel eines jeden Managers sollte die Reduzierung von Fehlern sein.

Nun passiert es, dass ein Unternehmen Pleite macht. Das hat in den meisten Fällen etwas mit Managementfehlern zu tun. Aber es könnten natürlich auch die schlechte Wirtschaftslage, der Markt oder die Politik verantwortlich gewesen sein. Es ist offensichtlich, dass es bei einem solch gravierenden Tatbestand wie einer Insolvenz nicht leicht ist, den Fehler überzeugend und offensiv wegzudiskutieren oder Südenböcke dafür zu finden. In den Jahren 2001 und 2002 gab es eine ganze Reihe von spektakulären Pleiten, Konkursen und Insolvenzen, zum Beispiel in den USA: Worldcom am 21.7.02, Enron am 2.12.01, Global Crossing am 28.1.02, Adelphia Communications am 25.6.02, Pacific Gas and Electric am 6.2.01, Kmart am 22.1.02, NTL am 8.5.02, Finova Group am 7.3.01, um nur die größten, spektakulärsten und schmerzlichsten zu nennen. Waren es Managerfehler? War es die Konjunktur? Leider haben sich einige Manager überhoben. Denn Bilanzfälschungen kann man nicht der Konjunktur anlasten. Fehler? Daran ist nicht zu rütteln – und die Staatsanwälte schauen mittlerweile auch den Managern auf die Finger.

Was soll der Manager machen, wenn er erkennt, dass er Fehler gemacht hat?

Was rät Machiavelli? Niemals die Initiative abgeben! Bloßes Reagieren ist bereits der Anfang vom Ende. Dies ist der erste gravierendste Fehler, den man als Manager machen kann. Er ist besser beraten, wenn er die Initiative an sich reißt, wenn er „lostobt“. Wie sagte Machiavelli?

„Es ist ein allgemeiner Fehler der Menschen, nicht in den Zeiten der Meeresstille mit dem Sturm zu rechnen.“

Der Manager muss immer gewappnet sein, er darf sich nie auf ein friedliches Umfeld verlassen, sonst verliert er sehr schnell und jäh die Sensibilität des Jägers. Auch wenn alles ruhig erscheint, auch wenn der Börsenwert steigt, muss er auf die Gefahr achten und vorausdenken. Der Manager muss wissen, dass er auf keine Hilfe rechnen kann. Er steht allein und kann sich nur auf sich selbst verlassen:

„Nur die Verteidigung ist gut, sicher und dauerhaft, welche von dir selbst und von deiner eigenen Tapferkeit abhängt."

Wir haben viel über Mitarbeiter, Hilfsmanager, Freunde und Feinde gesprochen. Schließlich ist festzustellen: Es gibt einen Zeitpunkt, an dem der Manager ausschließlich selbst gefordert ist. Irgendwann wird er sich mit den eigenen Waffen verteidigen müssen – und dann wird sich herausstellen, ob er wirklich erfolgreich ist.

Es gibt einfache, offensichtliche Fehler: Wenn der Vorstandsvorsitzende der Deutschen Bank Ackermann beim Prozessbeginn wegen der Mannesmann-Zahlungen im Gerichtssaal das Victory-Zeichen macht. In der Öffentlichkeit sollte man mit Gesten, Bewegungen und Emotionen eher vorsichtig sein.

Es gibt Fehler, die nicht ganz so offensichtlich sind:

- Der Manager hört nicht zu: Während ein Mitarbeiter noch eine gewisse Situation schildert, ist er schon bei den übernächsten drei Problemen.
- Der Manager entscheidet zu schnell: Der Manager hat nicht das Gesamtbild, das ihn zu einer Entscheidung befähigen würde, aber er entscheidet trotzdem.
- Der Manager entscheidet überhaupt nicht: Der Manager hat erkannt, dass das Gesamtbild nicht vorhanden ist. Er wartet, bis er einen Gesamteindruck gewonnen hat, was aber erst nach Wochen, Monaten oder Jahren der Fall ist. Dann wird die Entscheidung überflüssig.
- Der Manager entscheidet irgendetwas. Die daraus resultierenden Anweisungen sind in sich widersprüchlich.
- Der Manager hat Angst: Angst ist ein schlechter Berater. Denn dann macht er Druck und das ist kontraproduktiv.
- Der Manager hat eine unzufriedene Frau: Er kommt am Morgen ins Büro, raunzt die Sekretärin an und freut sich an ihren ergebenen Tränen.

- Der Manager ist ein Trottel und setzt niemanden ein, der dies kaschieren kann.
- Der Manager hat noch nicht gemerkt, dass er ein Trottel ist. Das ist besonders problematisch für das Unternehmen.
- Der Manager hat nur aus Versehen in diesem Büro Platz genommen

Was kann ein Manager gegen sich anbahnende Fehler tun? Er kann sich beraten lassen, einen Vertrauten ernennen, der ihm seine Fehler erklärt und vor Augen führt, denn die Erkenntnis ist der erste Schritt, eine Situation zu ändern.

Noch ein Fehler aus einer vollkommen anderen Kategorie, dem viele Manager erlegen sind, ist der „Klebefehler“. Viele Manager vereinigen in ihrer Person eine hohe Machtfülle und haben deshalb auch wenig Neigung und Lust abzutreten. Im Privatleben können sie meist keine Macht mehr ausleben, außer ihre Frau herumzukommandieren, die sich erfahrungsgemäß jedoch nicht so quälen lässt wie die Sekretärin. So treten viele Manager nicht ab, bleiben Vorstand oder lassen sich höchstens in den Aufsichtsrat komplimentieren.

Dazu passt die Salamander-Geschichte: *Es geht um Franz Josef Dazert, 77 Jahre alt. Seit 28 Jahren ist er bei der Salamander AG. Von 1974 bis 1989 war er Vorstands-, danach Aufsichtsratschef – bis zum Sommer 2001. Jetzt ist er Ehrenvorsitzender des Gremiums. Dazert ist heute noch die graue Eminenz und die letzte Instanz. Er regiert auch als Aufsichtsratvorsitzender und Ehrenvorsitzender weiter und nervt seinen Nachfolger. Ende der achtziger Jahre, als er vom Vorstand an die Spitze des Aufsichtsrats wechselte, veränderte sich seine Wahrnehmungsfähigkeit. Er zeigte nicht wie früher Spürsinn, sondern immer mehr Starrsinn. So erzählt man sich, dass der Vorstand in den neunziger Jahren das verlustreiche Ost-Geschäft dichtmachen wollte. Dazert sperrte sich, denn es war ja sein (Lebens-)Werk. Er mischte sich in das operative Geschäft ein, reiste selbst nach Russland und verhandelte dort hinter dem Rücken des Vorstands. Er pumpte weitere Millionen in den Osten, während die dringend notwendigen Investitionen im Westen unterblieben. Das war objektiv ein Fehler. Aber es ging der Vorstand, der Aufsichtsrat blieb.*

Dazert hat eine solche Machtfülle angehäuft, dass auch offensichtliche und erkennbare Fehler ihm nichts mehr anhaben und er von der Macht nicht lassen muss.

Was sagt Machiavelli dazu? Er behandelt dieses Thema gar nicht. Für ihn gibt es keine Situation, in der ein Fürst, ein „Manager", zurücktreten sollte. Er ist für Durchhalten. Manchmal kann dies trotzdem ein Fehler sein. Denn irgendwann kommt einer, der stärker ist, irgendwann landet der schwächere Manager auf dem Abfallhaufen der Wirtschaftsgeschichte.

Zum Nachdenken

Dumm ist nicht, wer eine Dummheit begeht; sondern wer sie nachher nicht zu bedecken versteht.
Seine Neigungen soll man unter Siegel halten;
wie viel mehr seine Fehler. Alle Menschen begehen Fehltritte,
jedoch mit dem Unterschied,
dass die Klugen die begangenen verhehlen,
die Dummen aber die, welche sie erst begehen wollen,
schon zum Voraus lügen.
Unser Ansehen beruht auf dem Geheimhalten mehr als auf dem Tun: nisi caste, tamen caute.
Die Verirrungen großer Männer sind anzusehen
wie die Verfinsterungen der großen Weltlichter.
Sogar in der Freundschaft sei es eine Ausnahme,
dass man seine Fehler dem Freunde anvertraut;
Ja, sich selber sollte man sie,
wenn es sein könnte, verbergen;
Doch kann man sich hierbei mit jener anderen Lebensregel helfen, welche heißt: vergessen können.

BALTASAR GRACIÁN Y MORALES

Fazit

Die Fehlerquellen für einen Manager sind vielfältig. Es ist grundsätzlich wichtig, dass der Manager immer wach und angespannt bleibt, um mögliche Gefahrenquellen möglichst schnell zu erkennen. Nur wenn er sie rechtzeitig wahrnimmt, kann er dagegen anstürmen, nur dann kann er sie umgehen, sich ihnen stellen und in die Wege leiten, was immer auch notwendig sei. Er muss wissen und darauf vorbereitet sein, dass es einen Punkt gibt, an dem ausschließlich *er* gefordert ist. Dann geht es um sein Managerleben. Wenn er die Gefahr nicht abwenden und Fehler nicht vertuschen kann, hat er sich den Konsequenzen zu stellen.

Selbstverständlich machen Manager Fehler. Daher ist es eine gute Alternative, wenn Manager sich menschlich geben, ihre Fehler eingestehen und nicht ausschließlich darauf achten, dass die Fehler nicht an das Licht der Öffentlichkeit dringen. Es könnte sogar sein, dass sie dann bessere Überlebenschancen haben.

25.

Schuld haben immer die anderen, manchmal aber auch das Schicksal.

Ab und an stellt sich die Frage nach dem Sinn des Schicksals und ob man dieses Schicksal auch beeinflussen kann. Falls man diese Frage bejaht, muss man überlegen, wie man dem Schicksal auf die Sprünge helfen kann.

Es ist alles nur Schicksal. Nein so einfach ist es nicht! Der Manager muss seinen vorgezeichneten Weg gehen. Dafür hat er seine einzelnen Arbeitsschritte: Für Ziele sorgen – Organisieren – Entscheiden – Kontrollieren. Je konsequenter er vorgeht, desto eher kann er sich das Schicksal gefügig machen. Am besten ist es, wenn er selbst Schicksal spielen kann. Die Mitarbeiter und die Umwelt werden es ihm danken und ihn mit Ehren überhäufen.

Machiavelli merkte dazu an: Zweifellos gibt es Schicksale und Abläufe, an denen wir nichts ändern können. Wir haben aber immer unseren freien Willen. Üben wir ihn aus, gleichen sich Schicksal und Selbstbestimmung aus.

Das ist vergleichbar mit den Urgewalten einer Tzunami-Welle. Dennoch können wir Menschen durch unseren Willen in ruhigeren Zeiten Warnsysteme einrichten, Deiche und Gräben bauen, um die Fluten aufzuhalten.

„Ähnlich steht es mit dem Schicksal; es zeigt seine Macht, wo keine Kraft zum Widerstand bereitgestellt ist, und es wälzt dorthin seine Macht, wo keine Dämme und Deiche da sind, es aufzuhalten."

Der Fürst, der sich nur auf das Glück verlässt, geht unter, sobald sich das Glück abmeldet. Derjenige wird glücklich leben, der sich dem Zeitgeist anpasst und versucht, zukünftigen Schicksalsschlägen nach Möglichkeit in der Gegenwart vorzubeugen. Es gibt verschiedene Arten, zur Macht zu kommen und diese zu halten: Vorsicht, Gewalt, Geschick und Ungestüm. Welches von den letzteren angebracht ist, um eine Herrschaft zu halten, hängt vom herrschenden Zeitgeist ab. Dabei kommt auch das Glück ins Spiel: Der eine hat Erfolg mit einer bestimmten Methode. Wechselt der Zeitgeist, hat der nächste, der diese Methode anwendet, keinen Erfolg.

Es scheint daher besser zu sein, stürmisch zu reagieren, denn so kann man das Schicksal vielleicht in jene Bahnen zwingen, in denen man es haben will.

„Denn Fortuna ist ein Weib, und wenn man sie unterwerfen will, muss man mit ihr streiten und kämpfen [...] Daher ist das Schicksal wie das Weib der Jugend hold, weil sie ihm weniger vorsichtig, wilder und kühner ihren Willen aufzwingt."

Zum Nachdenken

Was dich trifft, trifft dich so, dass du es zu tragen vermagst oder eben nicht. Wenn es dich aber so trifft, dass du es ertragen kannst, dann murre nicht, sondern ertrage es so gut wie du kannst. Wenn es dich aber so trifft, dass du es nicht ertragen kannst, so murre ebenfalls nicht; denn es wird dich vorher zugrunde richten. Denke also daran, dass du alles zu ertragen vermagst, was dir erträglich scheint – in dem Gedanken, dass es dir förderlich ist, du daran wächst und Stärke gewinnst, oder es einfach als deine Pflicht begreifst.

MARC AUREL

Glück oder Schicksal?

Das Glück, so sagt man, ist mit dem Tüchtigen. So wird das Glück auch mit dem tüchtigen Manager sein. Aber man kann mit Entschlossenheit und Entschiedenheit dem Glück mächtig nachhelfen. Machiavelli vergleicht dies

„[...] mit einem jener reißenden Ströme, die, wenn sie wütend werden, die Ebenen ersäufen, Bäume und Häuser zertrümmern, das Erdreich von dieser Seite entführen, an jene anschwemmen; jedermann flüchtet vor ihnen, alles weicht ihrem Ungestüm: da ist an Widerstand nicht zu denken. Und gleichwohl, bei all dieser Urgewalt, hindert dies nicht die Menschen, sich in ruhigen Zeiten dagegen mit Dämmen und Deichen zu wappnen. Sie versuchen die Urgewalten zu lenken. [...] Eben so ist es auch mit dem Glück, das seine Macht da fühlen lässt, wo keine geordnete Tugend ist, ihm zu widerstehen, und seine Stürme dahin wirft, wo noch keine Dämme und Deiche bereitet sind, ihm Einhalt zu gebieten."

Was will Machiavelli damit, auf heute übertragen, sagen? Der Manager muss Dämme und Deiche rechtzeitig erstellen und damit dem Glück nachhelfen. Es ist in der Tat die Aufgabe eines Managers, vorbeugend zu handeln. Nun erweist es sich jedes Jahr aufs Neue, dass nicht alle Fluten vom Menschen beeinflussbar sind. Aber dennoch kann man die größten Bedrohungen abwenden. In diesem Sinne kann man das eigene Schicksal zu einem großen Teil beeinflussen. Es ist also nicht nur Glück oder Schicksal, sondern auch überlegtes Handeln.

„Der Fürst, der sich nur auf das Glück verlässt, geht unter, sobald sich das Glück abmeldet. Derjenige wird glücklich leben, der sich dem Zeitgeist anpasst und versucht, zukünftigen Schicksalsschlägen in der Gegenwart vorzubeugen [...]"

Die Empfehlung Machiavellis ist sehr konkret. Es hat keinen Sinn, sich in die Fluten hineinzustellen und zu glauben, sie aufhalten zu können. In einem solchen Fall ist es besser, sich zu retten, sich anzupassen oder vielleicht auch sich mittreiben zu lassen. Der Manager muss in der Gegenwart handeln, um die Fluten in der Zukunft zu vermeiden.

Beispiel: *In der Fahrradfabrik AG hatte man auf ein neues Design bei Kinderrädern gesetzt. Sie wurden in den Regenbogenfarben lackiert. Man hatte sich eine gute Akzeptanz bei der jungen Käuferschicht erhofft. Aber es kam anders. Die Konkurrenz mit ihren sehr unauffälligen, technisch sachlich gestylten Fahrrädern machte das Geschäft. Man hatte Fehler in der Marktanalyse gemacht. Anfangs versuchte man über besondere Marketinganstrengungen den Absatz zu fördern. Als sich aber herausstell-*

te, dass dies nicht erfolgversprechend war, stellte man die Produktion ein und veranlasste ein neues Design. Vorher investierte man aber in die Marktforschung. Mit dem neuen, sehr sachlichen Design hatte man den Trend erwischt und war erfolgreich.

Wie der Manager vorzugehen hat

Machiavelli behauptet, dass es verschiedene Arten gibt, wie man zur Macht kommen und diese halten kann. Er spricht von Vorsicht, Gewalt, Geschick und Ungestüm. Welches Vorgehen erfolgreich sein wird, liegt, so meint Machiavelli, am Zeitgeist. Das ist richtig. Zu Machiavellis Zeiten konnte man mit Gewalt noch erfolgreich agieren, heute müsste man wohl mehr auf Geschick setzen. Wie managt man ein Unternehmen, das kurz vor dem Absturz steht, mit Ungestüm oder mit Vorsicht?

Die Wahl des Vorgehens ist aber auch eng mit der Person und der Persönlichkeit des Managers verknüpft.

„Dennoch kann man schlecht seine Natur wandeln, und wenn einem auf einem bestimmten Weg immer Glück beschieden war, ist es schwer, den Weg zu verlassen. Also wird ein vorsichtiger Mann untergehen [...] Es scheint daher besser zu sein, stürmisch zu sein, denn so kann man das Schicksal vielleicht in die Bahnen zwingen, in denen man es haben will.“

Jeder Manager hat eine bestimmte Vorgehensart verinnerlicht. Sie resultiert aus seinen Erfahrungen. In vielen Fällen beherrscht der Manager aber auch nur diese eine Art des Führens. Es gibt keine Erkenntnisse, welche Art des Führens erfolgversprechender ist. Wichtig ist für den Manager in Krisenzeiten, eine gewisse Flexibilität an den Tag zu legen. Er wird nicht nur vorsichtig oder nicht nur ungestüm reagieren können. Das Erfolgsgeheimnis ist die Flexibilität einer starken Persönlichkeit.

Was kann man als Manager von Machiavelli lernen?

Machiavelli empfiehlt, dass sich der Manager dem Zeitgeist anpassen soll. Natürlich muss ein Manager den Zeitgeist oder einen Trend erkennen und mit seinen Aktivitäten berücksichtigen. Er wird sich nicht gegen den Trend stemmen können. Trotzdem sollte er auch Weitsicht haben, um den Trend zu bändigen und in seine Strategie einzubeziehen.

Der Manager ist kein Held, der sich öffentlich produzieren muss. Der Manager ist zufrieden, wenn er in aller Stille steuern kann. Seine Macht ist geräuschlos. Man spürt lediglich die Folgen. Macht fällt nicht auf. Machiavelli lässt uns verstehen, dass es Situationen geben kann, in denen man als Manager abtauchen sollte, um eine Krise in Ruhe „auszusitzen“ ohne zu reagieren. Dazu gehört allerdings Nervenstärke. Altbundeskanzler Kohl hat eine gewisse Perfektion in dieser Methode entwickelt. Es gab Krisen, zu denen er sich einfach nicht äußerte – und sie gingen vorüber.

Jeder dieser Ratschläge birgt natürlich Risiken. Bewegt man sich innerhalb des Trends, kann das Schicksal lautlos und überraschend zuschlagen. In solchen Fällen hat das Frühwarnsystem versagt. Agiert man selbst, kann man aus dem Trend herausfallen und das Schicksal regelrecht anziehen. Wie bei einem Gewitter: Wer den Kopf aus der Deckung streckt, bekommt den Blitz ab. Taucht man ab, kann man vergessen werden!

Risiken ergeben sich meistens bei Personalwechseln und Umorganisationen. In beiden Fällen verändern sich die Parameter der Umwelt. Das Netzwerk wird an wesentlichen Stellen zerstört und bedarf dringend der Reparatur. Das dauert jedoch seine Zeit. Je schneller Umorganisationen erfolgen, desto willkürlicher ist der Manager ihnen ausgeliefert. Je weniger er Umorganisationen selbst begleiten kann, desto willkürlicher wird er mit ihnen konfrontiert.

In Deutschland gibt es Gewerkschaften. Sie stehen zwar meistens nicht auf der Seite des Managers, aber manchmal kann er sie nutzen. Sie haben Sorge um die Arbeitsplätze der Mitarbeiter und können Umorganisationen stark beeinflussen. Manchmal bieten sich sogar Koalitionen zwischen Management und Gewerkschaft an.

Als Manager muss man erkennen, dass keine Aktivität jemals ohne Risiko ist. Wenn er die Risiken nicht rechtzeitig erkennt und gegensteuert, dann ist dies allein seine Schuld.

Zum Nachdenken

Schließe jeden Tag ganz und völlig ab.
Du hast getan, was du konntest. Wahrscheinlich hat es nicht
an Missgriffen und Dummheit gefehlt:
vergiss sie so schnell als möglich. Morgen ist ein neuer Tag,
fange ihn heiter an und mit freiem,
durch die alte Torheit nicht bedrücktem Geist.
Das Heute ist gut und wertvoll:
zu wertvoll mit seinen Hoffnungen und Aufforderungen,
um auch nur einen Augenblick davon mit Gedanken
an gestern zu verschwenden.

RALPH WALDO EMERSON

Fazit

Schicksal und Glück treffen auch Manager. Machiavelli behauptet, dass man sich seinem Schicksal stellen soll und das Glück beeinflussen kann. Man kann im Trend der Zeit weiteragieren, eigenständige Akzente setzen oder einfach abtauchen. Keine dieser Methoden bietet eine Erfolgsgarantie. Zwar kann man Schicksal und Glück beeinflussen, aber man muss das Risiko auch erkennen und akzeptieren.

26.

Der Wunsch im Unternehmen gebiert den Manager als Macher.

Appell an alle: Wir wollen, dass ein großer Manager die Macht übernimmt und unser aller Geschick positiv beeinflusst; Aufruf zur Befreiung.

In einem Unternehmen gibt es viele Manager, häufig zu viele an der Zahl! Es fehlt jedoch der wirklich kraftvolle, vitale und wirklich überzeugende Manager. Danach sehnen sich Mitarbeiter, Lieferanten, Kunden und Kollegen. Er soll die Macht übernehmen und führen. Deshalb steht am Abschluss des Buches der Appell, den wahren Manager, den richtungweisenden Vorreiter zu suchen.

Machiavelli schließt sein Buch mit dem Aufruf Italien zu einen:

„Italien ist zur Befreiung bereit. Es liegt brach für ein großes Geschlecht oder einen großen Mann, der es befreien will.“

Diesen Appell adressiert Machiavelli an das Fürstenhaus der Medici:

„Gott [...] möge einen senden, der es [Italien] von der Grausamkeit und dem Übermut der Barbaren erlöst! Seht, wie bereit und willig es ist, der Fahne zu folgen, wenn nur einer käme, der sie ergriffe. Es ist aber gegenwärtig keiner, auf den es hoffen könnte, wenn nicht in Eurem erlauchten Hause [...] Das kommt alles von der Schwäche der Führer; denn die, welche ihr Handwerk verstehen, wollen nicht gehorchen, und einer wähnt es so gut zu verstehen wie der andere, weil bisher noch keiner durch Tüchtigkeit oder Glück so hervorragte, dass die andern sich gefügt hätten.“

Zum Nachdenken

Was du für den Gipfel hältst, ist nur eine Stufe.

SENECA

Wer Großes versucht, ist bewundernswert, auch wenn er fällt.

SENECA

Das 26. Kapitel ist das wichtigste Kapitel in Machiavellis „Fürsten" und es ist auch das wichtigste Kapitel in diesem „Meyer-Machiavelli-Buch". Sein Inhalt ist wichtig und richtet sich an alle Unternehmen. Jeder Manager soll sich daran messen. Machiavelli hat die Medici angesprochen und aufgerufen, das chaotische Italien zu einigen. An wen aber richtet Meyer-Machiavelli seinen Appell, welchen Manager meint er, an welche Dynastie von Unternehmensführern denkt er, die in der Lage sind, ein Unternehmen in schwierigen Zeiten zu steuern?

Die Lichtgestalt: „Der Manager der Manager"

Ist es nicht vielerorts so: Das Unternehmen versinkt im Chaos! Das Unternehmen und alle Mitarbeiter sind für die „Befreiung" bereit. Das Unternehmen liegt *„brach für ein großes Geschlecht oder einen großen Mann, der es befreien will"*.

Das Unternehmen wartet auf den Manager, der es in ruhige, erfolgreiche und machtvolle Zeiten führt. Die Mitarbeiter bringen diesem Manager viele Vorschusslorbeeren dar:

„Seine Sache wäre ebenso gerecht und genauso leicht (oder schwer) wie die anderer großer Männer, doch handelt es sich zweifellos um eine gerechte Sache."

Die Mitarbeiter sind bereit, in den „Krieg" zu ziehen, und wissen, dass sie „Schmerzen" erleiden werden, aber sie sind bereit dazu.

Zum Nachdenken

Alle großen theoretischen Leistungen, worin es auch sei, werden dadurch zustande gebracht, dass ihr Urheber alle Kräfte seines Geistes auf einen Punkt richtet, in welchem er sie zusammenschießen lässt und konzentriert, so stark, fest und ausschließlich, dass die ganze übrige Welt ihm jetzt verschwindet und sein Gegenstand ihm alle Realität ausfüllt.
Eben diese große und gewaltsame Konzentration, die zu den Privilegien des Genies gehört, tritt nun für dasselbe bisweilen auch bei den Gegenständen der Wirklichkeit und den Angelegenheiten des täglichen Lebens ein, welche alsdann, unter einen solchen Fokus gebracht, eine so monströse Vergrößerung erhalten, dass sie sich darstellen wie der im Sonnenmikroskop die Statur des Elefanten annehmende Floh.
Hieraus entsteht es, dass hochbegabte Individuen bisweilen über Kleinigkeiten in heftigste Affekte der verschiedensten Art geraten, die den anderen unbegreiflich sind, als welche sie sich in Trauer, Freude, Sorge, Furcht, Zorn usw. versetzt sehen, durch Dinge, bei denen ein Alltagsmensch ganz gelassen bliebe.
Darum also fehlt dem Genie die Nüchternheit, als welche gerade darin besteht, dass man in den Dingen nichts weiter sieht, als was ihnen, besonders in Hinsicht auf unsere möglichen Zwecke, wirklich zukommt: Daher kann kein nüchterner Mensch ein Genie sein.

ARTHUR SCHOPENHAUER

„Gerecht ist der Krieg in der Not, und gesegnet sind die Waffen, wenn sie die einzige Hoffnung sind.“

Machiavelli rief in seinem Buch einen Herrscher der Medici zum Handeln auf. In diesem Buch nun ruft Meyer-Machiavelli seinen Vorstandsvorsitzenden zum Handeln auf.

Welche Eigenschaften muss diese Lichtgestalt haben? Die Mitarbeiter sehnen sich danach, dem Chaos zu entfliehen, das in vielen

Unternehmen herrscht. Sie wünschen sich, dass ein Manager kommt, der die Zügel in die Hand nimmt, der die Mitarbeiter *„von der Grausamkeit und dem Übermut“* vieler kleiner angstvoller Möchtegern-Manager befreit. Wenn die Mitarbeiter dies erkennen, sind sie bereit und willig *„der Fahne zu folgen, wenn nur einer käme, der sie ergriffe“.*

Wie Machiavelli keinen anderen Fürsten sah, der dies könnte, als einen aus dem Hause Medici, so hofft Meyer-Machiavelli auf seinen eigenen Vorstandsvorsitzenden. Auch wir suchen einen Manager, der das Chaos ordnet, der Ruhe und Größe ausstrahlt. Wir wünschen uns eine ganz besondere Persönlichkeit mit einer ganz besonderen Ausstrahlung. Wir wissen, dass es diesen Manager irgendwo gibt. Denn, so meinte Machiavelli:

„Überdies hat Gott Zeichen und Wunder ohnegleichen gesandt; das Meer hat sich aufgetan, eine Wolke hat Euch den Weg gezeigt, aus dem Felsen ist Wasser geflossen, Manna ist vom Himmel geregnet, alles hat sich vereint zu Eurer Größe.“

Nun muss dieser „Manager“ nur noch beherzt zupacken.

Oder irren wir uns, wenn wir Machiavelli hier folgen? Gibt es diesen Manager gar nicht, der solche Ordnung in ein Unternehmen bringt? Heute können wir die Ereignisse der Vergangenheit mit ruhigem Blick betrachten und wissen, dass die Medici es nicht geschafft haben, einen Nationalstaat zu formen. Heute wissen wir, dass nicht die Herrscher, sondern das Volk Hand anlegen muss, um einen Nationalstaat zu schaffen, dass es mehr als nur einer ausgezeichneten Führergestalt bedarf. Machiavelli hatte sich geirrt!

Daher müssten wir heute eigentlich aus der Geschichte gelernt haben, dass das Chaos in Unternehmen nur durch „das Volk“, die Mitarbeiter beseitigt werden kann. Diese Mitarbeiter aber müssen gut geführt werden von charismatischen Persönlichkeiten, die ihnen helfen, den richtigen Weg zu erkennen. Aber letztlich haben es die Mitarbeiter selbst in der Hand, das Chaos in Ordnung zu wandeln.

Machiavelli beklagte, dass *„[...] trotz so vieler Kriegsläufe die kriegerische Tugend erloschen scheint. Denn dies kommt daher, dass die alten militärischen Einrichtungen nichts taugen und dass keiner aufgetreten ist, der neue zu erfinden gewusst hätte.“*

Und Meyer-Machiavelli beklagt heute, dass trotz so vieler Umstrukturierungs- und Umorganisationsmaßnahmen die Tugenden der Zusammenarbeit erloschen sind. Deshalb kann keine wirkliche Aufbruchstimmung erzeugt werden und jede neue stümperhaft ausgeführte Umstrukturierung lässt das Unternehmen tiefer im Chaos versinken.

Woran liegt es, dass wir so wenige Manager haben, die in schlechten Zeiten ein Unternehmen führen können? Vermutlich gibt es wenige solcher Lichtgestalten. Aber auch hier sei die Frage erlaubt, wie weit das Licht einer Lichtgestalt leuchten kann. Meyer-Machiavelli stellt sich die Frage, ob es möglicherweise der verkehrte Ansatz ist, auf die *eine* große Lichtgestalt zu warten. Denn wir wissen aus der Geschichte und unserem Blick auf Machiavelli und Italien, dass das Haus Medici *allein* nicht die Kraft hatte, einen italienischen Nationalstaat zu gründen.

Ein Unternehmen braucht viele Lichtgestalten, die bereit sind, sich für das Unternehmen einzusetzen

Jeder Manager, der sich an die Arbeit macht, das große oder kleine Chaos einzudämmen, braucht Strukturen. Das sind, wie Machiavelli beschreibt, *„neue Gesetze und neue Einrichtungen, die er erfindet"*, definierte Prozesse und Verantwortlichkeiten, die Ordnung in das Chaos bringen.

„Sind diese gut begründet und besitzen sie Größe, so tragen sie ihm Verehrung und Bewunderung ein."

Wenn sich die neuen Prozesse auf die Erfordernisse des Geschäftes konzentrieren, wenn sie von den Mitarbeitern als Hilfe empfunden werden, dann kann der Manager mit ihnen Barrieren einreißen und einen Paradigmenwechsel anstoßen. Machiavelli stellt fest:

„Groß ist die Kraft in den Gliedern, wenn sie nur nicht in den Köpfen gefehlt hätte."

Sobald es einem Unternehmen schlecht geht, werden die Mitarbeiter mit Programmen überschüttet und von Beratern getrieben.

Hektische Aktivität bricht aus, die das Chaos meistens verstärkt. Es fehlt die Vernunft, die Aktivitäten zu fokussieren und abzustimmen, zu konzentrieren und sie in eine Richtung zu lenken.

Aber Machiavelli hat uns auch gezeigt, dass es *nicht* an den Mitarbeitern liegt:

„Man sehe nur, wie die Italiener in Zweikämpfen und Einzelgefechten durch Kraft, Geschicklichkeit und Verstand sich hervortun. In den Heeren aber ist davon nichts zu merken; und das kommt alles von der Schwäche der Führer."

Es fehlt die Führungspersönlichkeit, die die einzelnen Stärken bündelt. Licht wird erst stark und schneidet sogar, wenn man es bündelt; ohne Bündelung bleibt Licht diffus. So kann man auch die Arbeitsweise in vielen Unternehmen bezeichnen – „diffus": Aber diffus ist eben nicht gut genug. Diffus hat nicht die Leuchtkraft, die in Unternehmen notwendig ist.

Machiavelli fasst als Appell zusammen – und dem kann Meyer-Machiavelli sich anschließen:

„[...] so kommt es vor allen Dingen darauf an, eine eigne Kriegsmacht zu schaffen, welche die Grundlage jeder Unternehmung bildet; denn es gibt keine treueren, echteren und besseren Soldaten. Wenn schon jeder einzelne gut ist, so werden sie alle miteinander noch besser, sobald sie von ihrem eigenen Fürsten geführt werden und sich von ihm geehrt und gut behandelt sehen."

Wir haben gefragt, welche Eigenschaften dieser Manager haben soll. Machiavelli gibt auch hier eine klare Antwort. Der Manager muss die Kunst des Führens beherrschen. Er muss seine Mitarbeiter gut und respektvoll behandeln und sie dann zu Höchstleistungen führen. Er muss sie geordnet lenken und sie auf das Ziel ausrichten. Er muss Ruhe und Zuversicht ausstrahlen. Solche Manager gibt es. Es sind nicht beliebig viele, aber sie gibt es.

In jedem Unternehmen sucht man den „Über-Manager", das Manager-Genie und selbstverständlich ist es wichtig, diesen „Medici" als Top-Manager zu haben. Rein formal gebührt dem Vorstandsvorsitzenden die Ehre der Größte zu sein. Denn er soll es richten! Er sollte das Genie, der begnadete Führer und das moralische Vorbild sein. An diesen Ausnahme-Menschen stellt man hohe Anforderungen – nicht immer kann er diese erfüllen.

Machiavelli hat uns aber vor Augen geführt, dass dieser Top-Manager, diese Top-Lichtgestalt, auch wenn es sie gibt, nicht allein in der Lage sein wird, das Chaos zu beenden. Als Hilfe braucht er viele „große" und „kleine" Manager, die alle gut trainiert sind, um zu führen. So gelangen wir zu der Erkenntnis, dass Management und Führen keine Aufgabe von Einzelpersonen ist, sondern zur „Institution" wird. Jeder Mitarbeiter managt und führt, zwar in unterschiedlichem Maße, aber jeder beteiligt sich an dieser Unternehmensaufgabe. Es geht darum, eine Kultur des Managens in unseren Unternehmen einzuführen. Dann sind wir auf dem Weg zum starken, einheitlichen und erfolgsorientierten Unternehmen, vergleichbar dem von Machiavelli gewünschten italienischen Nationalstaat.

Viele Mitarbeiter sind bereit, auf diesem Weg auch Opfer zu bringen. Viele Mitarbeiter sind bereit, Wissen, Zeit und Engagement einzubringen. Aber sie wollen ernst genommen und gehört werden. Wohl dem Manager, der Ohren hat, zu hören!

Zum Nachdenken

Weil nämlich alles, was für den Menschen da ist und vergeht, unmittelbar immer nur in seinem Bewusstsein da ist und für dieses vorgeht, so ist offenbar die Beschaffenheit dieses Bewusstseins selbst das zunächst Wesentliche, und auf dieselbe kommt es, in den meisten Fällen, mehr an als auf die Gestalten, die sich darin darstellen.

ARTHUR SCHOPENHAUER

Beispiel aus der Geschichte: *Wenn wir vom „Über-Manager" sprechen, so scheint insbesondere ein Vergleich mit Alexander dem Großen angebracht, der am Anfang seiner Karriere weniger „Über-Manager" als entschlossener Macher war, von seinen Soldaten geliebt und geehrt. Nicht umsonst folgten sie ihm durch die halbe Welt. Es ist beeindruckend, wie Alexander der Große das Problem des Gordischen Knotens löste. Wir wissen nicht, ob er den Knoten wirklich mit dem Schwert durchschlug, wie sein Biograph Kallisthenes berichtet, oder ob er einfach den Anhänger des*

Wagens, der mit dem Knoten verbunden war, abkuppelte. Wie auch immer, Alexander machte sich die Prophezeiung zunutze, die bezeugte, dass derjenige, der den Gordischen Knoten löste, Persien erobern würde. Alexander der Große löste das Problem und eroberte Persien gleichermaßen. Er etablierte sich als Über-Manager. Er brachte Ordnung ins Chaos, strahlte Ruhe und Autorität aus.

Es gibt immer wieder Manager, die den Aufstieg zum „Über-Manager" versuchen. Gehen sie diesen Weg allein, so scheitern sie meistens, gehen sie den Weg mit ihren Mitarbeitern gemeinsam, können sie erfolgreich sein, werden aber nicht zum einsamen „Über-Manager".

Beispiel: *Die MAN Aktiengesellschaft ist das Lebenswerk von Klaus Götte. Anfang der Achtziger Jahre begann er den Konzern neu zu formieren. Als er nach 13 Jahren in den Aufsichtsrat wechselte, konnte er von seinem Konzept nicht lassen und gab seinem Nachfolger nicht genügend Freiraum, neue Konzepte einzuführen, obwohl die Zeit dafür reif war. Zu lange hielt Götte an Engagements in reifen Märkten fest, an einer Vision, die einst er entwickelt hatte, die aber die veränderten Marktgegebenheiten nicht berücksichtigte. Damit fügte er seinem Unternehmen Schaden zu. Er war einmal einer der begnadeten „Über-Manager". Dann aber vergaß er abzutreten und die Macht kontrolliert abzugeben.*

Wir sehnen uns in allen Unternehmen nach einem „Über-Manager" und wünschen uns im Grunde einen Motivator und Visionär. Sollte es uns gelingen, ihn zu finden, müssen wir – und er – begreifen, dass er diese Rolle nicht dauerhaft wird spielen können. Wer aber wird ihn ablösen, wenn ihm Macht und Herrschaft geschmeckt haben und er daran übergroßen Gefallen gefunden hat?

Beispiel: *Erwin Conradi machte zusammen mit Hereth und Cleven die Metro binnen dreier Jahrzehnte zu dem, was sie heute ist: der zweitgrößte Handelskonzern Europas. Eigentlich wollte er rechtzeitig aus dem operativen Geschäft austreten, dann aber übernahm er den Vorsitz im Aufsichtsrat und agierte wie immer nach dem Motto „non divide et impera", „teile* *nicht und herrsche". Ständig redete er dem Vorstand ins Geschäft und ließ ihn alle vier Wochen zum Rapport antreten. Die Folge war, dass er schnell mehrere Vorstände verschliss bis einer es auf den Punkt brachte: ich oder der „Über-Manager". Er gewann, danach zog sich Conradi zurück.*

Können wir schlussfolgern, dass die Größe eher gefährlich ist und ein „Über-Manager" möglicherweise nicht die beste Lösung?

Es gibt aber auch andere Beispiele: *Die Fahrradbranche befand sich auf Talfahrt. Die Nachfrage nahm kontinuierlich ab, die Produktionskapazitäten waren zu hoch. Zwei große Unternehmen bekämpften sich bis auf das Messer. Beiden Unternehmen ging es nicht gut, sie machten Verlust und die Aktionäre murrten. Das eine Unternehmen kaufte sich einen neuen Über-Manager von außen ein. Er hatte eine gute Erfahrung als Sanierer und war bekannt als „harter" Manager. Er holte als erstes eine Schar von Beratern in das Unternehmen, die emsig nach Sofortmaßnahmen suchten. Personalabbau und Produktivitätsmaßnahmen wurden gleichzeitig forciert, die prognostizierten Ergebnisse stellten sich jedoch nicht ein. Dies führte zu Unsicherheiten über den Kurs und immer neue Maßnahmen wurden generiert. Auch auf der Vorstandsebene ging die Angst um, die sich in der Unterdrückung der Mitarbeiter fortsetzte. Es blieb keine Zeit, von den konstruktiven Ideen und Vorschlägen von Mitarbeitern Kenntnis zu erlangen.*

In der Fahrradfabrik AG übernahm dagegen einer der pensionierten Vorstände für begrenzte Zeit die Führung. Er zog sich mit seinen Führungskräften auf eine Klausurtagung zurück, in der man die Ziele des neuen Kurses erarbeitete und verabschiedete. Dann führte man im gesamten Unternehmen Sensibilisierungsworkshops durch, in denen man die Mitarbeiter auf die schwierige Situation und die verabschiedeten Ziele hinwies. Auf dieser Basis brachten die Mitarbeiter ihre Vorschläge ein. Diese Vorschläge wurden bewertet und die Mitarbeiter steckten sich selbst anspruchsvolle Ziele. Die Unternehmensleitung war bereit, den Mitarbeitern die notwendige Zeit für die Umsetzung der Vorschläge zu geben. Nach einigen Monaten konnte man die ersten Verbesserungen feststellen. Diese Beispiele wurden bekannt gegeben und dienten als Ansporn für die anderen Teams. Nach einem Jahr hatte das Unternehmen seine Ergebnisposition wesentlich verbessert und gleichzeitig neue Marktanteile hinzuge-

wonnen. Der „Über-Manager“ verließ das Unternehmen wieder und genoss von nun an mit Vergnügen seinen Ruhestand.

Zum Nachdenken

Großes muss auch mit großem Geist beurteilt werden;
sonst wird der Fehler,
welcher der unsrige ist, als Fehler jener Dinge erscheinen.
So gewähren die geradesten Gegenstände,
wenn sie ins Wasser gesteckt sind,
den Blicken den Schein des Krummen und Geknickten.
Es kommt also nicht bloß darauf an,
was man sieht, sondern wie man es sieht.

SENECA

Widmung

Ich, Meyer-Machiavelli, widme dieses Buch meinem Vorstand. Ich habe ihm gezeigt, wie er handeln kann, und ihm mit diesem Buch bewiesen, dass ich ein guter Ratgeber sein könnte. Ich glaube, dass mein Vorstand die Gabe des „Über-Managers" hat. Das will ich niemals anzweifeln und ihm immer treu ergeben sein. Ich selbst will nur einen ganz kleinen Teil der Macht. Ich möchte nur ein bisschen herrschen. Ich wäre schon zufrieden, wenn ich eine Sekretärin „quälen" und eine kleine Gruppe ständig umorganisieren könnte.

Immerhin habe ich den Managern die Regeln erklärt und ihnen gezeigt, wie sie die Macht gebrauchen können, um schließlich und dauerhaft erfolgreich zu sein. Diesen Machern möchte ich zur Seite stehen und helfen. Ich hoffe nun auf einen Managerjob.

Mein lieber Medici, erobere den Konzern und denk' dann an deinen dir ergebenen Meyer-Machiavelli!

Stichwortverzeichnis